JAN KOWALSKY

Als Schisser um die Welt

GOLDMANN
Lesen erleben

Das Buch

Wenn ein Freund gepflegter Langeweile auf eine reiselustige Frau trifft, die kein Abenteuer scheut, dann gibt es ein Problem. Weil aber der Schisser seine Sarah über alles liebt, bleibt ihm nichts anderes übrig, als das Sofa gegen das Flugzeug einzutauschen und sie auf ihren Reisen rund um die Welt zu begleiten. Egal, ob Safari zu Pferd, eine kulinarische Tour de Force durch Japan, ein Wochenendtrip nach China oder mit Chaos durch Laos, dem Schisser bleibt unterwegs nichts erspart. Und so wird das, was für Sarah die Adventure-Tour ist, für ihn zur Tortur.

Dies ist die Geschichte von einem, der mitmusste.

Jan Kowalsky

Als Schisser um die Welt

Die Geschichte von einem, der mitmusste

GOLDMANN

Originalausgabe

Dieses Buch ist auch als E-Book erhältlich.

Diese Erzählung beruht lose auf wahren Begebenheiten. Alle Personen wurden zum Schutze der Privatsphäre verfremdet, und in Anbetracht der Vielzahl der einschüchternden Eindrücke, die der fragile Autor auf seinen Reisen erleiden musste, kann nicht ausgeschlossen werden, dass auch Handlungen, Charaktere und Dialoge seiner Fantasie entsprungen sind.

MIX
Paper from responsible sources
FSC® C084279

Verlagsgruppe Random House FSC® N001967
Das FSC®-zertifizierte Papier *Profibulk von Sappi*
für dieses Buch liefert Igepa 2H-Papier.

6. Auflage
Originalausgabe Juli 2015

Gestaltung des Umschlags und der Umschlagsinnenseiten:
UNO Werbeagentur, München,
unter Verwendung von Motiven von Jan Kowalsky
Illustrationen im Innenteil: Jan Kowalsky
Lektorat: Doreen Fröhlich
DF · Herstellung: Str.
Druck und Bindung: Print Consult, München
Printed in Czech Republic
ISBN: 978-3-442-15804-1
www.goldmann-verlag.de

Besuchen Sie den Goldmann Verlag im Netz

Für meine Frau, die Reisen liebt.
Ich hasse sie.
Die Reisen oder meine Frau?
Manchmal beide.

»Das Leben ist wie eine Stulle.
Nur eine Seite ist süß wie Marmelade,
die andere trocken wie Brot.«

Väterlicher Rat

Inhalt

Prolog

Ich wurde 1976, im »Jahr des Drachen«, geboren. Passender wäre wohl das Jahr davor gewesen. 1975 gilt im chinesischen Kalender als das »Jahr des Hasen«. Denn ich muss zugeben: Ich bin ein Schisser.

Ich wittere Gefahr, wo keine ist, ich bin ein extrem penibler Kontrolleur (Stichwort »Herd aus?«) und Fan der entspannten Wiederholung: gleiches Urlaubsziel, gleicher Italiener, immer Spaghetti carbonara.

Dann traf ich meine Frau Sarah. Sie ist Ärztin und überhaupt kein Fan von wiederkehrenden Handlungsmustern. Denn sie liebt das Neue, das Aufregende, das »Abenteuer«. Sie will herumkommen und was von der Welt sehen. Seit wir uns kennen, lautet daher das Reisemotto: Sie hat Spaß und ich ein Problem.

Dies ist die Geschichte von einem, der mitmusste.

I.

Das Abenteuer beginnt oder: der Anti-Malaria-Schlafanzug

Das Handy klingelte und riss mich unsanft aus meinen Träumen. Ich schreckte hoch. Wie ärgerlich, denn ich hatte es mir gerade auf der Couch, meinem Lieblingsplatz in unserer Wohnung, gemütlich gemacht. Widerwillig ging ich ran. Es war Sarah, meine Frau. Zwischen Autohupen und Motorenknattern konnte ich sie kaum verstehen. Offenbar machte sie, wie immer, mehrere Dinge gleichzeitig. Diesmal: Fahrrad fahren und telefonieren.

»Hallo, Sarah?«, rief ich in den Hörer.

»Hallo, Schatz!«, schrie sie gegen den Verkehr an. »Was machst du gerade?« Ohne auf meine Antwort zu warten, fuhr sie fort, und ihre Stimme überschlug sich dabei fast vor Begeisterung: »Ich hab eine Überraschung für dich!«

»So so«, antwortete ich ein bisschen reserviert, denn ich wusste, wenn Sarah das Wort »Überraschung« in den Mund nahm, war Vorsicht geboten. Im Gegensatz zu mir liebte meine Frau es, immer mal wieder etwas Neues auszuprobieren. Man wusste daher nie, wie viel potenzieller Stress sich hinter dem harmlos klingenden Wörtchen »Überraschung« verbarg. Zum Glück konnte sie das nie lange für sich behalten. Auch jetzt nicht.

»Halt dich fest, ich hab die Tickets!«, rief sie.

»Welche Tickets?«, brüllte ich zurück.

»Na, auf die einsame Insel! Du weißt doch, unser Geheimplan: nur wir beide am anderen Ende der Welt!«, hörte ich sie sagen.

Mir wurde sofort flau in der Magengegend. »Wie bitte?«, stotterte ich ins Telefon.

Meinte sie das wirklich ernst? Dunkel erinnerte ich mich an den Abend, von dem sie gerade sprach. Wir hatten viel gelacht, viel getrunken und noch mehr Blödsinn geredet. Den »Klassiker«, die Flucht aus dem Alltag auf eine einsame Insel, hatten wir scheinbar auch nicht ausgelassen. Ernst gemeint war das natürlich nicht gewesen. Offensichtlich hatte Sarah das anders verstanden.

»Na, unser großer Traum! Endlich mal weg von der Zivilisation. Nur wir und das Meer, sonst nichts«, schwärmte Sarah, begleitet allerdings nicht vom Getöse der Wellen, sondern des Verkehrs.

»Halt mal …«, wollte ich antworten, wurde aber sofort unterbrochen.

»Schatz? Bist du noch dran?«, schrie meine Frau in den Hörer. »Ich kann dich so schlecht verstehen.« Die Verkehrsgeräusche nahmen zu und das Verbindungssignal ab.

»Hallo, hallo! Ja, ich bin noch hier. Und genau da würde ich auch ganz gerne bleiben!«, rief ich verzweifelt.

»Du, ich hör dich nicht mehr, ich erzähl dir alles, wenn ich zu Hause bin, ja? Bis gleich. Küsschen!«, sagte sie und legte auf.

Ich saß baff auf der Couch und starrte aufs Handy. Einsame Insel? Geht's noch?, dachte ich. In meiner Fantasie sah ich mich bereits wie Tom Hanks in *Cast Away*: abgemagert bis auf die Knochen, nur bekleidet mit einem spärlichen Lendenschurz und im Gesicht ein langer, fusseliger Rauschebart. Dazu in der Hand ein Bambusspeer, an dem ein roher Fisch zuckte.

Nein, danke. Ohne mich, fuhr es mir durch den Kopf. Sollte Sarah doch Tom Hanks fragen. Ich verkroch mich tiefer in die Couch und zog mir die Decke über den Kopf.

Sarah fragte aber nicht Tom Hanks, sondern mich. Wir hatten nun schon eine ganze Weile heftig diskutiert, als sie mir den einen Satz an den Kopf knallte, der mich auf der Stelle außer Gefecht setzte.

»Stell dich nicht so an«, sagte sie, »mein Vater saß sogar schon mal in der Türkei im Gefängnis. *Das* war übel.« Das war ihre Art, mir zu verstehen zu geben, dass es Schlimmeres auf der Welt gab als die Reise, die uns bald bevorstand. Ich hingegen wusste nicht, was schlimmer war: dieser Satz oder die scheinbar ausweglose Situation, in der ich mich in diesem Moment befand.

Eigentlich waren meine Frau und ich frisch verliebt, frisch verheiratet, und dieser Trip sollte nun unser Glück besiegeln. Eine Reise auf eine einsame Insel klang ja irgendwie auch ganz romantisch, doch je mehr ich darüber nachdachte, desto kältere Füße bekam ich. Denn im Grunde wollte ich gar nicht weg; nicht ans andere Ende der Welt und ins Gefängnis schon gar nicht.

Aber das konnte ich ihr natürlich nicht sagen, denn Fernreisen waren Sarahs größte Leidenschaft. Bereits als Kind hatte ihr Vater vorgelebt, was auch sie regelmäßig in den Bann zog: Freiheit und Abenteuer.

Eben diese Abenteuerlust hatte ihren alten Herrn einst in der Türkei hinter Gitter gebracht. Er hatte dort einen Berg erklommen, dessen Aufstieg lebensgefährlich und deshalb verboten war. Für diesen Mut erntete er bis heute höchsten Respekt von seiner

Tochter. Ich hingegen hatte dafür nichts als völlige Verständnislosigkeit übrig. Bergsteigen, Lebensgefahr und schwedische Gardinen fand ich nicht abenteuerlich, sondern ganz einfach lebensmüde.

In diesem trüben Moment des Zweifelns beugte sich Sarah zu mir rüber, sah mir tief in die Augen und flüsterte: »Ich hab's nicht so gemeint. Die Reise wird wunderbar, vertrau mir.« Trotz ihrer Bestimmtheit, die sie oft an den Tag legte, hatte Sarah auch eine butterweiche, einfühlsame Seite. Ich schmolz dahin. Ich wusste, sie meinte es ernst, und vergaß für einen Moment sogar den Ernst der Lage.

Das sollte sich aber bald wieder ändern, denn unsere Reise rückte unaufhaltsam näher. Bald gab es kein Zurück mehr. Meine Nervosität stieg ins Unermessliche, denn ich war mir inzwischen sicher: Meine erste große Reise sollte zugleich auch meine letzte sein.

Dank einer fundierten Internetrecherche war ich über seltene Krankheiten, sehr seltene Krankheiten und die seltensten Krankheiten sowie deren Vorkommen informiert. Außerdem hatte ich die Verbreitung medizinischer Einrichtungen studiert, um zum gleichen Ergebnis zu kommen: Auch diese waren sehr selten.

Allein das Lesen solch düsterer Auskünfte machte mich krank. Vielleicht starb ich ja bereits vor der Reise an einer Herzattacke? Aber so einfach würde ich wohl nicht davonkommen. Wahrscheinlicher war es, dass ich von der Malaria gezeichnet wochenlang in irgendeiner Holzhütte dahinvegetieren würde. Mit Schweißperlen auf der Stirn würde ich in Sarahs Augen schauen und sagen: »Home is where the Arzt is.«

Neben Malaria und Knochenbrecherfieber machte mich eine Seuche mit dem Namen Japanische Enzephalitis besonders nervös. Es handelt sich dabei um eine unheilbare Nervenkrankheit mit schlechter Prognose, die erst zu neurologischen Ausfällen und dann zum Tod führen konnte. Dass die Krankheit nur in ländlichen Gebieten mit Schweinezucht und Reisanbau und zudem nur zur Regenzeit auftritt (wir hatten weder geplant, aufs Land zu reisen noch zur Regenzeit unterwegs zu sein), überlas ich geflissentlich. Auch das Infektionsrisiko von 1.000.000:1 ignorierte ich, schließlich war ich mir sicher, wen es erwischen würde: mich.

Also beschloss ich, aktiv zu werden und begab mich einige Tage vor Abflug in ein Outdoor-Fachgeschäft. Ich hatte die Hoffnung, dass es mich beruhigen würde, wenn ich mir erst mal die richtige Ausrüstung zulegte. Das genaue Gegenteil war der Fall. In dem Laden kam ich mir vor wie ein Vegetarier auf dem Schlachthof. Ich befand mich im Epizentrum der Reiselust, für mich ein Kabinett des Grauens. Die unterschiedlichsten Reiseutensilien hingen dort wie Folterinstrumente an den Wänden. Sie setzten die schrecklichsten Fantasien in mir frei und führten mir Reisenotfälle vor Augen, auf die ich von alleine gar nicht gekommen wäre: verletzt im Dschungel? Selbsthilfe mit Notkoffer für nur 29 EUR. Kein Wasser? Kein Problem: einfach selber destillieren mit dem Easy-Water-Katalysator (jetzt zum Aktionspreis!). Oder ganz aktuell im Angebot: Signal-Raketen. Damit bleibt keiner im Nirgendwo lange allein.

Panisch und gestresst irrte ich umher. Es fiel mir schwer, mich zu konzentrieren, darum beschloss ich, mir Hilfe zu holen. Der Verkäufer, den ich ansprach, war standesgemäß in voller Montur unterwegs. Von Kopf bis Fuß war er in »Funktionskleidung« aus den eigenen Regalen gehüllt, er sah aus wie ein lebendiges Schweizer Messer. Lächerlich, dachte ich, fragte aber dennoch freundlich: »Entschuldigung, wo gibt es denn hier etwas gegen Japanische Enzephalitis?«

Das Schweizer Messer guckte mich irritiert an und sagte: »Japanische Hirnhautentzündung? Wissen Sie, wie selten die ist? Da gewinnen Sie eher zweimal nacheinander im Lotto. Außerdem ist der Impfstoff wahnsinnig teuer und muss per Kühlkette direkt aus Japan importiert werden. Den kriegen Sie, wenn überhaupt, nur im Tropeninstitut. Darf ich fragen, wo die Reise hingehen soll?«

»Bali«, antwortete ich, und das Schweizer Messer brach in schallendes Gelächter aus. Dann sagte es mit arrogantem Unterton: »Bali? Ich bitte Sie, da ist ja selbst Malaria selten!«

Das wusste ich natürlich besser, erwiderte aber nichts, denn ich war auf die Unterstützung des Klappmessers angewiesen. Es fügte hinzu: »Versuchen Sie es mal da drüben bei den Insektensprays. Ein guter Mückenschutz ist das, was Sie brauchen.«

Gesagt, getan. Umgehend fand ich mich vor einem Regal wieder, das mit einer Vielzahl von Sprays, Cremes, Lotionen und vielen weiteren Utensilien für den idealen Mückenschutz prall gefüllt war.

Ich fühlte mich vom Angebot und der entscheidenden Frage, welches das richtige Mittel für mich war, spontan überfordert. Eins hatten alle gemeinsam, jeden Tag musste man erneut sprühen, cremen und einreiben. Alle ... bis auf eines. In der untersten Schublade sah ich ihn liegen. Mein Blick wurde magisch von ihm angezogen, und ich wusste sofort, ich musste ihn haben. Gewebt aus leichtem, aber festem Stoff und trotzdem luftig verarbeitet mit kurzen Hosen und kurzen Ärmeln. Ich griff ohne zu zögern zu. Und kaufte an diesem Nachmittag voller Stolz einen Anti-Malaria-Schlafanzug.

Nach meiner Ankunft zu Hause wurde der Schlafanzug von meiner Frau sofort als dümmster Kauf aller Zeiten erkannt. So dumm, dass sie unsere Nachbarn einlud, sich ebenfalls über meinen etwas überstürzten Einkauf auszulassen. Sarah schenkte Wein aus und bot Knabberzeug an, zwischendurch hielten sie den kurzärmeligen Pyjama hoch und schüttelten sich immer wieder vor Lachen. Ich bin mir sicher, selbst die Mücken hätten sich erst totgelacht – und dann den Tod gebracht.

Ich fand das alles gar nicht witzig. Warum war keinem die Gefahr bewusst, auf die wir zusteuerten? Nachdem die Gäste gegangen waren, verkroch ich mich auf meiner Couch und schrieb ihr ein Liebesgedicht:

Ode an die Couch

Oh Couch, du süßer Schatz,
du bist und bleibst mein liebster Platz.

Ist die Ferne noch so weit,
hier lieg ich in Sicherheit.

Und keiner kriegt mich hinfort
an einen fremden, dunklen Ort.

Denn glücklich bin ich doch nur hier,
liebe Couch, ganz nah bei dir.

Für einen richtigen Schisser, das wurde mir langsam klar, sind Reisen der größte anzunehmende Ernstfall. Denn im Grunde besteht Unterwegssein nur aus Stress. Angst haben kann man ja im Prinzip vor allem: dem Flug, den Tieren, Krankheiten, fremden Kulturen, fremdem Essen, fremden Menschen.

Das Wetter ist wahlweise zu heiß, zu kalt, zu feucht oder zu trocken. Am besten bleibt man gleich zu Hause. Oder fährt nach Dänemark.

Während Sarah bereits in jungen Jahren das Leben herausgefordert und ihre Pubertät in einer einfachen Hütte in Nicaragua verbracht hatte, war es in meiner Familie jeden Sommer immer schön über die Autobahn nach Norden gegangen. Fünfzehn Jahre der gleiche Ort, das gleiche Hotel. Getreu dem Motto: stresslos, Strand und kurze Strecke.

Warum auch nicht? Die einen suchen nach Ländern und Erfahrungen, die krass und krasser sind. Die anderen fahren in Länder, in denen »Krasser« lediglich der Name einer kulinarischen Eigenheit ist. In Dänemark zum Beispiel nennt man so einen Hotdog ohne Wurst.

Zu denen, die jetzt sagen werden, das Würstchen mache doch erst aus einem belegten Brötchen einen leckeren Hotdog, gehörte leider auch Sarah. Als sie das Stichwort »Dänemark« zum ersten Mal von mir gehört hatte, quittierte sie es mit einem milden Lächeln und legte es gedanklich unter Ablage »R« ab. »R« stand für Rente und bezog sich auf all jene Reiseziele, auf die man immer noch zurückgreifen konnte, wenn man erst einmal alt und grau war.

Statt nach Dänemark sollte es also auf eine Inselgruppe bei Bali in Indonesien gehen. Ich hatte mich bereits über die Anreise informiert, da ich mir sicher war, dass sie nicht ganz unproblematisch verlaufen würde. Und ich sollte recht behalten. Die Gili-Inseln waren mikroskopisch klein und nur recht umständlich zu erreichen: mit dem Flugzeug nach Bali (fünfzehn Stunden Flug plus zwei bis drei Stunden Umsteigezeit), dann mit dem Bus an die Küste (zwei Stunden) und weiter mit einer Fähre, die bis in die Abendstunden gemütlich vor sich hin schippert (noch mal circa sechs Stunden). Zu guter Letzt würden uns kleine Schlauchboote mit Sack und Pack an Land bringen. Nach wohlgemerkt fast dreißig Stunden auf den Beinen. Was für eine Tortur! Ich fühlte mich allein bei dem Gedanken daran alt, schlapp und grau. Vielleicht gab es eine Möglichkeit, schon jetzt Ablage »R« zu aktivieren?

Leider war mir von vornherein klar, dass diese Idee naiv war. Denn niemals hätte Sarah Bali gegen Dänemark eingetauscht. Und ich würde nichts in der Welt gegen Sarah eintauschen. Mir blieb also nichts anderes übrig, als mich meinem Schicksal zu fügen.

Nachdem an der Sache nun nichts mehr zu rütteln war, begab ich mich erneut auf die Suche nach dem idealen Malariaschutz. Ich recherchierte ausdauernd im Internet und stieß dabei auf einen interessanten Fakt: Während der Kolonialzeit in Indien war Gin Tonic zum Schutz vor Malaria getrunken worden. Das lag daran, dass das Getränk Chinin enthielt, einen Stoff, der erfolgreich zur Behandlung insbesondere der fiesesten Form, der Malaria tropica, eingesetzt wurde.

Ich war stolz wie Oskar. Endlich hatte ich eine Lösung gefunden, die auch noch schmeckte! Sofort begab ich mich in den Supermarkt, um die nötigen Zutaten zu besorgen. Wieder zu Hause angekommen reihte ich die Gin- und Tonic-Flaschen in der Küche auf und betrachtete meinen ansehnlichen Vorrat. Sarah hatte Nachtdienst und würde erst am Morgen zurückkehren, also beschloss ich, die Grundimmunisierung sofort an mir selbst vorzunehmen. Ich mixte die erste Impfung, garnierte diese mit einer Zitronenscheibe und genoss den Drink.

Im Internet hatte ich gelesen, dass die Menge an Chinin entscheidend war. Ich musste also nachlegen und mixte fröhlich vor mich hin. Im Laufe des Abends stellte sich mein Körper bereits auf Reise-Betriebstemperatur um, und ich fing mächtig an zu schwitzen. Ein weiterer netter Nebeneffekt war, dass mit dem Pegel auch mein Selbstbewusstsein zurückkehrte und ich mich immer mehr auf Sarahs Rückkehr freute. Diesmal würde ich sie mit einem Glas meiner neuen Wundermedizin überraschen. Leider konnte ich die gute Nachricht dann doch nicht persönlich überbringen. Als mich Sarah fand, schlief ich komplett angezogen auf meiner heißgeliebten Couch. Neben mir eine leere Flasche Gin.

Meine Frau war entsetzt und hielt mir eine ordentliche Standpauke für mein Gefasel von einer »Gin-Tonic-Malariaprophylaxe«, obwohl mir der fürchterliche Kater, der sich im Morgengrauen bereits ankündigte, als Strafe gereicht hätte.

Der Gin Tonic flog nicht mit, so viel war sicher.

Ich fühlte mich den ganzen Tag total elend. Jeder normale Mensch hätte das auf den Alkoholexzess zurückgeführt, aber ich vermutete natürlich sofort eine ernsthafte Erkrankung. Schon bei dem bloßen Gedanken daran verschlechterte sich mein Zustand. So konnte ich unmöglich auf die Reise gehen, das musste ich vorher abklären lassen!

Ich suchte meinen Hausarzt Dr. Hansen-Jansen auf, bei dem ich schon seit Jahren Patient war. Am Klingelschild musste ich jedes Mal über den Namen schmunzeln. Weder er noch seine Frau hatten bei der Hochzeit nachgeben wollen und sich daher für diese ungewöhnliche Doppelvariante entschieden. In gewisser Hinsicht teilten der Doktor und ich also ein Schicksal: Wir beide hatten eine willensstarke Frau an unserer Seite. Diese Gemeinsamkeit hatte ihn mir auf Anhieb sympathisch gemacht.

Als Stammgast genoss ich das Privileg einer bevorzugten Behandlung. Möglicherweise war der wahre Grund allerdings, dass die Abklärung meiner ungewöhnlichen Leiden oft nur ein kurzes Gespräch benötigte. Das war auch diesmal der Fall.

»Guten Morgen, junger Mann«, sagte der Doktor.

Erste Lüge, dachte ich, denn jung fühlte ich mich überhaupt

nicht mehr. »Mir geht es gar nicht gut«, antwortete ich und erzählte ihm von Magenproblemen, Schweißausbrüchen und gesteigerter Nervosität. »Und morgen soll er losgehen, der große Trip«, beendete ich meine Selbstdiagnose.

Der Doktor kannte mich gut und wusste sofort, dass die Reise der eigentliche Schuh war, der drückte. Er entschied sich, das Spiel mitzuspielen und mich trotzdem zu untersuchen.

»Na, jetzt beruhigen Sie sich mal«, versuchte er mich aufzumuntern, »und strecken Sie bitte die Zunge raus.«

Ich tat wie befohlen. Dumm nur, dass ich mit dem weiten Öffnen meines Mundes den schalen Geruch meiner selbst verordneten »Gin-Tonic-Malariaprophylaxe« in der Praxis freisetzte.

»Meine Güte, kein Wunder, dass Sie sich krank fühlen!«, sagte er und versuchte, mit seiner Hand den unschönen Geruch wegzuwedeln.

»Das ist nur, weil«, stammelte ich los, »der Gin Tonic soll doch gut gegen Malaria sein. Und ich hab doch nichts anderes, weil ich den Anti-Malaria-Schlafanzug zurückbringen musste. Zum Klappmesser geh ich ganz bestimmt nicht noch mal, und morgen geht's schon los. So helfen Sie mir doch!«, steigerte ich mich rein. Mir war die pure Verzweiflung ins Gesicht geschrieben.

»Gin Tonic, Klappmesser, Anti-Malaria-Schlafanzug? Wovon reden Sie denn eigentlich?«, fragte mich der nun sichtlich erstaunte und bereits leicht überforderte Doktor. Dann fügte er hinzu:

»Setzen Sie sich mal hin, schließen Sie die Augen, und atmen Sie ruhig und tief ein und aus.«

Das tat gut. Der Doktor sprach weiter: »Sie sind nicht krank, nur ein bisschen nervös. Das ist vor jeder größeren Reise ganz normal. Ich gebe Ihnen jetzt ein paar Baldriantropfen zur Beruhigung mit.«

Die sonore Stimme von Dr. Hansen-Jansen beruhigte mich bereits, und dankbar nahm ich das Rezept entgegen. »Die Tropfen kann man ja sicherlich auch zu Hause ganz gut gebrauchen, wenn einem die Frau mal wieder auf der Nase herumtanzt«, witzelte ich und zwinkerte dem Doktor verschwörerisch zu. Ich merkte, mir ging es schon viel besser.

Er schaute irritiert. Auch wenn er es nicht zugab, bildete ich mir ein, dass er meine Anspielung ganz genau verstanden hatte. Pantoffelhelden mussten schließlich zusammenhalten! Dr. Doppelname verabschiedete sich hände- und kopfschüttelnd.

Es ging los! Nur noch diese eine Nacht, dann würde der Startschuss für unser großes Abenteuer fallen. Die Sachen waren gepackt, der Anti-Malaria-Schlafanzug zurückgebracht. Die Baldriantropfen hatte ich gut verstaut und mir einige davon auch bereits einverleibt.

Trotzdem war ich darauf eingestellt, in dieser letzten Nacht nicht viel Schlaf abzubekommen. Dafür war ich immer noch viel zu nervös und aufgeregt. Hinzu kam, dass ich am Abend noch einen Artikel über eine Frau gelesen hatte, die am balinesischen Flughafen wegen Drogenbesitzes verhaftet wurde. Angeblich wurde ihr die Ware vom Zoll ins Gepäck geschmuggelt. Nun saß sie *unschuldig* im Knast. Das würde mir ohne jeden Zweifel auch passieren.

Ich sah mich schon neben ihr auf der harten Knastbank sitzen.

Die kahle Zelle war an Tristesse kaum zu überbieten. Von all dem Dreck wurde mir ganz elend zumute. Auf der Bank gegenüber hockten weitere Häftlinge, brutale Schläger, die mich finster dreinblickend musterten. Auf einmal schaute mir einer direkt in die Augen. Mir wurde schlecht vor Angst. Doch als sein Blick nach unten wanderte, hellte seine Miene sich auf. Erst war ich irritiert, dann sah ich selbst an mir herunter und erkannte, was er so freudig ins Visier genommen hatte: Ich hielt ein Glas Gin Tonic in der Hand.

Ein Glück!, dachte ich, zumindest die Malaria ist unter Kontrolle!

Der Traum riss ab, und ich schlief entgegen meiner Erwartungen tief und fest ein.

Der nächste Morgen verlief hektisch, denn plötzlich überkam mich der Drang, unser Gepäck noch mal aus-, um- und wieder einzupacken. Ich wollte sichergehen, dass auch *wirklich* alles dabei war. Damit ging ich nicht nur Sarah auf die Nerven, sondern auch mir selbst. Denn diese Aktion klaute mir wertvolle Zeit.

Bei jedem Verlassen der Wohnung hatte ich nämlich ein Ritual etabliert – den Brandschutzkontrollgang. Der durfte natürlich besonders heute keinesfalls fehlen. Meine Kontrollrunde nahm jedes Mal geraume Zeit in Anspruch, immerhin musste mehrfach geprüft werden, ob jeder Stecker gezogen, jedes Fenster geschlossen und vor allem: ob der Herd auch wirklich abgeschaltet war!

Das Heimtückische war, dass sich das unsichere Gefühl, die Wohnung könnte bereits in Flammen stehen, immer erst dann einstellte, wenn ich schon unterwegs war und im Auto, der Bahn oder bereits im Büro saß. Dagegen war mir erst kürzlich etwas eingefallen: Neuerdings fotografierte ich die Herdknöpfe in Aus-Position und die gezogenen Stecker mit meinem Mobiltelefon und speicherte die Bilder im Ordner »Brandschutz« ab.

Einigermaßen beruhigt, die Beweisfotos ordnungsgemäß geknipst, ließ ich mich also in die Taxipolster sinken. Kaum waren wir jedoch um die nächste Ecke gebogen, überkam mich die Angst, ich könnte vielleicht die Wohnungstür offen gelassen haben. Unter dem Vorwand, ich hätte mein Handy auf dem Küchentisch vergessen, konnte ich das Taxi zum Umkehren bewegen. Sarah glaubte mir natürlich kein Wort, aber sie wusste, dass ich sonst keine Ruhe geben würde. Mit hochrotem Kopf kontrollierte ich ein drittes Mal die Wohnungstür und kehrte kleinlaut zum Taxifahrer und meiner Frau zurück.

Das Einchecken am Flughafen lief wider Erwarten problemlos, und schon bald saßen wir im Flugzeug. Als die Türen sich schlossen, schnürte sich auch mein Hals zu. Es ging los. Jetzt gab es kein Zurück mehr – und mich ergriff nun endgültig die Panik.

Der Flieger hob ab. Ich blickte aus dem Fenster und sah, wie sich meine geliebte Sicherheit immer weiter von mir entfernte. Das Lichtermeer der Großstadt wurde kleiner, immer unerreichbarer, und dann durchbrachen wir die Wolkendecke. Die Zivilisation wich vollkommener Dunkelheit. So sah es also aus, das Ende: eine schwarze, dunkle Unendlichkeit, die ins Nichts führte.

Mir stand der Angstschweiß auf der Stirn. Auch meine Hände waren klitschnass. Plötzlich berührte mich etwas Warmes, und ich zuckte erschrocken zusammen. Als ich bemerkte, dass es Sarahs Hand war, die nach meiner griff, atmete ich erleichtert auf. Ich schaute zu ihr hinüber. Sie lächelte mich an und sagte: »Ich freu mich so.«

Es war dieser typische, etwas firme Händedruck, der signalisieren sollte: »Alles wird gut.« Aber gut war hier überhaupt nichts, und das würde sich auch in den nächsten fünfzehn Stunden nicht ändern: Sitzplatz zu eng, Luft zu trocken und wir an Bord eines Fliegers, der an allen Ecken verdächtig knackte und knarrte.

Doch ich gab mir wirklich Mühe. Obwohl mein Gesicht von roten Flecken übersät war und mir die Schweißperlen wie Elefantentränen über die Wangen liefen, versuchte ich die Flucht nach vorn. Sarahs süßes »Ich freu mich so« parierte ich mit einem »Und ich erst, mein Schatz!«.

Meine reiselustige Frau schmiegte sich an mich und lehnte ihren Kopf an meine Schulter. Natürlich wusste sie, wie nervös ich war und wie viel mir diese Reise abverlangte. Es nicht anzusprechen war ihre Art, mir die Blamage zu ersparen und mich ihres Rückhalts zu versichern. Vielleicht war es auch besser so: Denn hätte sie gewusst, wie groß meine Angst wirklich war, wäre sie vermutlich selber in Panik geraten.

Das Anschnallzeichen erlosch. Für mich war das die Aufforderung, einen kleinen Kontrollgang durch den Flieger zu starten. Doch schon das Aufstehen wurde zu einer Herausforderung.

Die Sitzplätze waren nach dem Prinzip »Ergonomie der Enge«

so knapp angeordnet, dass normal gewachsene Menschen nur den allernötigsten Platz hatten. Große Menschen – wie ich – demnach überhaupt keinen. Nur unter totaler Verbiegung der Gliedmaßen war eine sitzähnliche Position überhaupt möglich. Ich fühlte mich, als sei ich versehentlich in ein Tetris-Spiel geraten, denn wir Passagiere waren für die nächsten Stunden wie Bauklötze passgenau ineinandergeschoben und platzsparend verstaut worden.

Dieses System sah ein Aufstehen offensichtlich nicht vor. Aber nicht mit mir! Zum großen Missfallen der anderen Tetris-Klötze in meiner Reihe versuchte ich den Vorstoß gen Mittelgang. Dort angekommen folgte ich meiner Nase. Aus dem hinteren Bereich des Flugzeuges drang bereits der Essensgeruch aus der riesigen Stahlbox, die die Küche ersetzte. Ich inspizierte diese mit größter Bewunderung. Ihr Material erinnerte mich stark an Sarahs Utensilien im Krankenhaus, wo alles immer schön sauber und steril war. Doch was musste ich da sehen! Mein prüfender Blick fiel auf ein paar leicht geöffnete Alu-Boxen, die aus dem Stahlcontainer herausragten. Sehr suspekt. Das konnte doch nicht so hygienisch sein wie gedacht. Später würde ich den Verschluss meiner Box genau untersuchen müssen.

Als Nächstes nahm ich die Toiletten in Augenschein. Diese waren so klein und eng konstruiert, dass man Probleme hatte, sich zu bewegen, ohne ständig irgendwo anzustoßen. Trotzdem gelang es mir mit einigem Aufwand, meine bewährte »Toilettensitz-Papierfalttechnik« anzuwenden, um möglichst keimfrei meinem Anliegen nachzugehen. Leider hatte es sich meine Blase inzwischen anders überlegt. Also zog ich unverrichteter Dinge wieder ab und kehrte zu meiner Reihe zurück. Die anderen Tetris-Klötze guckten mich missmutig an. Wie im Computerspiel kam nun der schwerste Teil: Ich musste mich in die offene Lücke einfügen. Nach ein bisschen Geruckel, Geseufze und Gestöhne hatte ich das komplizierte Unterfangen hinter mich gebracht. Endlich saß ich wieder. In diesem Moment signalisierte mir meine Blase unmissverständlich, dass sie doch noch da war.

Wir waren nun schon seit Stunden unterwegs, und ich wartete schicksalsergeben auf meinen Bandscheibenvorfall. Sarah schlummerte seelenruhig neben mir und schien von den Strapazen des Fluges nicht viel mitzubekommen. Ich nutzte den Moment. Bei der Rückgabe des Anti-Malaria-Schlafanzugs hatte ich ein kleines Notizbuch erworben, das ich nun zur Hand nahm. Ich hatte es gekauft, um die Erlebnisse unserer ersten gemeinsamen Fernreise aufzuschreiben und Skizzen dazu anzufertigen. Schließlich sollte die Nachwelt mein Zeuge sein, wenn ich auf dieser Expedition mein jähes Ende fand. Ich hatte bereits den perfekten Namen für meinen neuen treuen Begleiter gefunden und schrieb ihn in großen Lettern auf die Vorderseite. Dann öffnete ich das Büchlein. Das weiße, unberührte Papier machte mir ausnahmsweise mal keine Angst. Na gut, ein bisschen Respekt hatte ich schon. Denn ich wusste, der Anfang war das Schwerste.

Eine erste, einfache Zeichnung sollte meinen Gemütszustand beschreiben:

Ich schloss das Notizbuch. Die Gewissheit, dass ich nun mein Schicksal mit der Welt teilte, beruhigte mich etwas, und ich döste ein. Als der Captain den Landeanflug durchsagte, schreckte ich hoch. Stimmt, da war ja noch was: Bali! Kickstart des Panikmotors. Von null auf hundert in unter drei Sekunden. Neue Bestzeit.

»Das ging jetzt aber doch recht schnell«, hörte ich mich sagen, während der Panikmotor auf volle Touren kam: Herzfrequenz maximal erhöht. Mund trockengelegt, Sonderschicht der Schweißproduktion.

Sarah hingegen öffnete nur langsam und verschlafen die Augen. Sie reckte und streckte sich.

»Zum Glück sind wir endlich da«, sagte sie. »Es ist ja schon spät, und wir müssen noch einen Schlafplatz organisieren …«

Hatte ich mich da eben verhört? »Wie bitte?«, fragte ich fast hysterisch. »Ich dachte, du hast schon etwas für die erste Nacht klargemacht?« Ich spürte, wie der Panikmotor nun so richtig heiß lief.

»Ach, Schatz!«, entgegnete sie, immer noch tiefenentspannt. »Nie hörst du richtig zu. Ich habe dir doch gesagt, dass es praktischer ist, wenn wir direkt vor Ort etwas suchen. Da kommen doch ständig Touristen an, da gibt es Tausende von Unterkünften.«

Ich sah sie entgeistert an, dann fuhr sie fort. »Aber stimmt schon«, sagte sie, »im Dunkeln etwas zu suchen, wäre vielleicht doch ziemlich doof. Hab ich nicht dran gedacht. Müssen wir uns halt beeilen.«

Von den angeblichen tausend Schlafplätzen hätte mir einer gereicht, der bereits gebucht war. Ich wollte keine Auswahl, ich wollte lebend ankommen. Bei dem Gedanken an die bevorstehende Jagd nach einer Unterkunft wurde mir schlecht. Motorschaden. Schluss, aus. Amen. Klappe zu, Affe tot.

Aber bevor ich mir in allen Einzelheiten ausmalen konnte, wie das denn werden würde, so ganz allein in der Nacht ohne Bleibe, den Mücken und Gangstern hilflos ausgeliefert, waren wir auch schon gelandet. Das Licht ging an und das Gedränge los.

Die Devise hieß augenscheinlich: Nach fünfzehn Stunden Flug wollten nun alle binnen fünfzehn Sekunden raus aus dem Flieger. Fortkommen war nur noch im Nanobereich möglich. Auf dem Gang drängten sich dicht an dicht die Tetris-Klötze. Doch es gelang mir, mich dazwischenzuquetschen. Sarah hörte ich laut gähnend dicht hinter mir. Als sie über meinen Platz kletterte, fiel ihr mein Büchlein in die Hände. Ich hatte es wohl versehentlich in der Ablage liegen gelassen. Sie schaute erst das Buch, danach mich an. Dann schüttelte sie den Kopf und steckte es unkommentiert in unser Handgepäck. Dabei sah ich noch einmal deutlich meine Handschrift auf dem Cover. Der Name war Programm. In großen Lettern stand dort:

»LOGBUCH DES TODES«.

II.

Bali oder: der Baron von Biberegg und die Menschenfresser

Heiße, feuchte Luft schlug mir auf dem Rollfeld entgegen. Fast wie zu Hause, wenn Sarah zu lange geduscht hatte. Willkommen auf Bali, dem Badezimmer. In Sekundenschnelle bildeten sich kleine Schweißperlen auf meiner Stirn, und das Hemd klebte mir am Rücken. Luftfeuchtigkeit plus, Lebensfreudigkeit minus, dachte ich, sagte aber nichts, um nicht gleich wieder die Stimmung zu vermiesen.

Besser, ich hielt meine Klappe. Auch als ich wenig später im Eingangsbereich einen Infrarotthermografen erspähte. Sie fragen sich jetzt vielleicht: »Was ist denn bitte ein Infrarotthermograf?« Ich als krankhafter Krankheitsbefürchter wusste natürlich aus

dem Internet, dass es sich dabei um ein Gerät zur Messung erhöhter Körpertemperatur handelte. Zum Beispiel um festzustellen, ob jemand an Vogelgrippe erkrankt war. Damals war diese gemeinsam mit SARS ein akutes Problem, mit dem man sich als verantwortungsbewusster Reisender schon mal auseinandergesetzt haben sollte.

Dachte ich zumindest. Aber mit dieser Ansicht war ich anscheinend alleine. Außer mir schien es wie immer keine Sau zu interessieren, welche unsichtbaren Gefahren um einen herum lauerten. Die anderen bemerkten das Gerät nicht einmal, während ich bereits grübelte, ob nicht schon meine ständige Schwitzerei ein untrügliches Indiz für eine Infektion mit was auch immer war. Doch die Flut an Schweißtropfen, die an mir herunterrannen, schien nicht weiter aufzufallen, und ich war unsicher, ob mich das beruhigen oder beunruhigen sollte. Ich atmete erst auf, als man mich durchwinkte. Offenbar war ich kein Fall für die Quarantänestation.

Wir steuerten auf eine Rolltreppe zu, und ich war aufrichtig beeindruckt: Bali war fortschrittlicher, als ich in meinen Horrorszenarien befürchtet hatte. Bewundernd sah ich das Konstrukt an.

»Hallo Träumerli, hast du noch nie ’ne Rolltreppe gesehen, oder was?«, sagte Sarah neckisch, als sie bemerkte, wie ich vor mich hin starrte. Sie zog mich am Ärmel, und wir fuhren hinab.

»Sorry, hab wohl Jetlag«, entgegnete ich etwas peinlich berührt. Durch den Kopf ging mir allerdings: Mensch. Reiß dich zusammen. Dass es auf einem internationalen Flughafen Rolltreppen gibt, ist ja nun wirklich keine Überraschung.

Vor uns fuhren Mutter und Sohn. Die beiden hatte ich bereits im Flieger bemerkt, denn das Kind war mir negativ aufgefallen.

Laut, uneinsichtig und rotzfrech hatte es erst seine Mutter und dann das Kabinenpersonal zur Weißglut getrieben. Trotz mehrfacher elterlicher Verwarnung hatte sich der Bengel die Finger an der heißen Alu-Box verbrannt, dann vor Wut das Essen auf den Gang geschmissen und lauthals geschrien. In dem Moment, als er Ruhe gab und vor Erschöpfung einschlief, fing er so laut an zu schnarchen, dass es für die restlichen Fluggäste mit der Nachtruhe vorbei war.

Jetzt fuhr der erholte Störenfried vor mir auf der Rolltreppe und hielt die Hand seiner Mutter, schaffte es aber gleichzeitig, ausgiebig rumzuhampeln. Ich räusperte mich vernehmlich. Frau Mama drehte sich um und strafte mich mit einem bösen Blick. Der Junge beachtete mich überhaupt nicht. Er wirkte fröhlich und lachte laut. Offenbar freute er sich auf die bevorstehenden Ferien. Wie schön, dachte ich genervt, wenigstens einer.

Als wir unten angekommen waren, geschah es. Blitzschnell bog etwas um die Ecke. Erst fing der Junge an zu schreien. Dann die Mutter. Dann ich.

Ein riesiger bulliger Hund sprang an dem kleinen Burschen hoch und beschnupperte ihn. Der Zollbeamte zog an der Leine, der Hund wich zurück. Offensichtlich ein Drogenfahnder. Sofort fiel mir mein Traum wieder ein. Die versteckten Drogen, die unschuldige Verurteilung. Würde er mich gleich einkassieren?

Aber genau das Gegenteil war der Fall: Der Beamte würdigte mich keines Blickes. Während er versuchte, seinen Hund, die Mutter *und* das Kind zu beruhigen, schlich ich mich heimlich davon. Hatte ich den Zappelphilipp eben noch verflucht, empfand ich jetzt schon fast eine Art heldenhafte Anerkennung für dieses gelungene Ablenkungsmanöver. Mich würde hier keiner verhaften. Wir gingen unbehelligt zum Ausgang. Als ich mich noch mal umdrehte, hatte der Junge aufgehört zu weinen. Ich lächelte ihm zu. Sofort fing er wieder an. Die Mutter schimpfte laut zu mir herüber und fuchtelte mit ihrer Faust in der Luft.

Sarah sah mich an und fragte: »Was ist denn jetzt schon wieder los?« Aber zu einer Erklärung kam es nicht, denn ich nahm sie an der Hand, und wir verließen schnellen Schrittes die Ankunftshalle, traten nach draußen und wurden sofort umhüllt von: völliger Dunkelheit.

Und was war schlimmer, als in einem Land anzukommen, in dem einem alles fremd war? Richtig! In einem Land anzukommen, in dem einem alles fremd und wo es noch dazu stockfinster war, sodass man die Hand vor Augen nicht sehen konnte. Ich überlegte kurz, ob ich zurückgehen und mich weinend zu dem Jungen stellen sollte. Dann fiel mir die Faust der Mutter wieder ein, und ich verwarf den Plan.

Zum Glück hatte Sarah mir zuliebe dann doch noch eine Unterkunft aus dem Reiseführer herausgesucht und die Organisation vor Ort übernommen. Obwohl ich mich ziemlich darüber aufregte, dass sie nicht vorher etwas gebucht hatte, bewunderte ich sie insgeheim dafür, wie cool sie agierte. Es war ihr geradezu leichtgefallen, aus dem unübersichtlichen Angebot etwas herauszusuchen, ein Taxi heranzurufen und den Fahrer zu instruieren. Verglichen mit ihrer Arbeit in der Notaufnahme schien Bali ein Klacks zu sein. Ich hingegen fühlte mich bereits seit der Begegnung mit dem Infrarotthermografen handlungsunfähig. Die Fahrt durch den wilden Verkehr gab mir den Rest. Als wir unsere Unterkunft erreichten, merkte ich endgültig, wie sehr mich der Flug und das Eintauchen in eine mir unbekannte Welt geschafft hatten. Nach kurzer Freude über das Moskitonetz, das sich über unserem Schlafplatz spannte, schlief ich völlig entkräftet ein.

Am nächsten Tag setzten wir unsere Reise gen Küste fort. Wir saßen im Bus nach Padang Bai, der der Hektik trotzte und sich ohne jede Eile seinen Weg durch den Verkehr bahnte. Aber auch das konnte mich nicht beruhigen. Meine Nervosität fuhr mit.

Ich saß natürlich nah am Gepäck, das ich nicht aus den Augen lassen wollte. Nun befand ich mich aber in dem Zwiespalt, dass ich trotz meiner Angespanntheit gleichzeitig neugierig auf Landschaft und Leute war. Deshalb erlaubte ich mir ab und zu einen kurzen Blick nach draußen. Man sah zwar die einfachen Verhältnisse und eine gewisse Armut, aber auch das lebhafte Gewusel auf den Straßen. Die kleinen Städte, die nur aus Flachbauten, Hunderten von Menschen und Staubwolken zu bestehen schienen, waren in einer weitläufigen Landschaft eingebettet. Diese war vor allem eins: wunderbar grün. In einem fast surrealistisch wirkenden satten Grün präsentierten sich Felder und Reisterrassen. Ich musste mir eingestehen, dass dies ein beeindruckender Anblick war.

Nach etwa zwei Stunden erreichten wir den Küstenort, von dem aus wir die Fähre auf die Gili-Inseln nehmen sollten. Dass ich mich im Vorfeld schon über die Überfahrtzeit informiert hatte, daran erinnerte ich mich nicht mehr. Zu spannend war das Drumherum, es war noch früh und ich guten Mutes. Denn mit Fähren hatte ich schließlich bereits in Dänemark stets gute Erfahrungen gemacht. Allerdings fiel mir am Hafen auf, dass es durchaus noch andere Möglichkeiten gab, um auf die Inseln zu kommen. Es fuhr nämlich auch ein Schnellboot, welches zwar teuer, aber wie der Name schon sagte, dafür auch »schnell« war. In »nur« zwei Stunden sollte man das Ziel erreicht haben. Da wurde ich dann schon skeptisch, was die Länge unserer eigenen Überfahrtszeit betraf.

Die Möglichkeit, umzudisponieren, fiel aber aus, denn wir wurden bereits in kleine Schlauchboote verfrachtet. Jetzt sah ich die Fähre zum ersten Mal. Man konnte sie gut erkennen, denn sie war dank der vollkommen abgeblätterten Lackierung und dem Rost das einzige Schiff, von dem das Licht der Sonne nicht reflektierte. In anderen Worten: Vor uns lag ein riesiger rostiger Kahn. Ein Monstrum aus Metall, welches darauf wartete, uns mit Haut und Haaren zu verschlingen.

Wir gingen an Bord. Es gab einen Innenraum und ein Oberdeck. Beides war überschaubar ausgestattet, nämlich mit nichts. Wir steuerten zielstrebig das Deck an, denn da war zumindest eins im Überfluss vorhanden: Sonne. Nach dreißig Minuten war mir aber auch diese zu heiß, und ich flüchtete unters Sonnensegel. Dort döste ich weg.

Als ich wieder aufwachte, hatte sich nichts verändert, und mir bot sich das gleiche Bild: ein schäbiges Boot, umgeben von azurblauem Wasser, und das Ganze perfekt ausgeleuchtet von der gleißenden Sonne.

Neben mir lag Sarah. Sie schien das alles nicht zu stören. Von ihr war nur das gelegentliche Umblättern der Seiten ihres dicken

Buches zu hören. Mich nervte das. Tat sie nur so oder war sie wirklich so entspannt? Glücklicherweise lenkte mich ein kleiner Balinese ab, der ab und zu vorbeikam und aus einer großen Kühlbox kaltes Bier verkaufte. Eine schöne Abwechslung, der ich ausgiebig frönte, was der Stapel an leeren Dosen neben mir ziemlich schnell verriet.

Stunde um Stunde verging. Mit einem Mal fühlte ich mich ganz benebelt. Dann merkte ich aber, dass das nichts mit dem Alkohol zu tun hatte. Denn langsam setzte die Dämmerung ein, die mich etwas zu verwirren schien. Ich hatte jegliches Zeitgefühl verloren, aber offenbar neigte sich der Tag bereits dem Ende zu. Sarah lag immer noch neben mir und schlief mit dem zugeklappten Buch auf dem Bauch. Um uns herum war alles wie gehabt: der schäbige Kahn, das Wasser, die Sonne. Jetzt allerdings leicht abgedunkelt. Dann dunkler. Dann Finsternis. Sonne weg, Wasser weg, nur die Beleuchtung an Deck entschied noch über den sichtbaren Bereich.

Das ruhige Tuckern des Motors, welches uns den ganzen Tag wie der Herzschlag des alten Monsters begleitet hatte, setzte plötzlich aus. Der Bier-Balinese tauchte wieder auf und verbreitete Hektik. Schluss mit Bier, »Touristen von Bord« hieß sein neuer Auftrag. Mein Panikmotor hatte keine Aufforderung gebraucht. Nervös rüttelte ich Sarah wach.

»Geht's los?«, fragte sie mit leuchtenden Augen.

»Ich fürchte ja«, antwortete ich.

Nachdem wir unsere Sachen zusammengepackt hatten, wurden wir wieder in Schlauchboote verfrachtet und legten ab. Diesmal allerdings ohne erkennbares Ziel, nur umgeben von der Schwärze der Nacht.

Aus dem Nichts erschien der spärlich beleuchtete Hafen. Unser Boot fuhr direkt auf den Strand, und wir krabbelten raus. Barfuß und mit unseren schweren Trekking-Rucksäcken beladen, standen wir im Sand. Auf der Insel schien Strom ebenfalls ein rares Gut, sodass man kaum zwei Meter weit gucken konnte. Uns blieb nichts anderes übrig, als einfach draufloszustapfen. Meine Panik hielt sich in diesem Moment merkwürdigerweise in Grenzen, woraus ich schloss, dass sich mein Gehirn aus Selbstschutz einfach abgeschaltet hatte. Ich dachte nicht mehr, ich funktionierte nur noch.

Am Ende des Strandes bot sich ein Bild, welches ich hier am allerwenigsten vermutete hätte. Denn plötzlich fanden wir uns gegenüber von Pferdekutschen wieder! Was hatten die denn hier zu suchen? Wie in einer Filmkulisse standen sie da anstelle von Taxis, eine Kutsche reihte sich fein säuberlich an die nächste. Ich überlegte kurz, ob wir bei der langen Reise die falsche Abzweigung genommen hatten und versehentlich in der Zeit zurückgereist waren. Mein Körper jedoch signalisierte mir unmissverständlich, dass ich mich im Hier und Jetzt befand. Die Anstrengungen des Tages merkte ich nun deutlich, und ich wollte nur noch eines: ab ins Bett.

Sarah war ebenfalls fix und fertig, lächelte dabei aber selig. Anders als ich empfand sie diese nächtliche Tortur offensichtlich nicht als Belastung. Ganz im Gegenteil, für sie war diese abenteuerliche Anreise der erste Höhepunkt unseres Trips.

Wir hatten Glück. Einer der Pferdekutscher nahm sich unser an und brachte uns zu einem Hotel, von dem er wusste, dass es noch freie Betten hatte. Zwar konnte man in der Finsternis nichts davon erkennen, wie es überhaupt aussah, aber es offenbarte am nächsten Tag seine volle Pracht.

Ich fiel todmüde aufs Bett, schaffte aber noch einen kurzen Eintrag ins LOGBUCH DES TODES. Meine Auseinandersetzung mit Dunkelheit und Finsternis verlangte nicht viel. Ich färbte eine komplette Seite schwarz und fügte lediglich eine Sprechblase hinzu. Diese schnell dahingezeichnete Skizze sagte eigentlich alles:

Am nächsten Morgen sah die Welt natürlich schon wieder ganz anders aus. Nämlich wunderschön. Schon beim ersten Blick aus dem Fenster unserer Bleibe wurde uns bewusst: Wir waren im Paradies angekommen.

Vor uns erstreckte sich der tropische Garten des kleinen Hotels. Zwischen knallbunten Pflanzen reckten sich Stelzenbauten empor, Bungalows, die traditionellen balinesischen Reisspeichern nachempfunden waren. Jeder Speicher war gleich aufgebaut: Im Erdgeschoss waren Bad und Wohnbereich untergebracht, in der oberen Etage befand sich das Schlafzimmer. In einem solchen standen wir nun vor der großen Fensterfront und sahen auf die typischen Strohdächer der sogenannten Lumbungs. Irgendwie erinnerten mich diese auf Anhieb an Reetdächer. Hinter diesem balinesischen Klein-Dänemark auf Stelzen lag ein Gewirr von Wegen, das malerisch von allerlei exotischen Blumen umschlossen war. Dahinter erstreckte sich der weiße Sandstrand, am Horizont schimmerte blau das Wasser.

Wir befanden uns auf Gili Air, der zweitgrößten der insgesamt drei Gili-Inseln. Ein kleines Paradies mit gerade mal einem Kilometer Durchmesser. Der Strand war hier wirklich endlos – denn man konnte ihn locker in zwei Stunden umrunden und dadurch immer wieder von vorne anfangen.

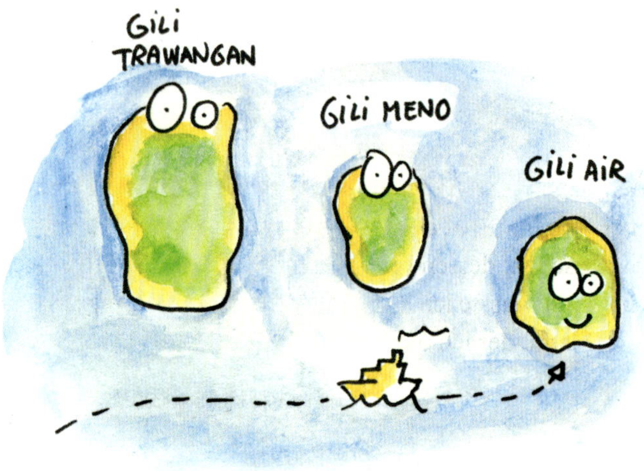

Und an eben diesem Strand saßen wir nun und hatten Frühstück bestellt. Sarah entschied sich zielstrebig für die Option »Western Style«, also Toast, Ei und Marmelade. Ich war von Haus aus kein Marmeladenbrot-Mann und nahm daher die indonesische Frühstücksvariante. Während Sarah alles richtig gemacht hatte und genüsslich in ihren Toast biss, wurde mir »Bubur Ayam« serviert.

Die Exotik, die uns umgab, hatte ich jetzt auch auf dem Teller. Vor mir stand etwas, das wie Haferschleim aussah, aber aus Reis bestand und mit zerrupften Hühnchenstücken, Sellerie, getrockneten Gemüseflocken und Frühlingszwiebeln garniert war. Dazu wurden frittierte Brotstücke gereicht, die wie salzige Donuts schmeckten. Sarah schaute mich erwartungsvoll an. Zögerlich griff ich zu. Das herzhafte Essen mutete eher an wie ein Katerfrühstück. Ich traute dem Ganzen nicht, das Hühnchen sah auch ganz verdächtig und irgendwie roh aus. Und bei rohem Geflügel war ja bekanntlich Obacht geboten.

Lieber Marmeladenbrot als Tod, dachte ich und bestellte nach zwei kleinen Kostproben ebenfalls die Western-Variante. Sarah sah mich verwundert an und fragte: »Ich dachte, du magst kein Marmeladenbrot?«

»Geschmäcker ändern sich eben«, antwortete ich wie aus der Pistole geschossen und langte genussvoll zu. Doch auch die süße Marmelade konnte über das heftig-salzige »Bubur Ayam« nicht hinwegtäuschen, dessen Geschmack ich noch im Mund hatte. In dem Moment wusste ich allerdings: Ich *war* bereits der Marmeladenbrot-Mann, der ich nie sein wollte.

Bali ist ein Eldorado für Taucher. Das galt auch für die Gili-Inseln, die genau genommen nicht zu Bali, sondern zu der großen Nachbarinsel Lombok gehörten. Allerdings ist das Tauchen für einen Schisser ja eigentlich kein Thema. Dekompression klingt ja fast schon wie Depression. Nie wäre ich auch nur auf die Idee gekommen, unter Wasser zu gehen, aber beim Blick in Sarahs Kulleraugen konnte ich mal wieder nicht Nein sagen.

Geduldig hörte ich mir also die Einweisung an. Natürlich nicht ohne hellhörig zu werden, was die Dinge betraf, die schiefgehen konnten. Mein Favorit war das zu schnelle Auftauchen mit dem damit einhergehenden Platzen der Lunge. Die Vorstellung brannte sich postwendend in mein Gehirn ein und sollte mich von diesem Punkt an bei jedem Tauchgang begleiten. Die praktischen Übungen im Pool waren bereits Vorboten der Beklemmungen, die mich unter der Wasseroberfläche erwarteten. Als wir hinausfuhren, war ich dementsprechend nervös. Dann tauchten wir ins Wasser ein.

Ruhig atmen, ruhig atmen, sagte ich mir. Das klappte ganz gut, sodass mein Panikmotor im unteren Drehzahlbereich schnurrte.

Bis jetzt war alles einigermaßen paletti. Dann sah ich das Spektakel.

Vor mir entfaltete sich eine Unterwasserwelt der Extraklasse. So was hatte ich noch nie gesehen. In tausend Farben leuchteten Korallen und Fische, die völlig ohne Scheu an uns vorbeischwammen. Sarah und ich tauchten Seite an Seite. Wir gelangten tiefer und wurden mit immer schöneren, intensiveren Farben und Fischen belohnt, die fast wie Fabelwesen wirkten. Dann erkannte ich in der Ferne etwas Gigantisches. Majestätisch und wunderschön schwamm ein riesiger Mondfisch vor uns her. Wie erstarrt beobachtete ich ihn, bis er wieder in den Tiefen des Meeres verschwunden war. Für immer bleiben sollte aber die Erinnerung an diesen außergewöhnlichen Moment.

Am Abend saßen wir am Strand. Die kleinen Beach-Restaurants hatten Bambusverschläge errichtet, die auf Pflöcken direkt im Sand standen. Hier konnte man gemütlich liegen, essen und die Erlebnisse des Tages Revue passieren lassen.

Wir genossen den tagesfrischen und direkt vor Ort gegrillten Fisch. Den dazugehörigen Salat hatte ich natürlich nicht angerührt. Strikt hielt ich mich an die Regel »Heat it, peel it or leave it«. Meine Vorsicht zahlte sich aus, der gefürchtete Durchfall war mir bisher erspart geblieben. Vorsichtshalber war ich auch beim Trinken wählerisch. Doch zum Glück liebte ich Bier, welches ich ausschließlich aus der Flasche trank.

So saßen wir nun und schauten in den Sonnenuntergang. Ich

mit dem kalten Bier in der Hand und den warmen, langen Cordhosen an den Beinen, die ich aus Angst vor den Moskitos in die Socken gesteckt hatte. Neben mir Sarah, die, furchtlos wie immer, nicht nur den Salat gegessen hatte, sondern auch den Moskitos mit ihrem kurzen Rock signalisierte, wie egal sie ihr waren.

»Sag mal, ist dir nicht warm in den dicken Hosen?«, fragte Sarah.

»Nö«, log ich und wechselte schnell das Thema. »Ist es nicht wirklich toll hier?«, fragte ich sie.

An Sarahs Gesichtsausdruck konnte ich ablesen, dass sie überrascht war, so etwas aus meinem Mund zu hören. Sie schaute verträumt auf die Wellen des Meeres und antworte: »Ja. Ist es.«

Als wir mit dem Essen fertig waren, spazierten wir den Strand hinab und gesellten uns zu einer Gruppe, die um ein Lagerfeuer saß. In der Mitte flackerten die Flammen, und Schatten tanzten über die Gesichter der Traveller, die sich gegenseitig ihre besten Reisegeschichten erzählten. Ich hörte viel von anderen Ländern, die auf der einen oder anderen Reiseroute vorkamen, von ungewöhnlichem Essen und anderen Kulturschocks. Die Globetrotter erzählten von Japan, von China, vom australischen Busch. Ich lauschte gespannt und fragte mich die ganze Zeit, warum in aller Welt die Leute da überhaupt überall hinwollten. Nie hätte ich in diesem Moment damit gerechnet, dass ich schon bald ziemlich viele dieser Länder selbst bereisen würde.

Gerade war ein Hippie mit langem Bart an der Reihe. Für seine Story musste er nicht in die Ferne schweifen. Sie spielte auf einer nicht weit entfernten Insel. Erst nahm den Hippie keiner so richtig wahr, dann räusperte er sich und sprach langsam und mit tiefer Stimme: »Dies ist die Geschichte des Barons Rudolf von Reding, Biberegg und der Menschenfresser.« Er machte eine theatralische Pause, und seine Augen funkelten im Licht des Feuers. Das war mal ein Entree, dachte ich und sah mich um. Den anderen schien es ähnlich zu gehen. Alle wollten wissen, was es auf sich hatte mit diesem Baron und den Menschenfressern. Es wurde mucksmäuschenstill ums Feuer, und der Hippie fing an zu erzählen.

»1974 ging eine Gruppe mutiger Männer auf eine Expedition zu der Insel Komodo, die, wie einige von euch wissen, nicht weit von hier liegt. Angeführt wurde die Expedition durch den Abenteurer Baron Rudolf von Reding, Biberegg. Der Baron und seine Entourage waren gekommen, um sich zu vergewissern, ob die Legenden wahr waren: Auf der Insel sollten Drachen wohnen.«

Wie gebannt hing ich an den Lippen des Märchenonkels und sah den Drachen mit seinen messerscharfen Zähnen und großen Klauen bereits vor mir. Der Hippie fuhr fort: »Im frühen Morgengrauen starteten der Baron und seine Gefolgschaft die Erkundung der Insel. Der Baron war mit seinen 78 Lenzen kein junger Mann mehr, und die Hitze und das feuchte Klima setzten ihm zu. Sie drangen weiter in den Dschungel vor. Als sie an einen steilen Bergabschnitt kamen, brauchte er eine Rast. Er wies seine Leute an, vorauszugehen und den nächsten Streckenabschnitt zu sichern. Sie befolgten seinen Befehl und ließen den Baron zurück. Als sie zurückkamen, war er verschwunden. Auch am Abend kehrte er nicht zum Basislager zurück, und so suchten ihn seine Gefolgsleute am nächsten Tag. Das Einzige, was sie fanden, war seine Kamera. Diese offenbarte dann letztendlich das Geheimnis. In Europa angekommen wurde der Film entwickelt und zeigte schemenhaft die Umrisse der Kreatur. Ein Komodowaran hatte den Baron bei lebendigem Leibe gefressen.«

Der Hippie machte eine Pause, schaute in die Runde und sah in Augen, die ihm mit Spannung und Entsetzen folgten. Er sprach leise weiter: »Und diese Drachen, die gibt es auch auf dieser Insel.«

Ich merkte, wie der Panikmotor in Nullkommanix ansprang. »Wie bitte?«, hörte ich mich laut sagen. Alle Blicke waren nun auf mich gerichtet.

»Du hast richtig gehört«, entgegnete der Hippie, »auch auf Gili Air leben noch einige Warane.« Dann fügte er in diesem albernen Yoda-Sprech hinzu: »Wachsam sein, du musst!«

Die anderen lachten. Ich fand das gar nicht komisch. Waran nicht witzig, dachte ich und sagte den restlichen Abend gar nichts mehr.

Am nächsten Tag ging ich in das einzige Internetcafé der Insel, in dem ich auch der einzige Gast war. Kein Wunder, denn draußen war wunderschönes Wetter. Ich googelte »Komodowaran«, und Wikipedia verhalf mir zu folgender Erkenntnis:

»Der Komodowaran oder Komododrache (Varanus komodoensis) ist eine Echse aus der Familie der Warane (Varanidae), dessen Verbreitungsgebiet auf einige der Kleinen Sunda-Inseln von

Indonesien beschränkt ist. Mit Maximallängen von drei Metern bei einem Gewicht von über 70 kg ist er die größte gegenwärtig lebende Echse. Das Beutespektrum der tagaktiven Tiere verändert sich mit dem Alter und zunehmender Körpergröße und reicht von Insekten bis hin zu Säugetieren wie Mähnenhirschen und Wildschweinen. Er ist der einzige Waran, der regelmäßig Beutetiere dieser Größe schlägt. Die Jagd auf große Säugetiere wird durch ein in spezialisierten Drüsen im Unterkiefer produziertes Gift unterstützt, welches unter anderem die Blutgerinnung verringert und einen Schock verursacht. Entflohene Beute kann an diesem Gift auch noch nach Tagen zugrunde gehen.«

Na toll!, dachte ich, wenigstens den Teil mit der Schockstarre durch das Gift hatte uns der Hippie erspart. Wie gnädig! Jetzt spürte ich den Panikmotor wieder. Er lief noch untertourig, das war gut, aber ich wusste, er konnte jederzeit seine volle Kraft entfalten.

Als ich zurück zum Hotel kam, saß Sarah mit einem Cocktail in der Hand in der Sonne.

»Wir reisen ab!«, sagte ich mit fester Stimme.

»Was? Wieso denn?«, entgegnete meine Frau, sichtlich verwundert.

»Die Insel ist nicht sicher«, antwortete ich.

»Nicht sicher? Übertreibst du nicht ein bisschen?«, fragte sie. »Nur wegen diesen paar Mücken?«

Doch ich war bereits an ihr vorbeigegangen, um zu packen. Sarah kam hinterher und sah dabei zu, wie ich meine Sachen in den Rucksack stopfte.

»Was hältst du davon, wenn du dich erst mal beruhigst und wir in Ruhe darüber sprechen?«, fragte sie.

Ich schaute kurz von meinem Rucksack hoch und erwiderte nur: »Entweder du kommst mit, oder du bleibst hier. Deine

Entscheidung. Meine ist endgültig. Und wo du da gerade stehst, kannst du mir bitte die Reisekasse reichen?«

Sie gab mir das Portemonnaie, und als ich es öffnete, kippte ich fast aus den Latschen. Ich starrte in die kleine Ledertasche, in der nichts war außer ein bisschen Kleingeld. Das reichte nicht für die Fähre und für das Schnellboot schon gar nicht.

Kein Geld, kein Entkommen, durchfuhr es mich. Ich wusste, wir waren gefangen. Gefangen auf einer einsamen Insel am anderen Ende der Welt.

Einsam bis auf … die menschenfressende Bestie!

In meiner Fantasie nahm der Waran bereits die Witterung auf und ging auf die Pirsch.

Mein Schicksal schien besiegelt. Nie wieder würden wir in die Zivilisation zurückkehren. Mich hatte diese Erkenntnis vollkommen aus den Socken gehauen, und nun saß ich zusammengesunken, wie ein Häufchen Elend, auf dem Baststuhl im Reisspeicher-Spargel.

Sarah empfand unsere Situation deutlich undramatischer als ich und suchte pragmatisch nach einer Lösung. Sie zählte das restliche Geld und wägte unsere Optionen ab. Nach Rücksprache mit dem Hotelpersonal musste sie allerdings feststellen, dass unser Aktionsradius begrenzt war: Der einzige Bankautomat der Inselgruppe befand sich auf der Nachbarinsel Trawangan. Der Automat galt zwar als störanfällig, einen Versuch war es dennoch wert.

Für die kurze Überfahrt reichte das restliche Geld. Schon bei der Ankunft auf Trawangan wurden wir von dem regen Treiben überrollt. Auf dieser Insel war deutlich mehr Betrieb als in unserem kleinen und verschlafenen Drachenversteck. Surfer aus aller Welt hatten dieses Paradies für sich entdeckt und es zu einer hoch frequentierten Party-Location gemacht. Ich fühlte mich für einen Moment an Mallorca erinnert und musste unweigerlich an Eimer mit Strohhalmen und Schaumpartys denken. Das allerdings wäre selbst hier absurd gewesen.

Nachdem wir das Gedränge am Hafen hinter uns gelassen hatten, fragten wir uns bis zum Geldautomaten durch und fanden ihn letztendlich auch. Er stand direkt vor dem größten Hotel der Insel und sah aus wie eine demolierte Telefonzelle.

Ich zückte die Kreditkarte und zwängte mich in die kaputte Zelle. Der Monitor leuchtete mich mit kryptischen Zeichen an, die sich auch nicht änderten, als meine Karte im Schlitz verschwand. In der Zelle stand die Luft. Ich starrte auf den Schlitz, der mir wie ein Mund vorkam. Der Mund, der meine letzte Hoffnung verschlungen hatte und jetzt einfach schwieg.

In diesem Moment rief Sarah, die draußen auf mich wartete und in der Sonne eine Cola trank: »Wieso dauert das denn so lange? Gibt's ein Problem?«

»Alles unter Kontrolle!«, rief ich zurück. Was natürlich Quatsch war, denn mein Herz schlug mir bis zum Hals, der Schweiß tropfte von meiner Stirn, und der Automatenmund schwieg wie ein Grab.

Die Wartezeit kam mir vor wie eine Ewigkeit.

Dann tat sich was! Der Bildschirm veränderte sich. Die kryptischen Zeichen wichen und machten lesbaren Buchstaben Platz.

Zwei englische Wörter standen nun dort. Ich starrte sie entgeistert an.

Bildschirmfüllend prangte »NO SERVICE« auf dem Monitor. Ich war den Tränen nah, vor Wut schlug ich auf den dummen Kasten ein. Es half natürlich nichts. Der Automatenmund verzog keine Miene.

Zumindest gab er, wenn auch mit einer gewissen stoischen Ruhe, die Karte zurück. Ich trat in die Affenhitze des Tages, Sarah hielt mir ihre Dose mit lauwarmer Cola hin.

»Das Ding ist im Eimer. ›No Service‹ steht da, und nix geht mehr«, sagte ich.

»Das gibt's doch gar nicht. Das muss doch gehen, das Ding!«, antwortete sie und ging an mir vorbei noch mal hinein. Als sie nach fünf Minuten wieder herauskam, machte auch sie einen enttäuschten Eindruck.

Kurz dachte ich: Siehst du mal, du Schlauberger, bei dir klappt's auch nicht. Doch dieser Gedanke wurde erneut von dem bedrückenden Gefühl der Panik verdrängt. Welches sich vor allem dadurch auszeichnete, dass ich mich auf nichts mehr richtig konzentrieren konnte.

»Was jetzt?«, stammelte ich.

»Hmm«, überlegte Sarah kurz und entgegnete dann: »Lass uns zurück zur Hauptstraße gehen. Wir versuchen es mal bei einer Touristeninformation. So was gibt es hier bestimmt, vielleicht können die uns weiterhelfen.«

Wir trotteten los. Sarah war leicht genervt, diesmal nicht durch mich, sondern durch unsere missliche Lage. Ich war maximal angespannt, und mein Hirn arbeitete auf Hochtouren. Es musste einen Ausweg geben. In Gedanken ging ich noch mal alle unsere Stationen durch. Verzweifelt suchte ich nach irgendeinem Anhaltspunkt, der uns weiterbrachte. Plötzlich fiel mir etwas ein.

»Warte mal«, sagte ich zu Sarah, »ich glaube, ich hab da eine Idee.«

Sarah drehte sich um, schob eine Augenbraue hoch und sah mich erstaunt an. »Echt? Na dann schieß los«, sagte sie.

»Im Hafen bei unsere Ankunft, da gab es so einen Laden mit einem VISA-Zeichen und einem CASH-Schild im Fenster«, erzählte ich aufgeregt.

Sarahs Augenbraue wanderte wieder nach unten, sie dachte kurz nach. »Lass es uns ausprobieren!«, entgegnete sie energisch. »Du versuchst es im Laden, ich suche inzwischen die Touristeninformation.«

»Oder wir machen beides zusammen?«, fiel ich ihr ins Wort, in der Hoffnung, jetzt nicht auch noch alleine gelassen zu werden.

»Keine Zeit«, erwiderte Sarah, »das Boot geht bereits in einer Stunde zurück. Wir treffen uns am Hafen. Bis gleich, Schatz.«

Sie gab mir einen Kuss und verschwand schnellen Schrittes gen Hauptstraße. Ich blieb wie angewurzelt zurück. Schaute erst ihr hinterher, dann auf die Kreditkarte in meiner Hand. Als ich mich umdrehte, fiel mein Blick ein letztes Mal auf den Automatenmund in der Zelle. Für einen Moment glaubte ich, ein spöttisches Grinsen zu erkennen.

Ich machte mich auf den Weg. Inmitten der Surfer wirkte ich als hysterischer Deutscher mit Bauchansatz und kalkweißen dünnen Beinen wie ein Fremdkörper. Aber obwohl alle scheinbar nichts taten, waren sie dennoch so beschäftigt, dass ich nicht weiter auffiel.

Der Laden befand sich ein bisschen versteckt an der Hafenpromenade. Im einzigen Fenster das Schild mit dem VISA-Logo, ansonsten zugezogene Gardinen. Ich klopfte an die Tür und trat ein. Der Laden war einfach eingerichtet. Auf der rechten Seite einige Computerterminals, über denen ein »Internet«-Schild hing, auf der linken Seite ein Tresen, und an der Decke surrte ein Ventilator. Ein rundlicher junger Mann begrüßte mich mit einem überschwänglichen: »Hello, my friend!«

Ich wusste sofort, hier war Vorsicht geboten. Ein Fremder, der einen direkt als Freund ansprach, war verdächtig. Das klang wenig vertrauenswürdig und verlangte meiner Ansicht nach danach, das Gespräch besser auf einer formellen Ebene fortzusetzen. Schließlich wollte ich hier keinen Bund fürs Leben schließen, sondern ein Geschäft abwickeln. Ich trat also näher und brachte mein Anliegen laut und deutlich vor: »Dear Sir, I am highly pleased to have found your place of business, which, as it seems, has to offer a certain transaction in its portfolio that is of great interest to me and I herewith seek to complete.«

Ich blickte in ein ratloses Gesicht, das nach Sekunden wieder von guter Laune abgelöst wurde. »Mister, Mister! Relax!«, antwortete der Ladenbesitzer und lachte. »What are you talking about?«

Genervt schaute ich ihn an, ließ mich aber nicht aus der Ruhe bringen. Ich startete einen zweiten Versuch und fasste mich kurz: »I'd like to cash in money with my credit card«, sagte ich.

Das schien er mehr als zu verstehen, denn sofort rief er so laut, dass ich zusammenzuckte: »No problem! I can give you a good deal!«

Widerwillig reichte ich ihm meine Kreditkarte. Er holte eine alte Schiebermaschine aus einer Schublade im Tresen und stellte diese vor mir hin.

»How much?«, fragte er lächelnd. Ich wusste, das Speedboat war teuer, aber die schnellste Möglichkeit, um von den Inseln wegzukommen. Also antwortete ich: »Worth 200 US Dollars, but how much do you charge for the transaction, can you please tell me BEFORE?«

»For you my friend only twentyfive percent!«, war sein Ultimatum, denn er zog gleichzeitig die Karte durch und ließ mir keine Zeit, mich dagegen zu entscheiden.

»Wait! This is expensive!«, rief ich, aber es war bereits zu spät.

»Expensive, no«, sagte er lachend, »good price for you.« Er schaute die Karte an und ergänzte: »Oh. This is very easy signature on your credit card. Eeeasy to copy. You better be careful.«

Völlig entgeistert sah ich erst ihn an, dann meine Kreditkarte. Ich riss sie ihm aus der Hand und raunzte ihn an: »I have an international Sperrkartennummer from Germany. Don't try to trick me!«

Ich hatte es geschafft. Jetzt war auch der letzte Funke guter Laune bei meinem Gesprächspartner verflogen. Er zählte genervt das Geld ab, drückte es mir in die Hand und verabschiedete sich mit den Worten: »Chill out, German man. You better take it easy. Bye.«

Ich verließ den Laden. Der Ärger über die hohe Provision verflog, als ich in meine Tasche griff und die Scheine fest mit meiner Hand umschloss. Ich grinste, denn ich wusste, ich war zurück im Spiel. Bald schon würde ich aus dem verlorenen Paradies entkommen.

Sarah wartete am Hafen bereits auf mich und erkannte an meinem festen Gang sofort, dass irgendetwas anders war. Als sie anfing zu erzählen: »Ich war im Touristenbüro, aber die konnten auch nicht …«, unterbrach ich sie mitten im Satz. »Alles unter Kontrolle, Süße!«, sagte ich selbstbewusst, holte das Geldbündel aus der Tasche und wedelte damit in der Luft.

»Bist du wahnsinnig, hier mit so viel Geld rumzuhantieren? Steck das gefälligst weg!«, pflaumte sie mich an. Fügte dann aber hinzu: »Trotzdem super. Ich hoffe nur, du hast dich nicht mit der Provision übers Ohr hauen lassen?«

»Nö. Alles paletti«, log ich, merkte dabei, wie ich rot wurde, und hoffte, dass es in der Hitze des Tages irgendwie unbemerkt blieb. Sarah sagte jedenfalls nichts, und wir machten uns auf den Weg zum Anleger. Es ging für die letzte Nacht zurück auf die Dracheninsel.

Nach der Ankunft im Reisspargel tranken wir noch etwas, gingen dann aber recht zügig ins Bett. Schließlich war es ein langer und aufregender Tag gewesen, und wir waren fix und fertig. Wir lagen nebeneinander, und unter der Decke suchte ich nach Sarahs Hand. Sie ergriff die meine, drückte sie kurz, drehte sich dann aber um. Ich schlief ein und hatte einen sehr lebhaften Traum.

Der Traum

Sarah und ich sind auf einer Reise. Wir wandern zwischen großen Bergen. Sie vorneweg, ich hintendran. Sie geht mit einer unglaublichen Leichtigkeit, schnell und zielstrebig. Mir fällt es zunehmend schwerer, aufzuschließen. Die Riemen des Rucksacks schneiden in meine Schultern, der Schweiß rennt mir von der Stirn, und jeder Schritt fühlt sich an wie eine Unendlichkeit. Dann sehe ich im Tal eine Bahn am Gleis stehen. Abfahrbereit. Dieser Zug würde meinen Strapazen ein Ende bereiten. Ich weiß: Er ist die Rettung.

Ich versuche, schneller zu laufen, aber es gelingt mir nicht. Der Rucksack wird immer schwerer, zieht mich nach hinten. Sarah jedoch wird immer schneller, irgendwann dreht sie sich um und schaut mich fröhlich an. Sie gleitet wie eine Feder ins Tal hinab. Ich hingegen kämpfe, aber es hat keinen Zweck. Der Bahnhof liegt noch weit in der Ferne. Sie ist bereits angekommen, besteigt den Zug, und das Signal zur Abfahrt ertönt. Ich bin verzweifelt, kann aber nichts tun. Die Entfernung ist zu groß, die Last zu schwer, die letzte Kraft verbraucht. Der Zug fährt langsam aus dem Bahnhof und lässt mich zurück.

Von Weitem sehe ich sie am Fenster sitzen. Sie lächelt.

Ich schreckte schweißgebadet hoch. Sarah lag neben mir und schlief tief und fest. Ich hörte ihren ruhigen, gleichmäßigen Atem. Aber das beruhigte mich nicht im Geringsten. Mein Herz schlug wie wild, und der Panikmotor gab vor, was zu tun war: frische Luft, kurzer Spaziergang, versuchen runterzukommen. Ich schlich aus dem Bett, streifte mir im Dunkeln Hose und Hemd über und kletterte aus dem Reisspargel nach draußen. Stille lag über der Insel. Die Nacht neigte sich dem Ende zu, der Horizont schimmerte in surrealen Farben. Der Sonnenaufgang ließ sich bereits erahnen.

Ich versuchte ruhig und tief zu atmen, um mich zu beruhigen. Ehe ich michs versah, war ich auf den verschlungenen Pfad gen Strand geraten. Aber im Halbdunkel konnte ich den Weg nicht richtig erkennen und bog ein paar Mal ab. Mit diesem Verfahren war ich auf einer Art Waldweg gelandet. Ich wusste nicht, wo ich mich befand, aber der Spaziergang fühlte sich gut an. Die Panikattacke ließ nach, und mir ging es langsam besser. Dann bog ich um eine Ecke und stand auf einer Schotterpiste, die sich in der Dunkelheit verlor.

Plötzlich war es da. Einige Meter vor mir sah ich ein großes schwarzes Etwas. Durch die Wipfel der Bäume schimmerte diffuses Licht, das nur Teile der Kreatur erkennen ließ.

Ich wusste, es war … der Drache.

Vor Schreck stand ich wie angewurzelt da. Auch der riesige Waran bewegte sich keinen Millimeter. Ich befand mich Auge in Auge mit dem menschenfressenden Monster.

Das war das Ende. Mir war klar, jetzt gab es keinen Ausweg mehr. Ich schloss die Augen und wartete auf den bestialischen Tod, der mir unausweichlich bevorstand. Im Bruchteil einer Sekunde würde sich das ausgehungerte Reptil auf mich stürzen, mich mit seinen Klauen niederreißen und die messerscharfen, giftgetränkten Zähne in mein Fleisch rammen. Er würde meinen angefressenen, aber noch lebendigen Körper in Schockstarre liegen lassen und erst nach Tagen, wenn ich nach langsamem, grauenhaftem Siechtum den Tod gefunden hätte, zurückkehren und gierig den Kadaver verzehren.

Während ich mir das schlimmste Todesszenario ausmalte, verging die Zeit. Ich war so von der Angst überwältigt, dass ich gar nicht mitbekam, dass nichts geschah. Als ich endlich die Augen öffnete, war der Waran längst fort, und der Sonnenaufgang hing malerisch über mir. Erste warme Strahlen fielen auf mein kalkweißes Gesicht, trockneten den kalten Angstschweiß und hauchten mir wieder ein zartes bisschen Leben ein.

Mit immer noch wackeligen Beinen ging ich hinunter zum Strand und ließ mich in den Sand sinken. Ich hatte dem Tod in die Augen geblickt, und er hatte mir eine zweite Chance gewährt.

Völlig entkräftet kippte ich nach hinten. Ich starrte noch einige Sekunden in den Himmel, dann fiel ich in einen tiefen Schlaf.

So fand mich Sarah. Mitten in dem bereits einsetzenden Trubel eines Strandtages lag ich komatös herum. Mein Haar stand wirr zu allen Seiten ab, und ich trug ein geöffnetes Hemd, welches ich falsch herum anhatte. In der Hand hielt ich, trotz Tiefschlaf, einen massiven Ast, den ich wie einen Schlagstock fest umschlang. Eine kleine Traube Touristen hatte sich um mich herum gebildet, die der Erweckung des wirren Keulen-Kerls aufmerksam entgegenfieberte.

Sarah weckte mich sanft und zärtlich mit einem Kuss auf die Wange. Sie hatte sich Sorgen gemacht und war nun froh, mich hier zu finden. Die Umstände waren ihr daher, zu meinem großen Glück, vollkommen egal.

Ich wachte auf und sah in ihre Augen. Ein warmes Gefühl der Geborgenheit durchfuhr mich. Dann sah ich die glotzende Menge und war verwirrt.

»Geht es dir gut?«, fragte meine Frau.

Ich fühlte mich spitze, wie neugeboren, seit der Waran weg war. »Bestens!«, antwortete ich und meinte es so, wie ich es sagte. Ich sprang auf. Die Touristenmenge um uns herum zog enttäuscht ab. Sie hatten wohl zumindest den Einsatz der Keule erwartet. Doch diese blieb, wo sie war, während Sarah und ich eng umschlungen zum Reisspargel zurückkehrten, um unsere Sachen zu packen.

Wir nahmen das Speedboat nach Bali, wo wir unsere restlichen Urlaubstage an der Westküste in einem abgelegenen Ressort verbringen wollten. Ganz ohne Stress und Aufregung. Vielleicht fragte Sarah deshalb auch nicht mehr nach, was in jener Nacht geschehen war.

Während das Speedboat über das Wasser glitt und die Gischt an den Seiten hochspritzte, sahen wir beide, wie die Gili-Inseln immer kleiner wurden und bald am Horizont verschwanden. Ich nahm Sarah fest in den Arm, drückte sie an mich und küsste sie zärtlich auf den Mund.

Der Waran war Geschichte, und die Welt hatte mich wieder.

III.

Safari zu Pferd und mit den Nerven zu Fuß
oder: eine afrikanische Tragödie

Fast ein Jahr war vergangen. Der Urlaub war lange vorbei und uns, dank der letzten entspannten Woche im Bali Nationalpark, in guter Erinnerung geblieben. Nun hatte uns der Alltag wieder fest im Griff. Die Arbeit gab den Rhythmus vor, und wir taten unser Bestes, um im Takt zu bleiben. Die Gleichförmigkeit der Tage war eine Wohltat für meine Phobien. Es fühlte sich fast an, als hätte man den Panikmotor eingemottet. Er stand wie ein Oldtimer unter einer alten Plane in der Garage, für den Winter abgemeldet und aufs nächste Abenteuer wartend.

Dieses kündigte sich auch prompt an. Beim Abendessen eröffnete mir meine umtriebige Frau, dass sie sich entschlossen hatte, einen Teil ihrer Ausbildung in Südafrika zu absolvieren.

»Wie bitte?«, fragte ich ungläubig, »du willst nach Afrika?«

»Nicht nach Afrika, Südafrika!«, antwortete Sarah. »Ich habe einen Platz in der Chirurgie in Kapstadt bekommen. Ist das nicht toll?«

»Ja. Toll«, antwortete ich nüchtern und sah in ihr enttäuschtes Gesicht.

»Freust du dich denn gar nicht?«, fragte sie, und ich antwortete: »Worüber soll ich mich freuen? Dass du fort bist?«

»Na, vielleicht willst du mich ja begleiten?«, entgegnete sie und lächelte mich an.

»Wie, ich soll mit?«, stotterte ich und merkte, wie unbehaglich mir wurde. Südafrika, Afrika, machte das denn einen Unterschied? Sofort ging das Kopfkino wieder los. Vor mir sah ich eine Wüste. Unendlich weit erstreckte sich der Sand, die Sonne brannte. Plötzlich tauchte am Horizont eine Karawane auf. Schwarz gekleidete Beduinen ritten gemächlich auf Kamelen durch die glühende Hitze. Einer der Reitenden wirkte etwas fülliger als die anderen. Sein Kamel ächzte unter der Last. Dann entdeckte ich die dünnen Beine, die aus der schwarzen Robe des dicken Beduinen lugten. Meine Beine!

»Schaaatz!«, sagte Sarah genervt, »hast du mir überhaupt zugehört?«

Verwirrt sah ich sie an.

»Mann, bist du ein Träumer. Also noch mal zum Mitschreiben: Ich bin drei Monate dort, los geht's Ende November. Ist also nicht mehr viel Zeit. Ich fände es super, wenn wir dann auch zusammen Urlaub machen. Soll echt spitze sein da unten. Ich freue mich schon auf unsere Safari!«

Dabei zwinkerte sie mir zu. Ich sah erst sie an, dann auf meinen Teller. Da lagen noch ein paar restliche Kartoffeln, die

»Sättigungsbeilage«. Irgendwie hatte ich es angesichts ihrer überraschenden Eröffnung auch satt. Wie ich Sarah das sagen sollte, wusste ich allerdings nicht.

Die Wochen zogen ins Land. Sarah hatte alles Organisatorische geklärt und bereitete sich auf den Auslandsaufenthalt vor. Ich haderte immer noch mit meiner Entscheidung. Einerseits lag mir nichts ferner, als nach Afrika zu reisen, andererseits wollte ich mit Sarah zusammen sein. Das Dilemma bekam eine neue Perspektive, als sich meine Eltern einbrachten.

Es war Sonntag, und ich versank im tiefen Sofa meiner Erzeuger. Vor mir der alte antiquarische Holztisch, der sich, in Spitzendeckchen gehüllt, unter der großen Auswahl der sonntäglichen Kaffee-Offerte bog. Die Opulenz der Tortenstücke war beeindruckend. Ich fragte mich, ob man bereits beim Verzehr eines Stückes dreischichtiger Nusstorte an Diabetes erkranken konnte.

Nach dem üblichen Small Talk über Wetter, Gesundheit und

die allgemeine Lage kam meine Mutter auf Sarahs Auslandsaufenthalt zu sprechen. Ich wollte gerade zum Kuchenmesser greifen, um die Torte anzuschneiden. Meine Mutter kam mir zuvor. Ich langte ins Leere, sie schnitt die Torte an und drehte sich zu mir.

»Nicht, dass du dich schneidest, Junge. So, jetzt erzähl doch mal von dieser Afrika-Sache. Was hat deine junge Frau denn jetzt schon wieder für Flausen im Kopf?«, degradierte mich meine Mutter erst zum Kleinkind, um mich dann mit ihrer unmissverständlichen Meinung zu konfrontieren: »Also Junge, ich weiß nicht. Ist das nicht ein bisschen weit weg?«

»Afrika. Na hör mal, was will sie da denn? Das ist doch gefährlich, liest man ja immer wieder. Also mich würden da keine zehn Pferde hinkriegen«, blies mein Vater ins selbe Horn. Am Ursprungsquell meiner Neurosen war Angst nichts, für das man sich schämte, ganz im Gegenteil, alles, was fremd war, blieb es nach Möglichkeit auch besser.

»Tja, ich weiß nicht«, antwortete ich zögerlich, »immerhin ist es für eine gute Sache. Und außerdem ist es Südafrika und nicht Zentralafrika.« Ich wollte zur Kaffeekanne greifen.

»Papperlapapp. Afrika ist Afrika, und du bleibst besser daheim«, kam die direkte Antwort, und mit einer schnellen Bewegung nahm meine Mutter die Kaffeekanne an sich und sagte: »Junge, ich mach das. Du verbrennst dir nur die Finger.«

»Das kann ich schon alleine!«, protestierte ich und riss die Kanne wieder an mich. Im Heimathafen der Angst wurde mir scheinbar nicht mal das Einschenken eines Heißgetränks zugetraut. Meine Mutter, die es natürlich nur gut gemeint hatte, verschwand leicht irritiert in Richtung Küche.

»Na, na, warum denn gleich so aufbrausend?«, fragte mein Vater streng. Widerworte war man hier nicht gewohnt. Statt Diskussionen gab es eher eine Ansage. Bevor ich antworten konnte, rutschte mir zu allem Überfluss auch noch die Gabel aus der Hand und fiel auf den Boden.

»Sieht man ja, wie gut du das alleine kannst, Junge«, stellte mein Vater amüsiert fest, während ich innerlich vor Wut kochte. Gerade wollte ich was sagen, da kam meine Mutter mit dem nächsten vollgestopften Teller zurück.

»Hier. Reg dich nicht auf, probier lieber mal die leckeren Windbeutel!«, versuchte sie einen Streit zu vermeiden. Leider zu spät. Der kurze Wortwechsel hatte den Grundkonflikt meiner Jugendjahre wieder zutage gefördert. Diesmal wollte ich mich nicht unterordnen. Schließlich war ich inzwischen ein erwachsener und verheirateter Mann, und die Entscheidung meiner Frau musste ich verteidigen. Obwohl ich nicht dahinterstand, war ich es Sarah schuldig.

»Ich will keine Windbeutel!«, sprach ich energisch auf. »Und ich fliege nach Afrika!«

»Waaas, wieso willst du denn keine Windbeutel? Die magst du doch so gerne!«, antwortete meine Mutter empört.

»Mama, nun lass doch mal die Windbeutel aus dem Spiel. Ich reise nach Afrika!«, wiederholte ich resolut.

»Die hab ich extra aufgetaut«, sagte sie jetzt streng.

»Die hat deine Mutter extra für dich aufgetaut«, wiederholte mein Vater und sah mich fragend an.

»… da ist doch Vanille drin, Junge«, fügte meine Mutter beleidigt hinzu.

»Lasst mich doch mal mit den Windbeuteln in Ruhe!«, wurde ich lauter. »Es geht hier um A-F-R-I-K-A, versteht ihr. Ich habe beschlossen, Sarah zu begleiten.«

Stille am Tisch. Dann fragte meine Mutter nach einer kurzen Pause: »Wirklich?«

»Wirklich!«, entgegnete ich.

Meine Mutter schaute meinen Vater an und sagte: »Der Junge will wirklich keine Windbeutel!«

Ich seufzte, gab mich geschlagen und griff nach einem Windbeutel. Dafür würde ich beim Thema Afrika kein Zugeständnis machen. Ich musste aus Prinzip bei meiner Meinung bleiben. Obwohl ich eigentlich gar nicht nach Afrika wollte. Ich hatte sogar richtig Magenschmerzen bei dem Gedanken daran. Allerdings rührten die aber möglicherweise auch von der üppigen Kombination aus Nusstorte, mit Vanille gefüllten Windbeuteln und Kaffeesahne.

So kam es, dass ich mich schon bald auf eine Reise nach Südafrika einstellen musste. Sarah hatte sich erst über meinen Sinneswandel gewundert, sich dann aber gefreut und mich sofort in ihre Planungen mit einbezogen. Damit war ich ein bisschen überfordert, denn ich hatte mich erst recht wenig informiert. Das wollte ich nun nachholen. Als ich vor dem Computer saß und nicht wusste, wo ich anfangen sollte, gab ich einfach »Südafrika« in die Suchmaschine ein. Einer der ersten Einträge lautete: »Auswärtiges Amt: Reise- und Sicherheitshinweise«. Der Computer und ich waren eindeutig auf einer Wellenlänge.

Die Webseite war gerade aktualisiert worden. Mit der Überschrift »Letzte Änderung: Überarbeitung aller Kapitel« deutete gleich der erste Satz an, dass unser Reiseziel kein verschlafenes Nest war. Der zweite Satz machte das noch deutlicher: »Südafrika verzeichnet im Vergleich zu Deutschland hohe Kriminalitätsraten … Dies schließt auch Straftaten unter Anwendung von körperlicher Gewalt ein.«

Ich stockte, beschloss aber, mich nicht aus der Ruhe bringen zu lassen. Schließlich wollte ich ein Exempel statuieren. Der Erste der Familie Schisser, der nach Afrika reiste. Da durfte ich mich nicht gleich vom ersten Satz entmutigen lassen. Weiter ging's im Text. »Die Gefahr, Opfer eines Überfalls zu werden, insbesondere an touristischen Sehenswürdigkeiten und bei Wanderungen in der Umgebung von Kapstadt, ist nach wie vor ernst zu nehmen.«

Ja, das würde ich ernst nehmen. Sehenswürdigkeiten konnte man ja einfach weglassen. Im Zweifel würde ich die Fotos nach der Reise bearbeiten und mich einfach per Computer in die Gefahrenzone retuschieren. Ich las weiter. »In dichtem Verkehr und an roten Ampeln kommt es vor allem in großen Städten häufig zu sogenannten Blitzeinbruch-Überfällen (›smash-and-grab‹), bei denen selbst im Verkehr Autotüren geöffnet oder Scheiben eingeschlagen werden.«

Ich hatte ganz vergessen, wie er sich anfühlte, aber da lief er wieder zu Hochtouren auf, der Panikmotor. Ich überflog den Rest, und mein guter alter Bekannter schnurrte sich warm. »Hin und wieder kommt es vor allem nach Einbruch der Dunkelheit an weniger befahrenen Straßenkreuzungen zu Fahrzeugentführungen.

Gelegentlich sind Landstraßen punktuell von Demonstrationen betroffen, wobei sich Gewalt schnell gegen zufällig vorbeikommende Verkehrsteilnehmer richten kann.

An Geldautomaten ist erhöhte Vorsicht geboten. Neben einfachem Raub und Trickdiebstahl nehmen Manipulationen der Geldautomaten und Missbrauch der Kartendaten zu.

In letzter Zeit nehmen Malaria-Erkrankungen wegen der ergiebigen Regenzeit, insbesondere die ›Malaria tropica‹, zu.

Neben den gefährlichen Strömungen stellen auch Haie eine potenzielle Gefahr für Badende dar.«

»Das reicht!«, entfuhr es mir. Ich hatte genug gelesen. Mit einem Ruck wandte ich mich vom Monitor ab. Ich spürte meinen Herzschlag und meinen kurzen, schnellen Atem. Die Sehenswürdigkeiten umgehen, das war die eine Sache, aber auf Geldabheben, Autofahren und Schwimmen zu verzichten, das wurde schon erheblich komplizierter. Und mein Erzfeind, die Malaria tropica, war ebenfalls mit von der Partie. Ich rief in Dr. Hansen-Jansens Praxis an und vereinbarte einen Termin.

Bereits als mich Doktor Doppelname im Wartezimmer sah, schwand seine gute Laune. Auch die anderen wartenden Patienten sahen mich missmutig an, insbesondere meine Nachbarin mit dem Gipsbein. Ich ließ mir nichts anmerken, denn ich war für eine Behandlung hier und nicht, um für Stimmung zu sorgen. Ich war mir sicher, der Doktor hatte lediglich vom lockeren in den professionellen Modus gewechselt. Mit mir kam endlich mal ein Patient mit richtigen Problemen! Was war schon ein gebrochenes Bein verglichen mit einer Haiattacke? Der Gips würde bald ab und das Bein heil sein, während meine Überreste im Atlantik trieben!

»Guten Morgen, junger Mann«, begrüßte mich Dr. Hansen-Jansen, als ich das Behandlungszimmer betrat. »Wo drückt der Schuh denn diesmal?«

»Haie!«, sagte ich. »Die Haie sind das Problem!«

Der Doktor sah jetzt nicht mehr genervt aus, sondern einfach nur noch müde.

»Und wenn mich nicht die Haie fressen, dann werde ich wohlmöglich bei einem smash-and-grab entführt oder von Demonstranten erschlagen!«, redete ich auf ihn ein. Der Doktor sank immer mehr auf seinem Stuhl zusammen. Irgendwie tat er mir leid. Zu Hause stand er unterm Pantoffel, und auch hier war er nicht Herr der Lage. Doch ich täuschte mich.

»Wo geht die Reise hin?«, fragte er mich. »Südafrika?«

Jetzt war ich baff. Der Mann war gut.

»Hören Sie, da war ich auch schon mal«, sagte Dr. Hansen-

Jansen mit schlaffer Stimme. »Machen Sie sich nicht so viele Gedanken. Ja, da gibt es soziale Probleme, aber Touristen sind selten betroffen. Und dass dort ein Tourist von einem Hai gefressen wurde, habe ich noch nie gehört.«

Die tiefe Stimme des Doktors hatte wie immer eine beruhigende Wirkung auf mich. Dr. Hansen-Jansen, das Human-Sedativum. Konnte er nicht einfach auf die Reise mitkommen, um mich bei der nächsten Panikattacke mit seiner Stimme ruhigzustellen?

»Sie sind doch ein Mann. Da müssen Sie auch mal die Arschbacken zusammenkneifen«, fuhr der Doktor fort. »Die beißt Ihnen schon kein Hai ab«, fügte er hinzu und lachte über seinen Scherz. Er wirkte gleich ein wenig vitaler.

Als er mich ins Wartezimmer entließ, spürte ich, wie die Stimmung wieder besser wurde. Das schrieb ich mir ganz alleine zu. Und es lag tatsächlich auch an mir – auch wenn es wohl eher so war, dass alle froh waren, dass ich wieder ging.

Ungefähr einen Monat später sanken die Haifutter-Pobacken tief in das Langstreckenflugsitzpolster, das ich bereits auf der letzten Reise verflucht hatte. Wir waren wieder unterwegs. Zum Auftakt von Sarahs chirurgischer Praxiszeit in Kapstadt sollte erst mal ein invasiver Eingriff in mein Panikzentrum erfolgen. Von Sarah liebevoll »Offroad-Abenteuer« genannt. Ich verwendete innerlich einen anderen Arbeitstitel: die afrikanische Tragödie.

Der Held, die verlorene Seele, flog seinem unausweichlichen Schicksal entgegen. Zerrüttet von Selbstzweifeln, gefangen in einem ewig währenden Konflikt zwischen Angst und Aktionismus. Wie Engelchen und Teufelchen saßen die Hauptakteure des Konflikts auf seinen Schultern. Auf der rechten Seite das ängstliche Elternpaar im Engelsgewand und mit Sahnetorte in der Hand. Es warnte: »Kehr um, törichter Windbeutel, du wirst dich ins Unglück stürzen!« Auf der linken Schulter der Herausforderer, Dr. Doppelname im Teufelskostüm. Er wedelte wild mit dem Dreizack und rief: »Sei stark, Pantoffelheld! Du wirst den Hai bezwingen.«

Ich wusste nicht, was alberner war. Dr. Hansen-Jansen in den engen roten Strumpfhosen oder meine Eltern mit Heiligenschein. Dennoch beschäftigte mich die Frage, ob mich die elterliche Angst retten oder der Übermut des Doktors zu Fall bringen würde. Jetzt fiel bereits der erste Vorhang. Die Stewardess hatte ihn zugezogen, um die erste von der zweiten Klasse zu trennen. Ich versuchte, es mir bequem zu machen und mich zu entspannen. Afrika stand unaufhaltsam bevor, jetzt gab es sowieso kein Zurück mehr. Der Flieger drehte ab und schwebte seelenruhig durch die Nacht.

Südafrika war ein Land der Gegensätze. Die Konflikte der Vergangenheit waren hier immer noch spürbar. Bereits auf dem Weg in die Stadt bekam man davon einen guten Eindruck. Riesige Wohnsiedlungen aus ärmlichen Hütten, Townships genannt, lagen dicht an dicht auf den weiten trockenen Ebenen vor der Stadt und gingen in die vitale Metropole Kapstadt über, in deren Mitte der Tafelberg majestätisch thronte, eingerahmt vom atlantischen Ozean. Es war geradezu grotesk anzusehen: Während nur ein paar Kilometer außerhalb viele Menschen in Slums hausen mussten, genossen einige wenige in Camps Bay das süße Leben und die Cocktails am Strand. Brutal wirkten die Elektrozäune der Villen, die den »Vorstädtern« unmissverständlich signalisierten, dass sie nicht willkommen waren.

Angst, dachte ich, ist ein schlechter Ratgeber.

Wenig später fuhren wir ebenfalls durch ein stark gesichertes Tor, die Einfahrt zum Krankenhaus, in dem Sarah in zwei Wochen ihre Arbeit antreten sollte. Hier richteten wir uns für eine Nacht ein, denn bereits morgen sollte die erste Tour beginnen. Geplant war ein Ausflug in die Zederberge an der Westküste, gemeinsam mit den anderen Assistenzärzten der Klinik. Dazu brauchten wir allerdings einen Wagen. Dessen Abnahme war neben dem Willkommens-BBQ das Einzige, was heute noch auf dem Programm stand, und sollte auf dem Krankenhausgelände erfolgen. Der Wagen wurde zu uns gebracht, in Deutschland hingegen musste man ihn immer selber abholen. Eins zu null für Südafrika, dachte ich. Da bog die Karre um die Ecke.

Just in diesem Moment ging Deutschland wieder in Führung – und zwar deutlich. Das war definitiv kein Amphibienfahrzeug, das uns sicher durch die Wüste bringen sollte. Einen Golf 1, wie er nun vor uns stand, kannte ich bisher nur aus dem Fotoalbum meiner Eltern.

»Das ist doch ein Scherz«, hörte ich mich sagen und sah Sarah hilflos an. Sie lachte bloß, zuckte mit den Schultern und erwiderte: »Andere Länder, andere Sitten.«

Ich protestierte, aber es half nichts. Zum einen verstand mich der Autovermieter nicht, zum anderen brachte das ja auch überhaupt nichts. Er hatte gar keine anderen Modelle zur Auswahl. Dabei gab es natürlich in Kapstadt jede Menge internationale Autovermietungen, die auch Wagen aus diesem Jahrhundert im Angebot hatten. Sarah hatte sich aber bewusst für eine günstige, studentische Autovermietung entschieden, denn sie wollte das Auto für die gesamten drei Monate nutzen. Ich erfuhr erst beim Grillfest am Abend, dass dies ganz normal war. Zumindest wenn man die anderen Ärzte als Maßstab nahm.

Um uns willkommen zu heißen, hatten Sarahs neue Kollegen ein südafrikanisches Braai ausgerichtet, ein Grillfest, bei dem es vor allem zwei Dinge im Überfluss gab: Fleisch und Bier. In Deutschland wurde der kleine Salat bestellt, Veggie-Packs auf den Rost gelegt und Fachinger Heilwasser getrunken, hier nach Herzenslust fettiges Fleisch verzehrt und mit kaltem Bier runtergespült. Aber warum sollten nicht auch mal Ärzte alle fünfe grade sein lassen. Mir war es mehr als recht. Ich genoss die Völlerei unter ärztlicher Aufsicht in vollen Zügen.

Es war eine bunt gemischte Gruppe mit vielen interessanten Charakteren. Der selbst ernannte Anführer hieß Udo, Spitzname »Chefarzt«, ein Chirurg aus München, der offenbar große Stücke auf sich hielt. Dann gab es Sabine, eine angehende Narkoseärztin aus Berlin, die mit ihrem Freund Sven das Auslandssemester in Südafrika verbrachte. Und zu guter Letzt war da noch der etwas wunderliche Ulli, ein Neurochirurg aus Kassel. Alle nannten ihn nur »das Orakel«. Wer das Gehirn kennt, kennt auch die Zukunft, war die einhellige Meinung.

Der Chefarzt stand am Grill und legte afrikanische Boerewors auf. Das sind ellenlange, zu einer großen Schnecke aufgerollte Bratwürste, intensiv gewürzt mit Koriander, Muskatnuss und Worcestersoße.

»In die Wurst kommt Zebra!«, rief der Chefarzt bierselig.

Ich guckte ungläubig auf den Grill, auf dem die Wurst laut zischte. Neben mir stand das Orakel und sagte: »Glaub dem kein Wort. Hauptsächlich ist da Schwein und Rind drin.«

Das Orakel und ich hatten uns auf Anhieb gut verstanden, jetzt hatten wir auch ein gemeinsames Thema.

»In Hamburg geht nix über eine gepflegte Currywurst. So ein dumm Tüch wie Zebrawurst, das kommt uns nicht auf den Tisch«, sagte ich.

»Boerewors ist in der Tat nicht jedermanns Sache«, gab das Orakel mir recht und fügte hinzu: »Probier das hier mal. Schmeckt wie Ahle Worschd. Ich weiß, wovon ich rede, in Kassel sind wir dafür bekannt.«

»Ahle Worschd«, die »alte Wurst«, war mir in der Tat ein Begriff. Sarah kam ja aus Frankfurt, und auch dort war die Dauerwurst ein Dauerbrenner. Ich griff also in die kleine Plastiktüte, die mir das Orakel entgegenstreckte. Schmeckte nicht schlecht, das getrocknete Fleisch.

»Schmeckt dir das Biltong?«, fragte das Orakel, was ich mit einem Nicken bejahte.

»Na, dann magst du doch Zebra!«, fuhr es lachend fort. »Das isst du nämlich gerade. Allerdings nicht als Grillwurst, sondern als Dörrfleisch!«

Ich erschrak, schluckte trocken, rang mir aber ein schiefes Lächeln ab. Meinen einzigen neuen Freund wollte ich nicht gleich wieder vergraulen.

»Na komm! Schmeckt dir doch, wird schon nichts passieren!«, sagte der Mann mit dem getrockneten Zebra in der Tüte. Er musste es ja wissen, schließlich war er das Orakel.

Besiegelt wurde mein erstes Biltong mit einem weiteren kühlen Bier. Von denen es noch einige an diesem Abend gab. Eine schönere Begrüßung in Südafrika hätte man sich nicht wünschen können. Ich entspannte mich und sah zu, wie auch Sarah sich mit ihren neuen Kollegen anfreundete. Die Quittung für das fettige Essen und das viele Bier kam später. In der Nacht schlief ich unruhig. Der lebhafte Traum, den ich hatte, entpuppte sich als Déjà-vu. Zumindest der erste Teil.

Der Traum

Ich befinde mich wieder auf der Bergtour mit Sarah. Sie geht vorneweg, ich hinterher. Von hier oben sehe ich die Bahn im Tal. Sie ist abfahrbereit, wir müssen uns beeilen. Ich komme jedoch nur in Zeitlupe vorwärts. Die Riemen des Rucksacks bohren sich in meine Schultern. Sarah geht forsch voran. Sie blickt sich um und lächelt. Ich schaue gestresst zur Bahn. Als ich den Blick wieder meiner Frau zuwenden will, ist sie schon fast im Tal angelangt. Der Zug pfeift zur Abfahrt, und mich ergreift die Panik. Dann höre ich ein anderes Geräusch: ein Hupen. Das ist nicht der Zug. Verwundert schaue ich mich um. Plötzlich taucht der Golf 1 auf und kommt mit einer Vollbremsung neben mir zum Stehen. Am Steuer sitzt Dr. Doppelname im Teufelskostüm. Das ist die Rettung! Ich wittere meine Chance. Der Doktor würde mich ins Tal zu Sarah bringen. Ich steige ein. Auf der Rückbank ist es bereits voll, also quetsche ich mich zwischen meine Eltern. Es ist eng, und ich sitze in der Mitte. Zum Glück gibt es Windbeutel. Der Doktor lacht diabolisch, dann tritt er das Gaspedal voll durch, und der Golf 1 fährt davon. Zu spät fällt mir auf, dass wir in die entgegengesetzte Richtung fahren. Der Bahnhof und Sarah werden immer kleiner und verschwinden am Horizont. Die Teufelsstrumpfhose des Doktors leuchtet rot in der sengenden Sonne.

Diese albernen engen Hosen, dachte ich, nachdem ich aufgewacht war und nicht weiterschlafen konnte. Ich schlich zum Schreibtisch und widmete dem teuflischen Doktor nach diesem wirren Traum eine Skizze im LOGBUCH DES TODES, das natürlich auch auf dieser Reise mein ständiger Begleiter war.

Die Sonne hatte bereits ihren Zenit überschritten, als wir am nächsten Tag starteten. Eigentlich war es schon zu spät für die lange Autofahrt ins Gebirge. Alle waren nach der feucht-fröhlichen Grillparty etwas groggy gewesen und hatten ausgeschlafen. Jetzt lief uns die Zeit davon. Etwas hektisch wurden die letzten Handgriffe getätigt, aber angesichts der langen Nacht konnte von chirurgischer Präzision keine Rede sein.

Irgendwann war aber auch der Golf 1-Arzt-Konvoi bereit zum Aufbruch. Wie die Instrumente am OP-Tisch reihten sich jetzt die VWs in Fahrt- und Fachrichtung aneinander. Die Polonaise wurde von den waghalsigsten Fahrern, den Notärzten, angeführt. Dicht gefolgt von den Internisten, zuständig für innere Medizin und daher in der Mitte gut aufgehoben. Das Schlusslicht bildeten die Chirurgen, die »Handwerker« unter den Ärzten, zu denen auch meine Frau zählte. Wir saßen zusammen im letzten Wagen und Sarah natürlich am Steuer. Heimlich hielt ich mich am Türgriff fest, als sich das mobile Ärztehaus rasant in Bewegung setzte. Mit Schwung ging es die Schnellstraße entlang, auf der bereits die Toleranzgrenze der ersten Golf-Baureihe ausgereizt wurde. Nach einigen Stunden verschwand erst die Schnell-, dann gänzlich die befestigte Straße. Wir tauchten ein in die wundersame Landschaft der Zederberge. Vor uns lagen endlose Schotterpisten und eine atemberaubende raue Gebirgslandschaft. Hinter weiten Flächen mit Stachelbüschen und rotem Gestrüpp wuchsen bizarre Felsformationen aus der Erde, die in über 6000 Jahren aus Wind und Wasser entstanden waren. Es sah aus, als wäre die Raumfähre »ArztApollo« auf dem Mond gelandet.

Wir fuhren und fuhren, langsam neigte sich der Tag dem Ende zu. Ehe wirs uns versahen, umgab uns Finsternis. Die Autos fuhren weiter durch die pechschwarze Nacht. Langsam war es kalt geworden, und wir hatten die Fenster geschlossen. Ich schaute raus, sah aber nichts außer Dunkelheit. Niemals hätte ich hier auch nur ein Haus vermutet. Doch dann tauchte wie aus dem Nichts eine kleine Ranch auf. Wir waren angekommen. Hier sollten wir die Nacht verbringen. Als ich aus dem Wagen stieg, war ich überwältigt. Nicht von dem baufälligen Holzhaus, welches uns empfing, sondern von dem sensationellen Sternenhimmel, unter dem es stand. So etwas hatte ich noch nie gesehen. Das Himmelszelt war übersät von Tausenden funkelnden Sternen. Hier, in der Abgeschiedenheit der Wüste, gab es keine anderen Lichtquellen, die den Blick beeinträchtigen konnten. Je länger man hinschaute, desto intensiver kamen immer mehr Sterne zum Vorschein. Deutlich sah man die Milchstraße, Orion und bestimmt etliche Sternbilder der südlichen Hemisphäre, die wir aber nicht zu deuten wussten. Uns blieb nichts anderes übrig, als mit den Köpfen im Nacken nach oben zu starren und zu staunen. So halsbrecherisch die Anfahrt war, so spektakulär gestaltete sich dieser Anblick. Ich griff nach Sarahs Hand, zog sie an mich und gab ihr einen langen, leidenschaftlichen Kuss. Eng umschlungen zählten wir die Sternschnuppen.

Am nächsten Tag mussten wir früh aus den Federn. Die große Wanderung stand uns bevor, und wir wollten die einzigartigen Steinformationen dieser Gebirgslandschaft erkunden. Es war kaum zu glauben, bei Tageslicht zeigte sich die Mondlandschaft noch mal deutlicher: Alles um uns herum war karg, steinig, staubig. Die rötliche Halbwüste bestand nur aus stacheligen Büschen und Geröll, und obwohl es noch früh war, schlug uns bereits die Hitze entgegen. Hier brannte die Sonne gnadenlos. Die Landschaft bot keinen Schutz, weit und breit kein Baum, kein Unterschlupf, kein Entkommen. Als ich mich nach unserem Ziel erkundigte, hielt ich die Antwort erst für einen Witz. Es war aber keiner. Gemeinsam mit dem mobilen Ärztehaus wanderte ich wirklich zum »Malteser Kreuz«, bekannt auch als Logo der Johanniter-Unfall-Hilfe. Und das, wie sich jetzt herausstellte, ganz ohne Karte.

»Leute, der Alte hat mir den Weg grob aufgemalt«, sagte der Chefarzt, um den sich die Mediziner wie bei der Visite gruppiert hatten. »Sieht eigentlich ganz easy aus. Die Richtung müssen wir zwar anhand der Umgebung bestimmen, aber das kriegen wir schon irgendwie hin.«

»Du willst eine vierstündige Wanderung ohne Plan absolvieren und dich anhand einer Umgebung orientieren, die endlos gleich aussieht?«, platzte es aus mir heraus. Hinzu kam, dass »der Alte«, unser Gastgeber, in der Tat »sehr alt« war. Ob oder wie viel Verlass auf ihn war, ließ sich nicht einschätzen.

»Mach dir mal keinen Kopf«, versuchte mich der Chefarzt zu beschwichtigen. »Schau es dir selbst an.«

Er hielt mir die Karte hin, und ich staunte nicht schlecht. Sie sah noch schlimmer aus, als ich gedacht hatte. Wichtige Wegpunkte waren Steinformationen zugeordnet, die wie Tiere aussehen sollten. »Bei der Schildkröte rechts«, stand da in krakeliger Altherrenschrift. Ich konnte es kaum glauben, fragend schaute ich in die Menge. Keiner schien so empört zu sein wie ich. Offenbar hatte ich die anderen falsch eingeschätzt.

»Das klappt schon!«, sagte Sven, und seine Freundin Sabine pflichtete ihm bei: »Mach dir keine Sorgen, wir finden uns schon zurecht. Kann ja nicht so schwer sein.«

»Genau!«, fügte jetzt zu allem Überfluss auch noch Sarah hinzu, von der ich mir wenigstens ein bisschen Unterstützung erhofft hatte.

Ich schaute fassungslos in die Runde und traute meinen Ohren nicht. Eine mehrere Stunden dauernde Wanderung ohne Plan in der sengenden Sonne klang für mich nicht wie ein Spaziergang. Aber das tat hier scheinbar nichts zur Sache. Die von mir erwartete ärztliche Differenzialdiagnose blieb aus. Es wurden keine anderen Optionen erörtert, man setzte sich einfach in Bewegung. Der Chefarzt ging voraus. Gefolgt von Sabine und ihrem Freund Sven. Dann kamen die anderen, und das Schlusslicht bildeten wir: Sarah, ich und das Orakel. Ich hielt mich dicht an meinen neuen Freund. Insgeheim hoffte ich, dass an dem Gerücht etwas dran war. Wenn er wirklich in die Zukunft sehen konnte, würde er als Erster wissen, wenn Gefahr in Verzug war.

Nach ungefähr zwei Stunden Wanderung durch eine flache, immer gleiche Talebene begann ein leichter Aufstieg. Man musste höllisch aufpassen, dass man dabei auf dem feinen Mondgeröll nicht ausrutschte. Ich war natürlich richtig ausgerüstet und trug festes Schuhwerk, Sarah hingegen hatte ihre Wanderschuhe bei der hektischen Abfahrt vergessen und mühte sich in Flip-Flops den Berg hoch.

Da hörte ich ihren Schrei. »Eine Schlange!«, rief Sarah und war außer sich. Ich lief zu ihr rüber und zog sie an mich.

»Wo denn?«, fragte ich und sah auf den Boden. Ich entdeckte lediglich den kargen, staubigen Geröllboden, der sich seit den letzten zwei Stunden nicht verändert hatte. Von einer Schlange keine Spur. Trotzdem war mir mulmig zumute. Mit Schlangen hatte ich nun nicht auch noch gerechnet. Sarah bückte sich, um ebenfalls den Boden abzusuchen.

»Boah, hab ich mich erschrocken«, erwiderte sie. »Das Biest ist mir direkt über die Füße gelaufen!«

»Beruhige dich. Vielleicht nur ein Gecko?«, sagte ich. Dann unterbrach mich der Chefarzt.

»Bestimmt eine Puffotter! Das ist eine der gefährlichsten

Schlangen Südafrikas. Ein Biss ist tödlich!«, machte er sich wichtig.

»Nun mach mal halblang«, sagte das Orakel, »erstens ist die Schlange weg, zweitens ist nichts passiert, und drittens gibt es hier Hunderte von Schlangen. Die meisten davon sind völlig ungiftig.«

Hunderte von Schlangen!, dachte ich, und jetzt durchfuhr mich der Schreck. Sarah hingegen ließ sich durch die Worte des Orakels wieder etwas beruhigen, und so setzten wir unsere Wanderung fort. Ich schaute mich um. Als gerade keiner guckte, zog ich meine Socken noch ein Stückchen höher und band die Schnürsenkel fester. Puffotter klang wie Puffmutter, dachte ich dabei und stellte mir vor, wie die stark geschminkte Schlange mir ins Bein biss. Das Letzte, was ich auf dieser Erde riechen würde, wäre ihr billiges Parfüm.

Wir kamen an eine weitläufige Kreuzung. »Wartet mal, Leute, hier müssen wir abbiegen«, verkündete der Chefarzt. »Der Alte sagt, wir sollen uns am gelben Felsen orientieren.«

Ich schaute mich um. Alle Felsen waren gelb.

»Hier entlang!«, machte der Chefarzt einen auf entschlossen, und alle folgten ihm.

Hallo?, dachte ich. Woher wollte er denn jetzt wissen, dass das die richtige Abzweigung ist? Der Felsen dort war genauso gelb wie der Felsen da drüben. Aus meiner Sicht gab es nicht das geringste Indiz, dass es sich dabei um den richtigen Weg handelte.

»Haaaaalt!«, rief ich, und alle blieben stehen. Sarah verdrehte bereits die Augen, als ich nach einer theatralischen Pause fragte: »Seid ihr euch sicher, dass wir richtig laufen?« Dabei blickte ich in die Runde. Alle blieben stumm, sämtliche Augen wanderten von mir zum Chefarzt.

»Alles richtig!«, entgegnete der energisch. »Was soll denn nicht stimmen?«, fragte er mich.

»Sieht doch alles gleich aus. Ich wäre da nicht so sicher, ob genau DIESER Felsen der richtige ist und nicht DER da!«, antwortete ich und zeigte überzeugt auf einen anderen Gesteinsbrocken. Ich war mir sicher, der Rest der Truppe würde auch gleich einstimmen.

»Überlass das mal den großen Jungs«, sagte der Chefarzt von oben herab. »Und wenn für dich hier alles gleich aussieht, ist es ja umso besser, dass ich die Gruppe führe.«

Alle nickten, als wären damit sämtliche Unklarheiten beseitigt. Der Chefarzt war aber noch nicht fertig mit mir, sondern versetzte mir postwendend den Todesstoß: »Aber wenn du unbedingt da lang willst, viel Spaß. Wir treffen uns dann am Ziel.«

Der Treck setzte sich wieder in Bewegung, und das Rudel folgte dem Chefarzt. Sarah und ich blieben zurück.

»Dass du dich immer in alles einmischen musst!«, schimpfte meine Frau.

Ich spielte ein paar Minuten die beleidigte Leberwurst und verkündete mit verschränkten Armen: »Vielleicht kennt der Schlauberger den Weg gar nicht!«

»Du doch auch nicht«, sagte Sarah und zog mich am Ärmel. »Jetzt komm. Alleine mit der Puffotter ist doch auch keine Option, oder?«

Wo sie recht hatte, hatte sie recht. Als die anderen schon fast am Horizont verschwunden waren, schlossen wir schnellen Schrittes auf. Ob es mir lieb war oder nicht, der Chefarzt traf auch weiterhin undurchsichtige Entscheidungen und orientierte sich an steinernen Schildkröten, Elefantenköpfen und sonst wie geformten oder gefärbten Sandsteinen. Ich erkannte überhaupt nichts, doch alle anderen trabten ihm blind hinterher. Wie töricht von ihnen, war ich mir doch inzwischen sicher, dass wir uns hoffnungslos verlaufen hatten.

Dann kamen wir an. Das »Malteser Kreuz« war eine imposante Erscheinung. Zehn Meter hoch ragte die Felsformation in die Luft. Mit ein bisschen Fantasie sah es wirklich aus wie das besagte Symbol. Ein sensationelles Fotomotiv inmitten der kargen Landschaft. Sarah fotografierte mich mit dem Kreuz im Hintergrund. Dabei musste ich an meine Recherche auf der Webseite des Auswärtigen Amtes denken. Nachdem wir während der ganzen Wanderung keine Menschenseele getroffen hatten, schien ein Überfall zumindest an solch abgelegenen Sehenswürdigkeiten dann doch eher unwahrscheinlich.

Als wir spät am Abend zur Ranch zurückkehrten, sah ich, wie der Chefarzt und der Alte sich fröhlich unterhielten. Gerne hätte ich gewusst, welches Geheimnis sie teilten und warum es dem Angeber gelungen war, uns so mühelos zum Malteser Kreuz zu führen. Aber das »Cederberg Secret« blieb in den Bergen. Zusammen mit dem Chefarzt und dem Rest der Truppe. Denn Sarah und ich setzten unsere Reise am nächsten Tag alleine fort. Unser Ziel war Wilderness, ein idyllischer Ort an der Küste. Auf dem Weg durchs Land stand allerdings noch die obligatorische Safari auf dem Programm, die bei Sarah Vorfreude und bei mir Vorhofflimmern auslöste.

Am Mittag des darauffolgenden Tages fuhr unser Golf 1 durch das Eingangstor des »Game Reserves«, einem groß angelegten Wildpark. Hier sollte nun die Safari stattfinden. Das Begrüßungskomitee bildeten große Tierreliefs, mit denen das Tor verziert war.

Sarah sagte: »Schau mal, das sind die BIG FIVE.«

»Aha«, antwortete ich etwas mürrisch. Denn seit wir die Schwelle der Gefahrenzone überquert hatten, nahm meine Anspannung zu.

»Dazu gehören: Elefant, Nashorn, Leopard, Löwe und …«, zählte sie auf und überlegte dann. »Mmmh, der Letzte fällt mir nicht ein.«

»Vielleicht der Vogel Strauß?«, witzelte ich. »Die stecken übrigens die Köpfe gar nicht in den Sand, das ist bloß so ein Gerücht.«

»So so«, sagte Sarah, ohne ihr Desinteresse zu verbergen. Sie versuchte sich krampfhaft an den fünften der BIG FIVE zu erinnern. Mir gefiel derweilen das Bild vom Kopf in den Sand stecken. Insbesondere jetzt, als wir uns auf der Schotterpiste unvermeidlich dem Hauptgebäude des Game Parks näherten.

»Klasse! Es gibt auch eine Horseback-Safari!«, rief Sarah voller Begeisterung aus, als sie das Haupthaus betrat. »Komm, das machen wir.«

Ich war noch damit beschäftigt, das große Schild am Eingang zu lesen. In jeder erdenklichen Sprache wurde hier unmissverständlich klargemacht, dass die Safari »auf eigene Gefahr« erfolgte. Jegliche Verletzungen, Schadensfälle oder sonstige Unfälle gingen somit alleinig auf das Konto der Urlauber.

Als ich Sarah zur Anmeldung folgte, murmelte ich noch nachdenklich: »Horseback? Was soll das denn sein?«, aber es war bereits zu spät. Sie hatte gebucht: eine Safari zu Pferd. Dabei konnte ich gar nicht reiten.

»Sag mal, spinnst du?«, fragte ich laut und konnte dabei nicht verbergen, dass ich ein bisschen böse auf meine Frau war.

»Nun komm, sei kein Spielverderber. Die zeigen dir das schon. Außerdem musst du ja nichts machen, die Pferde hier sind doch trainiert.«

»Keine Chance!«, protestierte ich. »Ich kann nicht reiten, ich will nicht reiten, und ich werde nicht reiten. Basta!« Ich drehte mich um und schmollte. Sarah schmiegte sich von hinten an mich und flüsterte mir ins Ohr: »Nun hab dich nicht so. Hast du mir nicht erzählt, deinen Vater würden keine zehn Pferde nach Südafrika bringen?«, sagte Sarah. »Na, stell dir den mal vor, wenn der erfährt, dass du hier sogar eine Safari auf dem Pferd erlebt hast!«

Dieses kleine Biest!, dachte ich, denn das war ohne Frage eine gute Story: Der Erste der Familie Schisser, der nach Afrika reiste *und* eine Safari machte, *und* die auch noch zu Pferd.

»Na gut, ich probiere das mal«, sagte ich widerwillig. »Aber nur ganz langsam, und wenn's mir nicht gefällt, breche ich sofort ab!«

Sarah fiel mir um den Hals und küsste mich. Ein fröhlicher Afrikaner holte uns ab und führte uns zur Koppel.

»I will give you a good horse«, sagte er zu mir und zeigte auf ein großes braunes Pferd. »His name is Leo.«

»Hallo, Leo«, sagte ich ängstlich. Das Pferd sagte nichts.

Wir sahen uns an. Ich war ratlos. Nie zuvor hatte ich ein Pferd bedient. Ich trat auf den kleinen Holzschemel und schwang mich, wie angewiesen, mit einem Ruck auf Leos Rücken. Das Pferd machte keinen Mucks. Ich war verunsichert, wie steuerte man so ein Ding bloß? Konnte man irgendetwas kaputtmachen? Würde es mich im schlimmsten Falle durch einen Abwurf kaputtmachen? Plötzlich tat sich etwas. Das Ross setzte sich in Bewegung. Ich war erstaunt. Ganz ohne mein Zutun verließen wir die Koppel. Sarah hatte als Kind schon ein Pferd aus der Nachbarschaft betreut und kannte sich aus. Jetzt ritt sie fröhlich in der Gegend umher und sah dabei überglücklich aus.

Die Safari begann. Der Afrikaner ritt vorweg, hinter ihm Sarah, dann kam ich. Reiten konnte man das allerdings nicht nennen, was ich da tat. Eigentlich saß ich nur oben drauf und ließ mich überraschen, was passierte. Es war, wie Sarah sagte: Das Pferd funktionierte von ganz alleine. Ein bisschen kam ich mir vor wie in der Geisterbahn, in der man seinen Wagen auch nicht steuern musste. Allerdings kam hier kein Geist um die nächste Ecke gebogen, sondern eine Herde von Antilopen. Jetzt konnten wir aus nächster Nähe eine Vielzahl einheimischer Vertreter dieser Spezies bestaunen. Insbesondere Kudus und Springböcke waren mit von der Partie.

»They make good Biltong«, scherzte unser Guide und lachte dabei laut. Sarah lachte nicht und schaute die Tiere mitleidig an. Ich dachte an das getrocknete Zebra in der Plastiktüte, traute mich aber nicht richtig hinzugucken. Ich wollte ruckartige Bewegungen vermeiden, denn ich fühlte mich immer noch unsicher auf meinem Untersatz aus echten Pferdestärken. Es ging zum Glück in einem recht gemütlichen Tempo voran.

Auf die Antilopen folgten die Elefanten und Nashörner. Leider sah man diese nur aus beträchtlicher Entfernung. Der eigentliche Vorteil der Horseback-Safari, mitten im Geschehen zu sein, erwies sich hier als Nachteil, denn es war einfach zu gefährlich, näher ranzugehen. Das galt besonders für die Löwen. Diese waren sogar gänzlich abgeschirmt und in einem stattlichen Gehege untergebracht. Man konnte sie allerdings durch die Stäbe beobachten. Gelangweilt lagen sie in der Sonne und schienen die Art von Urlaub zu machen, die ich vermisste.

Es ging weiter. Leo, das Pferd, trottete lahm vor sich hin. Der Gaul hatte keine Kraft. Wie gut wir doch zusammenpassen, dachte ich. Plötzlich signalisierte der Afrikaner, dass wir anhalten sollten. Ganz ohne Zutun kam mein Geisterbahn-Gaul zum Stehen. Irgendwie unheimlich.

»Look over there«, sagte unser Guide im Flüsterton. »Everyone thinks the lion is the most dangerous animal. But that's not true. These are the most deadly ones. Because they are the most aggressive. Especially when they have babies. Over there, you can see the buffalos!«

Eine Herde riesiger schwarzer Büffel graste zusammen mit ihren Jungtieren unter einem großen Baum. Die Szene wirkte friedlich.

Dann rief Sarah laut: »Na klar! Der Büffel. Das ist der fünfte der BIG FIVE!«

Auf einmal hob ein Büffel den Kopf.

»Oh no!«, sagte der Afrikaner. »They noticed us.«

Ich blickte erstarrt in Richtung Büffelherde, die sich langsam in Bewegung setzte.

»Let's get going!«, schrie der Afrikaner und galoppierte davon. Sarah hinterher.

Leo blieb seelenruhig stehen. Was war zu tun? Wo schaltete man bei diesem Vieh den Turbo ein?

»Schnell! Gib ihm die Sporen!«, rief Sarah mir zu.

»Waaaaaas? Was für Sporen?«, rief ich zurück. Die Büffelherde kam näher. Zum Glück begriff nun auch Leo, dass irgendetwas nicht stimmte, und ging in einen leichten Trab über.

»Die Beine, benutz deine Beine!«, brüllte Sarah.

Mich hatte inzwischen die Panik ergriffen, ich hörte Sarah wie in Watte. Wieso meine Beine? Und was für Sporen? Die einzigen Sporen, die ich kannte, waren die von Schimmel. Auch gefährlich, allerdings nichts im Vergleich zu meiner jetzigen Situation. Mir wurde schlecht. Jetzt bloß nicht ohnmächtig werden, dachte ich. Ich kniff erst die Augen, dann die Beine zusammen.

Auf einmal ging's ab.

Leo zeigte sich jetzt doch noch von seiner sportlichen Seite und nahm Fahrt auf. Der Gaul rannte um unser Leben. Davon kriegte ich aber nur die Hälfte mit. Ich war paralysiert vor Angst. Nur nicht loslassen, dachte ich und hielt mich verkrampft an dem galoppierenden Tier fest. Dabei wurde ich von oben bis unten kräftig durchgeschüttelt.

Irgendwann tauchten Sarah und der Guide vor mir auf. Sie saßen entspannt auf ihren Pferden, die gemütlich grasten. Ich kam in maximalem Tempo näher und wagte trotz der Geschwindigkeit einen kurzen Blick nach hinten. Keine Büffel mehr in Sicht. Einigermaßen beruhigt drehte ich mich wieder nach vorne. Leo und ich schossen mit Schallgeschwindigkeit an unseren beiden Mitstreitern vorbei.

Panisch ergriff mich ein neuer Gedanke: Wo ist die Bremse? Erst hatte ich den An-Knopf nicht gefunden, jetzt wusste ich nicht, wie man das Pferd wieder abstellte.

»Ziiiiiiehhhhh aaaaaan deeeen Züüüügelnnn!«, hörte ich Sarah hinter mir rufen. Ich nahm die Zügel in die Hände und zog.

Concorde-Leo kam zum Stehen. Ich war schweißgebadet, und meine Beine fühlten sich an, als wären sie aus Gummi. Als ich abstieg, konnte ich mich kaum noch aufrecht halten.

Als ich bei der Koppel eintraf, ließ ich mich auf den nächstgelegenen Stuhl sinken. Ich war fertig mit der Welt und fragte mich, wieso ich mein Leben für so einen Irrsinn aufs Spiel setzte. Dann kam Sarah mit drei Flaschen eiskaltem Bier um die Ecke. Wir stießen an. Eins musste man Nahtoderfahrungen lassen: Das Bier danach schmeckt wirklich erstklassig.

Stunden später saßen wir wieder in unserem Spielzeugauto. Sarah fuhr, denn ich war immer noch völlig kaputt und zu nichts zu gebrauchen. Ich blätterte im Reiseführer und verfolgte unsere Reiseroute auf der Karte. Wir befanden uns in einem Gebiet mit dem Namen »Karoo«, der aus der Sprache der Ureinwohner Khoikhoi stammte und »hart und trocken« bedeutete. Ich schaute aus dem Fenster. Treffender hätte man es nicht ausdrücken können. Unsere Straße ging mitten durch eine Halbwüste. Am Horizont erstreckte sich zwar eine Bergkette, doch zu beiden Seiten sah man nur eine weitläufige Steppe. Wie der Name schon sagte: hart und trocken. Diese Landschaft hatte lange keinen Regen gesehen. Und ebenso wenig Verkehr. Wir waren weit und breit die einzigen Leute mit Auto.

Die Sonne brannte gnadenlos auf die verdorrte Erde und hatte dabei ihren Zenit schon weit überschritten. Ich holte das Handy raus, um die Uhrzeit zu checken. Das Telefon zeigt kurz nach drei. Und keinen einzigen Balken auf der Anzeige der Signalstärke.

»Wir haben keinen Handyempfang«, sagte ich zu Sarah und bereute das sofort. Natürlich hatten wir keinen Handyempfang, schließlich waren wir mitten in der Wüste.

»Jetzt pack doch mal das blöde Telefon weg«, sagte Sarah, die es auch zu Hause störte, wenn ich mich ständig mit meinem Smartphone beschäftigte, »und konzentrier dich auf die Karte. Wie lange sind wir denn noch unterwegs? Von den Bergen dahinten hast du gar nichts erzählt.«

Sarah hatte recht. Ich hatte nichts davon erwähnt, weil ich die

Bergkette auf der Karte weder gesehen noch sie eingeplant hatte. Bei dieser Erkenntnis richteten sich meine Nackenhaare auf, denn ich wusste instinktiv, dass uns eine Serpentinentour viel Zeit kosten würde. Wertvolle Tageszeit, denn hier draußen wurde es früh dunkel.

»Das mit dem Gebirge, äh, das sah auf der Karte irgendwie anders aus«, entgegnete ich kleinlaut. »Wird schon irgendwie gehen.«

»Hmm. Das scheint mir ganz schön hoch zu sein. Ich drück mal ein bisschen auf die Tube, damit wir nicht im Dunkeln im Gebirge stecken bleiben«, antwortete Sarah, zwinkerte mir zu und sagte: »Jetzt willst du es aber wissen, du kleiner Abenteurer, was?«

Ich versuchte mich an einem coolen Grinsen, aber es reichte nur zu einer angespannten Grimasse. Ich schaute auf das signalbalkenlose Handy in meiner Hand und schluckte trocken, aber der Kloß in meinem Hals bewegte sich keinen Millimeter.

Der Golf 1 ächzte die Serpentine hoch. Das Auto hatte natürlich keine Klimaanlage, und ich kam mir vor wie in der Sauna. Jede Kurve fühlte sich wie ein neuer Aufguss an.

»Es ist uns echt schon lange kein anderes Auto mehr entgegengekommen«, flüsterte ich Sarah zu.

»Stimmt!«, sagte sie. »Ist es nicht großartig? Das ganze Panorama, nur für uns allein!«

»Ja, schön«, gab ich zurück und blickte aus dem Fenster. Ich sah die endlose Wüste, die sich meilenweit vor uns erstreckte. Ein Panorama konnte ich nicht erkennen.

Langsam setzte die Dämmerung ein. Als Sarah das Licht des Golfs einschaltete, bemerkten wir, dass nur das rechte Vorderlicht ging. Ich fasste innerlich noch einmal zusammen: keine anderen Autos, kein Handyempfang, kein Ersatzbenzin und kein Licht am Wagen.

»Oh Mann, Schrottkarre. Jetzt funktioniert noch nicht mal

das Licht!«, schimpfte Sarah, wirkte dabei aber eher verärgert als verängstigt. »Na ja. Ist halb so schlimm, ist ja sonst keiner unterwegs.«

Ich sagte nichts. Ich steckte mitten in einer neuen Panikattacke und versuchte, auf andere Gedanken zu kommen. Also beobachtete ich die vielen Erdmännchen, die in der Dämmerung auf den Felsen faulenzten. Was für ein Leben. Warum konnten wir nicht mal so Urlaub machen? Morgens am Pool, nachmittags am Strand und abends dann gemütlich den Tag bei einem kalten Bier ausklingen lassen. Die Erdmännchen sahen lustig aus, insbesondere wenn sie auf den Hinterbeinen standen. Ich stellte mir vor, wie sie mir nach einem harten Erdmännchen-Tag in der Wüste Karoo mit einem kühlen Bier zuprosteten. Dann sagte Sarah plötzlich laut: »Geschafft!«

Der Golf 1 hatte die Gebirgsüberquerung überstanden. Wir waren wieder auf einer asphaltierten Hauptstraße. Ob das jetzt besser war, vermochte ich nicht zu beurteilen. Vielleicht würden wir in der Wüste liegen bleiben und nicht im Gebirge. Aber dazu kam es natürlich nicht, mit den Balken auf dem Handy kehrten auch meine Lebensgeister zurück. Und auch die Landschaft veränderte sich schneller als gedacht. Am späten Abend erreichten wir die Küste und den beschaulichen Ort Wilderness mit seiner tropisch grünen Lagunenlandschaft.

Am nächsten Tag erfuhr ich, was uns überhaupt nach Wilderness geführt hatte. Ich war davon ausgegangen, dass uns hier nach den Strapazen der letzten Tage ein bisschen Entspannung erwarten würde. Das schien allerdings eine Frage der Interpretation zu sein. Wir saßen beim Frühstück, als Sarah mir ihren Plan offenbarte.

»Canyoning? Was soll das denn sein?«, fragte ich meine Frau mit prüfendem Blick.

»Das ist voll cool! Man fährt im Dschungel an den höchsten Punkt einer Schlucht, und von da geht's dann bergab. Durch Abseilen, Rutschen, Springen, Schwimmen. Bis man wieder unten ist. Klingt das nicht nach einer Toperholung?«, fragte sie mich.

»Das ist ja wohl das Schwachsinnigste, was ich je gehört habe! Warum sollte sich jemand durch eine Schlucht quälen und dabei sein Leben riskieren?«, meckerte ich. »Das sieht dir ähnlich, das kannst du schön alleine machen!«

»Na gut«, antwortete Sarah überraschenderweise einsichtig, »du hast dir eine kleine Pause verdient. Aber sei so nett und fahre mich wenigstens hin.«

Das war ein Deal. Während Sarah sich unter Lebensgefahr in einem unbequemen, feuchten Neoprenanzug durch die Schlucht kämpfte, würde ich mit einem Bierchen am Strand sitzen und den Tag so locker angehen wie die entspannten Erdmännchen. Nach dem Frühstück fuhren wir los, und ich brachte Sarah zu dem Veranstalter »Paradise-Tours«, der den Ausflug in den nahe gelegenen Wilderness-Nationalpark organisierte. Als wir das Büro betraten, fingen Sarahs Augen verdächtig an zu leuchten. Vor uns stand ein Mann wie aus dem Katalog: Oberkörper von Adonis, Gesicht von Brad Pitt. Dazu natürlich der ausgeprägte Habitus des abgeklärten Surfers, für den nichts eine Bedeutung hatte außer der nächsten Welle. Oder, wie im jetzigen Falle, die willkommene Ablenkung durch eine hübsche, blonde Frau.

»Hi guys, how are you?«, begrüßte uns der Frauenschwarm.

»Very good!«, schmachtete ihn Sarah an. »I'd like to book a tour.«

»Nice«, entgegnete Adonis, »you are the only people for today. I am all yours!«

Sarah strahlte ihn an, ich räusperte mich. Aber ich war abgemeldet. Weder der Adonis noch meine Frau schenkten mir auch nur einen Funken Beachtung. Dann sagte Sarah auch noch: »It's just me. He is not coming!«

Ich schaute sie entgeistert an. Ich wusste zwar, das entsprach unserer Abmachung, aber es kam einer kampflosen Niederlage gleich. Ich konnte mir bereits vorstellen, wie sich Tarzan mit meiner Frau im Arm an der Liane durch den Dschungel schwang.

»No, no, I am coming, too!«, machte ich mich bemerkbar und streckte Tarzan die Hand entgegen, um das Geschäft direkt zu besiegeln. Der Nebenbuhler guckte mich abwertend an. Sein Blick besagte eindeutig, dass er Händeschütteln total uncool fand. Trotzdem schlug er nach kurzem Zögern ein. Ich drückte extra fest zu. Das private Dschungel-Tête-à-tête war passé, jetzt war ich mit von der Partie. Der Kampf war eröffnet.

Die gegnerische Partei punktete allerdings schon beim Thema Ausstattung. Offensiv wurde ausschließlich Neoprenanzughose getragen und der restliche muskulöse Prachtkörper schamlos zur Schau gestellt. Sarah sah in ihrer engen Zweithaut ebenfalls sehr sexy aus. Ich nicht. Denn die Kombination von groß *und* Bäuchlein erwies sich als besonders tückisch. Ich wirkte neben den beiden erbärmlich. Aber es half alles nichts. Optik hin oder her. Ich musste mit.

Und so nahm die afrikanische Tragödie ihren Lauf. Unser Held, beseelt von dem Ziel, seine Frau aus den Armen des Nebenbuhlers zu befreien, begab sich auf die Reise ins Ungewisse. Das engelsgleiche Elterngewissen hatte vergeblich zur Besonnenheit gemahnt: »Junge, du kannst den Canyon nicht bezwingen. Du kannst ja nicht mal Kaffee einschenken.« Das Angebot des

Leibhaftigen in Form des diabolischen Doktors war einfach zu verführerisch gewesen. Die vorgetäuschte ruhmreiche Erlösung hallte in seinen Ohren: »Pantoffelheld, stell dich der Schlucht. Geh als Schisser und kehre als Mann zurück!« Und so starteten Oben-ohne-Tarzan, sexy Sarah und die wandelnde Presswurst gen Wilderness Nationalpark. Das Canyoning konnte beginnen.

Wir fuhren mit dem Jeep bis zur höchsten Stelle der Felsschlucht. Vor uns lag ein verwunschener Dschungel. Diesen galt es zu bezwingen, um in das Tal zu gelangen. Nicht gerade ein Klacks, wenn man nebenbei auch noch Adonis ausschalten musste. Multitasking war ja generell keine männliche Paradedisziplin. Vom Dschungel drang eine exotische Geräuschkulisse zu uns herauf, und wir begannen den Abstieg.

Wir starteten an einem Fluss mit einer schwungvollen Strömung. Das Wasser war gerade tief genug, um sich reinzusetzen. Und das taten wir. Im Neoprenanzug war es gemütlich warm, sodass man die Kälte des Gebirgswassers nicht spürte. Wir umfassten unsere Beine mit den Armen und ließen uns mit der Strömung hinfortspülen. Fett schwimmt ja oben, dachte ich und kam in Fahrt. Es machte zugegebenermaßen sogar ein bisschen Spaß, sich so treiben zu lassen. Ich schaute hoch. Wir waren umgeben von dichtem Grün. Da hörte ich etwas, das wie Affengeschrei klang.

»Can you hear it?«, fragte Tarzan. »Don't get fooled. It's a bird, not a monkey!«

Klugscheißer, dachte ich. Sarah war natürlich hingerissen.

Dann mussten wir aus dem Wasser krabbeln, und es ging zu Fuß weiter. Wir kletterten über einen Felsvorsprung und kamen an ein niedrigeres Flussbett. Knöchelhoch wateten wir durchs Wasser.

»Watch your feet«, sagte Tarzan. »Lots of snakes here.«

Ich ließ mich nicht beeindrucken. Ich wusste ja vom Orakel, dass die meisten Schlangen ungiftig waren, und zögerte nicht, mich mitzuteilen. »Yes, we know from Cederberg«, antwortete ich. »Many snakes, but not dangerous!«

Sarah sah mich erstaunt an. So eine coole Reaktion hatte sie wohl nicht von mir erwartet. Leider relativierte Tarzan meine Aussage direkt wieder: »Cederberg is different. Here we have the cape cobra. Vicious animal with a deadly bite!«

Ich sah unsicher auf meine nackten Füße, blieb aber gefasst und sagte: »Deadly bite? No cure?« Vom Orakel wusste ich, dass es bei Schlangenbissen immer auch ein Gegenmittel gab. Hier konnte ich diese Karte cool spielen. »No antiserum?«, fragte ich. Sarah verdrehte schon die Augen.

»Oh yes!«, gab Tarzan zurück. »In a hospital in the city. But we are in the middle of the jungle.«

Ich schaute mich um. Das Drumherum wirkte auf einmal deutlich beklemmender als noch vor einigen Minuten. Dann fuhr Tarzan fort: »If a cobra bites you, you have thirty minutes, if it bites you twice, ten. There is no chance of getting there in time.«

Zu allem Überfluss fügte Sarah auch noch schnippisch hinzu: »Musste halt mal ein bissl aufpassen.«

Musste ich wohl. Blödes Canyoning! Auf was für einen lebensgefährlichen Quatsch hatte ich mich bloß wieder eingelassen. Hier würde ich nicht als Held rauskommen, sondern überhaupt nicht mehr. Das Laufen wurde zur Qual, denn ich musste mich jetzt doppelt konzentrieren. Auf das, was sich vor mir, und auf das, was sich am Boden abspielte. Dieser unsichere prüfende Gang in Kombination mit meinem lächerlichen Outfit machte mich nun endgültig zur Lachnummer des Dschungels.

»Mein Gott, nun mach dich mal locker!«, forderte Sarah und

ging dann wieder vor zu Tarzan. Man konnte fast meinen, es war ihr peinlich, mit mir gesehen zu werden. Selbst hier, wo keiner guckte. Vom monkey bird mal abgesehen.

Wir hatten schon einige Abhänge, Felsen, Flüsse und Wasserfälle hinter uns gebracht, als wir durch den dichten Dschungel auf einen steinernen Vorsprung traten. Gut fünfzehn Meter konnte man von hier oben in die Tiefe schauen. Unten schlängelte sich ein enger Fluss. Mir wurde alleine vom Runtergucken schwindelig, und ich musste mich an einem der großen Felsbrocken festhalten.

»This is the moment of truth, guys!«, sagte Tarzan.

Der Moment der Wahrheit?, dachte ich, was meinte er bloß damit? Auf einmal nahm er Anlauf, breitete seine muskulösen Arme aus wie ein Adler seine Schwingen und segelte den Abhang hinunter. Kurz vorm Eintauchen schloss er die Arme und machte den perfekten Kopfsprung in den kleinen Fluss. Das hatte ich das letzte Mal in meiner Jugend gesehen. Und zwar in der Reklame für Cliff-Duschgel. Ich war sprachlos. Sarah verliebt.

Adonis tauchte aus dem Wasser auf, schüttelte seine Mähne und schrie zu uns herauf: »Don't worry. It's deep enough. This is the best moment of the tour. Do it! Jump!«

Er machte wohl Witze. Niemals würde ich da runterspringen. Ich sah zu Sarah rüber. Auch sie hatte Angst im Blick. Aber es schwang auch etwas Herausforderndes mit, als würde sie darauf warten, dass ich den Anfang machte, um auch sie zu ermutigen, es mir gleichzutun. Vielleicht war aber auch das genaue Gegenteil möglich? Vielleicht konnte ich Sarah auf meine Seite ziehen? Wir würden beide nicht springen. Sie würde endlich erkennen, dass ein Leben in Gefahr auf Dauer nur anstrengend ist. Während ich vom Happy End auf der heimischen Couch träumte, rannte Sarah an mir vorbei. Und sprang. Ich schaute ihr ungläubig hinterher. Mit einem großen Platschen kam auch sie unten an, tauchte auf,

lachte vor Begeisterung und winkte zu mir herauf. »Das ist super! Das schaffst du auch«, rief sie von unten.

Ich stand oben und hatte Panik. Was sollte ich tun? Ich wusste, es gab eigentlich nur einen Weg. Denn wenn ich ihr jetzt nicht folgte, würde mich Sarah nie mehr ernst nehmen. Die Elternstimme in meinem Kopf hielt dagegen: »Junge, dein Leben ist wichtiger als deine Ehre!«, doch Dr. Teufel wusste es besser: »Ein Leben ohne Ehre ist wie Sex ohne Frau!« In diesem Fall hatte er gleich doppelt recht: Ich würde beides verlieren, meine Ehre *und* meine Frau. Ich musste handeln. Also schloss ich die Augen, nahm Anlauf und sprang.

Freier Fall, Knall, und dann umgab mich Wasser. Panisch tauchte ich wieder auf. Ich lebte. Und nicht nur das, ich war unverletzt. Ich blickte nach oben zum Felsvorsprung, dann zu Sarah, die gerade zu mir rübergeschwommen kam.

»Du bist der Beste!«, sagte sie und küsste mich.

Ich spürte, wie stolz sie auf mich war. Im Wasser umarmten wir uns, so gut es ging. Mit meiner Frau im Arm wagte ich einen selbstbewussten Blick zu Tarzan. Aber der war schon vorausgeschwommen. Endlich hatte ich Sarah wieder für mich alleine. Und nicht nur das. Auch meine Angst hatte ich überwunden und mich getraut zu springen. Es fühlte sich gut an. Dies war mit Abstand die beste Arschbombe meines Lebens.

Die Tour und die restlichen Tage in Südafrika verliefen noch recht harmonisch. Trotzdem war ich nach dem aufregenden Urlaub froh, als ich wieder heil zu Hause war. Und auch der Umstand, dass Sarah wegen ihres Einsatzes im Krankenhaus noch länger blieb, beflügelte unsere Beziehung eher. Manchmal weiß man die Dinge halt erst richtig zu schätzen, wenn man sie gerade nicht hat.

Ich musste oft an die Reise zurückdenken. Insbesondere Tarzan, der Duschreklame-Mann, und der Todessprung blieben mir noch lange in Erinnerung. Dass ich ein ähnliches Verhalten bereits von woanders her kannte, ja, dass ich mich möglicherweise recht zeitnah mit einem vergleichbaren Typus arrangieren musste, war mir zu dem Zeitpunkt nicht klar gewesen. Das sollte sich aber sehr bald ändern.

IV.

Verlängertes Wochenende in China oder: ein Kurztrip ans andere Ende der Welt

Wolf. So nannten sie ihn. Alle bis auf Sarah. Sie nannte ihn »Papa«. Denn »Wolf«, so hieß mein Schwiegervater: Wolfgang »Wolf« Hartmann. Dieser Spitzname war zum einen die Kurzform von Wolfgang, passte aber auch sonst ganz gut, denn der Wolf war eine imposante Erscheinung. An die zwei Meter groß und als ehemaliger Hessenmeister in Leichtathletik sehr kräftig gebaut. Hinzu kam, dass er auch noch ziemlich clever war. Der Wolf hatte es neben der kurzen, aber erfolgreichen Sportlerkarriere zum Diplom-Ingenieur gebracht und leitete nun eine Abteilung von Software-Entwicklern. Die zwanzig Kilometer zu dieser Arbeitsstätte legte er natürlich täglich bei Wind und Wetter mit dem Fahrrad zurück. Der Wolf hatte Power. In den Beinen, in den Armen und im Kopf. Kurz gesagt, Wolf Hartmann war der hessische Wladimir Klitschko.

Wir verstanden uns überraschend gut. Er hatte wahrscheinlich schon beim ersten Blick auf mich erkannt, dass in puncto Sport Hopfen und Malz verloren war, und damit war dieses Thema für ihn gegessen. Da ich mich auch nicht für Computer interessierte, beschränkten sich unsere kurzen Gespräche auf rudimentären Small Talk. Was o.k. war, denn die Hartmanns wohnten in Frankfurt und wir in Hamburg. Wir sahen uns daher eher selten. Das sollte sich allerdings ändern, wie ich an diesem schicksalsträchtigen Tag erfuhr.

Ich befand mich mit Sarah im Supermarkt. Wie wahrscheinlich jeder Mann war ich vom Einkaufen genervt und stand eher im Weg rum. Sarah war energisch wie immer und arbeitete gewissenhaft die Liste ab. Sie war gerade dabei, am Gemüseregal eine Gurke in den Einkaufswagen zu legen, als sie beiläufig erwähnte: »Du, Schatz, ich hab übrigens gestern mit Papa telefoniert, der hat über Tante Christa günstige Tickets nach China geschossen und mich gefragt, ob ich mitkomme. Megacool, aber voll doof, ich kann ja nicht. Wegen dem neuen Job. Urlaubssperre in der Probezeit und so. Ich hab gesagt, du kommst mit.«

»Ich?«, entgegnete ich erstaunt.

»Klaro. Ist doch voll spannend!«, sagte Sarah und schob den Wagen weiter. Der kleine Supermarkt war eng, und im Gang der Milchprodukte kam uns jemand mit seinem Einkaufswagen entgegen, sodass ich jetzt hinter meiner Frau stand.

»Jetzt warte mal!«, rief ich. »Dazu würde ich auch gerne was sagen!«

Sarah griff zum Hüttenkäse. Dann nahm sie Emmentaler aus dem Regal. Ich griff schnell noch zu einer Packung Handkäs. Den hatte ich bei den Hartmanns kennen und lieben gelernt. Bei uns hieß der Käse Harzer Roller.

»Warum muss es eigentlich immer so exotisch sein? Warum machen wir nicht mal in Deutschland Urlaub?«, sagte ich und legte den Käse in den Einkaufswagen. »Zum Beispiel im Harz!«

»Du willst lieber in den Harz, wenn du die Chance hast, günstig nach China zu fliegen? Ist das dein Ernst?«, fragte Sarah und las prüfend das Etikett einer Packung Tofu-Würstchen. »Na, das erklär mal meinem Vater«, fügte sie hinzu.

Der Wolf! Vor mir sah ich schon seine riesige Pranke, wie er sie mir zum Händeschütteln immer entgegenstreckte. Ich dachte an den Schmerz, der sich anfühlte, als bräche die Wolfsklaue all meine Finger gleichzeitig. Begleitet wurde diese Begrüßungsfolter stets von einem gut gelaunten hessischen »Gude!«.

»Sag du ihm bitte, dass ich verhindert bin«, forderte ich.

»Verhindert? Wie das schon klingt. Wie ›behindert‹«, machte sich Sarah über mich lustig. »Das kannst du ihm schön selber sagen!«, beendete sie kurzerhand das Gespräch.

Ich wusste, dafür brauchte ich starke Nerven. Als wir an den Spirituosen vorbeikamen, griff ich daher routiniert zu. Wolf-Hartmann-Prophylaxe, dachte ich grinsend. Gin war wirklich ein vielseitig einzusetzendes Getränk.

Ich rief natürlich nicht an. Gerade als ich dachte, das Problem hätte sich auf wundersame Weise irgendwie von selbst erledigt, klingelte mein Handy. Ich wusste sofort, dass es der Wolf war, denn ihm hatte ich einen speziellen Klingelton zugewiesen. Aus meinem Telefon erklang jetzt der »Imperial March«, die Musik, die bei *Star Wars* das erste Auftreten von Darth Vader dramatisch begleitete. Ich ignorierte das Klingeln und schob das Handy unter einen Stapel Bücher. Darth Vaders Fanfare verschwand unter »Pranayama. Hatha Yoga Atemübungen für Fortgeschrittene«. Ich musste lachen, als ich mir kurz vorstellte, wie der Yogalehrer sagen würden: »Ihr Atem, Herr Vader, daran müssen wir aber noch ganz schön arbeiten.«

Da hörte ich ein Piepen. Eine SMS! Langsam zog ich das Handy wieder aus dem Stapel heraus und las: »Gude! Kerle, isch glaab's ja net. Mir zusamme bei de Chinees! Ja net vergesse: des Visum tut sich net von allai ausstelle.«

Mist, ich saß in der Falle. Um das Missverständnis auszuräumen, musste ich ihn anrufen. Ich wählte seine Nummer. Er nahm ab.

»Gude! Mensch, un isch dacht, du wärst net da!«, meldete sich der Wolf.

»Hallo, Wolfgang«, sagte ich, »doch, ich bin da. Hab's nicht schnell genug gesehen. Du, sag mal. Das mit China ist ja voll nett, aber ich muss dich leider enttäuschen.«

»Enttäusche? Was babbelste dann da«, unterbrach mich der Wolf. »Alles in de Reih. Wadden mer's ma ab, wirst schon net abkratze, da drübe. Da basst der Schwiegerbabba schon uff.«

»Wolfgang, nun warte mal. Ich bin auch grade ziemlich knapp bei Kasse«, log ich.

»Aaler Muffel, mach net so 'n Geschiss! Isch zahl die Reis, du tust disch ma schee um de Papierkrams kümmern«, befahl der Wolf und beendete abrupt das Gespräch.

Ich hatte nicht die Kraft, ihn zurückzurufen und die Sache klarzustellen. Augen zu und durch. Also ging es jetzt nach China mit einem Mann, dessen Sprache mir auch oft chinesisch vorkam. Was für eine Horrorvorstellung. Ich schlug das Hatha-Yoga-Buch auf und versuchte ein paar Atemübungen, um mich wieder zu beruhigen.

Wolfs Wort war Gesetz. Zwei Monate später war ich auf dem Weg, um ihn am Frankfurter Flughafen zu treffen. Da die kolossale Größe dieses Flughafens in etwa der unseres Ziels entsprach, bekam ich schon auf der ersten Etappe der Reise einen Vorgeschmack darauf, was mich in China heimsuchen sollte.

Als ich mit dem Flieger aus Hamburg ankam, hatte ich die zwei Stunden Umsteigezeit noch als lockeren Zeitrahmen eingeschätzt. Zwei Stunden boten selbst für einen überpünktlichen Planer wie mich jede Menge Spielraum. Hinzu kam, dass ich nur Handgepäck dabeihatte. Das hatte mir Sarah eingebrockt. Beim Packen für die große Chinaexpedition hatte ich natürlich ordentlich aufgefahren. Sie hatte mich dafür ausgelacht, mit dem Argument, wir seien ja nur eine Woche weg. Ich fühlte mit derart in meinem Stolz gekränkt, dass ich auf eine kleine Segeltuchtasche umgestiegen war. Diese war so winzig, dass selbst Sarah sie ungläubig gemustert hatte. Ich hatte mich mit dem leichten Gepäck erst dynamisch gefühlt, spätestens beim Verstauen im Overheadlocker sollten mir dann aber doch Zweifel kommen, ob ich nicht etwas Wichtiges vergessen hatte.

Mit dieser kleinen Tasche aus Segeltuch war ich nun in Frankfurt aus dem Flieger gestiegen und stand vor der Tafel mit den Abflugzeiten. Nach China war kein einziger Flug zu finden. Ich suchte die ganze Tafel ab und wurde skeptisch. Ich fragte das Servicepersonal, und mein Herz rutschte mir in die Hose.

»Die Langstreckenflüge? Na, da sind Sie hier falsch. Da müssen Sie ins andere Terminal. Das ist eine ganze Ecke. Am besten, Sie nehmen den Sky-Train!«, hieß die Antwort, die meine zwei Stunden in einen Wettlauf mit der Zeit verwandelte. Genau genommen hatte ich nur noch eine Stunde und fünfundvierzig Minuten. Ich rannte los. Als ich um die Ecke bog, war der Sky-Train gerade abgefahren. Zum Glück gingen die alle naselang. Trotzdem wartete ich nervös auf den nächsten Zug, drängelte mich vor, sprang rein. Am Terminal 1 raus, Rolltreppe hastig runtergelaufen, dann Gepäckkontrolle, Passkontrolle und im Laufschritt zum Gate.

Keine zwanzig Minuten später stand ich völlig verschwitzt vor dem Wolf und blickte auf die Wolfsklaue, die er mir entgegenstreckte. Gut gelaunt begrüßte er mich mit den Worten: »Gude! Kerle, biste ins Schwitze gekomme? Is doch net emal dreiviertel zwölfe. Gehe mir aan letzten Ebbelwoi bechern? Kommscht, aan Bembel is kaan Bembel!«

Schon bald saßen wir im Flieger. Auch der Wolf hatte erstaunt meine kleine Segeltuchtasche beäugt, dann aber anerkennend genickt. Ein echter Kerl brauchte eben nicht viel Zeug. Oder doch? Jetzt war es für Zweifel zu spät. Denn nun waren wir eingepfercht

in einem noch älteren Flieger als dem, der Sarah und mich damals nach Bali gebracht hatte. Die Chinesen mussten irgendeinen ausrangierten Restbestand eingekauft haben, krümelige Trockenseife hatte ich jedenfalls zuletzt in uralten IC-Zügen gesehen.

Während der riesige Wolf einen Gangplatz hatte und damit wenigstens ein bisschen Bewegungsfreiheit, hatte ich wieder einen Mittelplatz erwischt. Aber ich hatte ja jetzt Erfahrung und wusste genau, wie ich die Kissen arrangieren musste, um einen Hauch von Komfort zu erhaschen. Dazu kam, dass mich der leichte Schwips vom Apfelwein direkt einschlafen ließ. Dabei hallten Wolfs Worte noch nach: »Hobb, hobb, hobb, de Schobbe in de Kobb!«

Der Apfelwein war es auch, der mich weckte. Ein Grummeln im Magen hatte mich aus dem Schlaf gerissen, gefolgt von einem unangenehmen sauren Bäuerchen.

»Dunnerwedder saacht de Pedder! Des riescht mer awwer net nur nach em Sauergespritzten«, kommentierte der Wolf den säuerlichen Geruch. Mein Gott, war mir das peinlich. Ich sank tiefer in den Sitz und beschloss, vorausschauend auf das im Menü angebotene Schweinefleisch nach Szechuan-Art zu verzichten.

China! Wir landeten in Peking. Die Stadt hatte sich für die Olympischen Spiele 2008 einen Facelift verpassen lassen, der bereits am Flughafen spürbar war. Dies war nicht nur der zweitgrößte Flughafen der Welt, sondern er besaß mit Terminal 3 auch das weltweit größte Gebäude. Frankfurt hatte mich bereits überfordert, hier wurde ich schier erschlagen. Die Fläche von 1,3 Millionen Quadratmetern machte den Terminal 3 so weitläufig wie 170 Fußballfelder, und ich fühlte mich wie eine Märklinfigur im Hamburger Miniatur Wunderland.

Wir holten das Gepäck. Pardon. Die anderen holten das Gepäck. Am Band wurde mir wieder bewusst, dass ich wirklich nur die kleine Segeltuchtasche dabeihatte. Das fiel auch gleich dem Grenzbeamten am Ausgang auf.

»Excuse me, Sir. Where is your luggage?«, fragte der kleine Mann in Uniform.

»This is my luggage!«, sagte ich. Mir war mulmig zumute. Die kleinen uniformierten Leute wirkten allesamt recht streng. Eine herzliche Begrüßung sah jedenfalls anders aus.

»Is this a business trip?«, hakte der Uniformierte nach. »Then you need a special permission.«

Innerlich verfluchte ich die Segeltuchtasche, äußerlich war mir bereits die Panik ins Gesicht geschrieben.

»No!«, sagte ich. »Holiday travel.«

»Holiday travel? You are a big man. Is this your only bag?«

Ich war kreidebleich. Keine zehn Minuten in China, und bereits jetzt wurde ich vom Regime einkassiert. Und alles nur wegen dieser blöden Segeltuchtasche.

»Gude, Chinaman!«, hörte ich auf einmal hinter mir.

Oh Gott. Der Wolf!, dachte ich, der macht alles noch viel schlimmer!

Der Beamte schaute den Wolf prüfend an. »I am his Schwiegerbabba, weischte!«, sagte der Wolf. Der Beamte verstand kein Wort. Der Wolf fuhr dennoch fort: »This isch the husbänd of my daughter. Isch hab doch des lugguage. Hesse on Holiday! Just father and son!«

»Oh. Father and son!«, sagte der Beamte. Er schien zu verstehen. Wolfs Ansprache hatte scheinbar Wunder gewirkt.

Doch dann fügte er hinzu: »You can both come, father and son!« Der strenge Chinese lachte kurz über seinen gelungenen Reim, und für einen Moment vergaß sogar er seine Ernsthaftigkeit. Wir hingegen hatten nichts zu lachen und mussten ihm folgen, um uns einer erneuten Prüfung der Visa und Pässe zu unterziehen. Nach einer guten halben Stunde konnten wir den Befragungsraum und den Flughafen verlassen.

»Ei isch glaab, 's gied luus! Wollt der Chinees dir die Segeltuchtasch abluggse. Isch glaab's ja net. Die warn net locker«, babbelte Wolf in aufgeregtem Hessisch. »Dene fehlt de Ebbelwoi hier, des sach isch dir.«

Ich war immer noch fassungslos und schaute auf meine Tasche, die ich gerade aus- und wieder eingeräumt hatte. Ich gab ja zu, es war wirklich wenig drin gewesen, aber die Aufregung, die sie ausgelöst hatte, war in der Tat verdächtig. Die hatten doch ganz andere Probleme hier. Ob das mit Apfelwein zu lösen war, wagte ich zu bezweifeln. Aber vielleicht hatte Wolf ja recht, wenn sich alle ein bisschen locker gemacht hätten, wäre das vielleicht auch entspannter verlaufen. Von Entspannung war ich jetzt allerdings so weit entfernt wie wir von daheim.

Es war schon später Nachmittag, als wir am Hotel ankamen. Wolf hatte sich für den Abend noch etwas ganz Besonderes vorgenommen. Als wir an der Rezeption anstanden, ließ er es mich wissen: »Mir gehe heut noch uff de Nachtmarkt!«

»Was, Nachtmarkt? Nee, komm. Nach dem anstrengenden Flug und der Aufregung mit den Beamten würde ich gerne im Hotel bleiben und mich ausruhen«, antwortete ich verlegen. Eigentlich wusste ich bereits in diesem Moment schon, dass der Wolf kein »Nein« akzeptierte. Und so war es auch.

»Bleedzin! Da müsse mer noch mal hie. Schlafe kannst de morsche«, bestätigte Wolf seine Abendplanung, in der ich nun ebenfalls eine unkündbare Statistenrolle zugewiesen bekommen hatte. Ich hoffte, dass ich mich wenigstens in meinem Zimmer noch ein paar Stunden aufs Ohr hauen konnte, bevor es weiterging. Dann übergab die Rezeptionistin meinem Schwiegervater den Schlüssel. Als ich an den Tresen treten wollte, um selber einzuchecken, nahm mich der Wolf zur Seite, hielt seinen Schlüssel hoch und sagte: »Kerle! Mi casa es su casa!«

Ich schaute ihn ungläubig an. Himmel hilf, für die nächsten fünf Tage würden wir also nicht nur jeden Tag und jeden Abend miteinander verbringen, sondern auch noch jede Nacht? Offensichtlich gab es kein Entkommen. Wolfgang »Wolf« Hartmann und ich teilten uns ein Zimmer. Immerhin gab es zwei getrennte Betten. Ich schlief links, der Wolf rechts. Er fläzte sich direkt aufs Bett und hatte bereits die Fernbedienung in der Hand. Der Apparat hatte Hunderte von Sendern, auch internationale. Wolf blieb natürlich bei einem chinesischen Programm hängen. Die Musik und der Gesang, die nun aus der Kiste ertönten, waren wirklich der Gipfel der Nerverei.

»Isch glaab's ja net. Die chinesische Opäär!«, rief der Wolf und war begeistert. Ich drehte mich im Bett um und versuchte mir mit dem Kissen die Ohren zuzuhalten. Einen kleinen Moment Ruhe, war das denn zu viel verlangt? Dann klopfte es an der Tür. Zimmerservice. Der Wolf hatte scheinbar Bier bestellt.

»Hier, mein Liebä. Is kaan Äppler, aber die braue nach unserm Reinheitsgebot. Wird dir schmecke, das China-Biersche, gān bēi!«, prostete er mir zu. Todmüde und maximal genervt, prostete ich zurück. Das kühle Bier war eine Wohltat. Ich trank es zügig aus und merkte, wie die Wirkung des Alkohols die kostümierten Chinesen im Fernseher ein wenig erträglicher machte.

Einige Flaschen später befanden wir uns auf dem Weg zum Nachtmarkt. Als dieser vor uns auftauchte, wirkte er nahezu mystisch auf mich. Ich kannte die Nachtmärkte aus Erzählungen, und auch wenn dies nicht die berühmte Geisterstraße war, mutete dieses Gewirr von Gängen ähnlich geheimnisvoll an. Tausende kleine rote Lampions beleuchteten nur spärlich die Stände. Man konnte lediglich erahnen, was hier feilgeboten wurde. Auf jeden Fall etwas Besonderes, etwas Exotisches, was sich aber noch im Dunkel verbarg. Auch von den Menschen, die sich durch die Gänge drängten, sah man nur Schatten. Aus dem Verborgenen drangen fremde Gerüche und Geräusche zu uns herüber. Ich wurde von Wolf ins Getümmel gezogen und ließ mich treiben. Das viele Bier hatte meine Anspannung etwas gelöst, und jetzt betrachtete ich ungläubig die außergewöhnlichen kulinarischen Eigenheiten, die angeboten wurden. Dass es hier wirklich Schlangen am Spieß oder frittierte Grashüpfer geben würde, hatte ich für ein Gerücht gehalten. Doch die Realität war sogar noch fremdartiger als erwartet.

»Ei, gucke ma, Vogelspinnsche am Spieß, wo simmer dann hier?«, rief der Wolf begeistert aus. »Un daneebe, Skorpione, ich glaab's ja net.«

Die Skorpione oder Vogelspinnen am Stiel sahen wirklich

schräg aus. Das musste eine Attraktion für die Touristen sein. Bestimmt fielen Dutzende darauf rein, während sich der Tarantula-Chinese ins Fäustchen lachte. Ich konnte meine Augen trotzdem nicht abwenden und starrte auf die Maden, die Seesterne und die Haiflossen. In dem Moment spürte ich einen Ellenbogen in meiner Seite. Der Wolf wedelte mir mit einer frittierten Eidechse zu.

»Eindächse für Einsteigär!«, lachte er und gab mir einen Spieß ab.

Ich guckte das arme Tier am Stiel an. Das kriegte ich unmöglich runter. Neben mir schrie einer der Verkäufer plötzlich: »Sheep penis?«

Offensichtlich war Eidechse noch das kleinere Übel, das mich ereilen könnte, also biss ich zu. Das frittierte Tier schmeckte salzig und kross, und ich bildete mir einfach ein, es wäre Hühnchen. Irgendwie schaffte ich es, die Brocken hinunterzuwürgen. Trotzdem wurde ich mit den lokalen Gepflogenheiten nicht warm. Der Wolf hingegen war in seinem Element. Hemmungslos schlemmte er sich von Stand zu Stand. Er hatte bereits Seidenspinnerraupen und Wasserschlange probiert, als er zielstrebig auf einen Stand mit frischen Meeresfrüchten zusteuerte.

»Mensch, Wolfgang. Bist du dir sicher?«, fragte ich ungläubig. »Ich meine, die Raupen und Eidechsen, die waren ja frittiert, aber roher Fisch, da wäre ich vorsichtig.«

»Ach was. Was disch net umbringt, macht disch nur härter. Und Austärn, die kriegste daham net zu dem Preis«, antwortete der Wolf und bestellte frische Austern. Ich war baff. Peking lag noch nicht einmal am Meer, und der Mann bestellte Austern!

»Bist du dir wirklich sicher, Wolfgang?«, fragte ich noch mal nach. »Nicht, dass du dich vergiftest!«

»Mensch, du bischt mir ja aan Miesmacher. Aus ungeleeschde Eier schlubbe kaa Hinkel«, beendete der Wolf die Diskussion und schlürfte genüsslich die Austern.

»Boah, isch bin babbsatt! Isch kann net mehr«, verkündete der Wolf, nachdem er fertig war, und sah dabei zufrieden aus. Wie lange dieser Zustand anhalten würde, war schwer einzuschätzen. Sicherlich würden sich schon bald die ersten Anzeichen einer Vergiftung zeigen. Und wer würde dann für den Mann sorgen müssen? Ich! Wie ich das bewerkstelligen sollte, wusste ich nicht, immerhin war der Wolf zwei Meter groß und wog an die hundert Kilo. Vielleicht gab es in China überhaupt keine Krankenhäuser, die so monströse Touristen behandelten. Im Zweifel müssten wir im Zoo anrufen. Sarah hatte mir mal erzählt, dass auch in Hamburg die extrem Dicken in das Elefanten-CT von Hagenbecks Tierpark kamen. Noch war dem Elefanten allerdings nichts anzumerken. Vollgegessen ließ er sich ins Taxi fallen. Es schien, als müsste ich den Zoo erst für später einplanen, also kehrten wir direkt zum Hotel zurück.

Vorsichtshalber ließ ich ihn aber nicht aus den Augen. Während der Wolf sich bettfertig machte, beobachtete ich ihn ganz genau. Zeigte sich möglicherweise bereits eine krankhafte Veränderung? Noch sah es nicht danach aus. Plötzlich drehte sich der

Wolf zu mir um und sagte: »Saach emal, was gibb et denn da zu glotze?«

Ich fühlte mich ertappt, verlegen antwortete ich: »Nichts. Alles klar. Nur so.«

»Was'n? Nur so? Kerle, tuste was im Schilde führ'n?«, fragte der Wolf skeptisch.

»Nee, nee. Alles gut. Gute Nacht!« Ich drehte mich schnell auf die Seite.

»Genacht!«, hörte ich noch, dann kurze Zeit nichts mehr, dann setzte ein Schnarchen ein. Ich war aber so fertig, dass ich es überhörte und ebenfalls einschlief.

Mit einem Ruck wurde ich wach, das Schnarchen war in eine Art unregelmäßige Schnappatmung übergegangen, gefolgt von komischen Aussetzern. Das klang nicht gesund. Ich kletterte aus dem Bett, schüttelte den Wolf kurz, und es kehrte wieder Ruhe ein.

»SCHNNNNN ... arch ... SCHNarrch!«

Ich schreckte hoch. Wieder der Wolf. Wieder die Aussetzer. Wieder auf die Beine. Schütteln. Fertig. Ruhe.

»SCHn ... ARRRRRch ... chhchchch.«

Ich saß im Bett. Erneute Atemaussetzer aus Richtung Hartmann. Wieder raus aus dem Bett. Rüber zum Asthma-Adonis. Ordentlich durchgeschüttelt. Schnappatmung gestoppt, danach Rückzug auf meine Seite.

So ging es gefühlte zehn- bis zwanzigmal. Der Schlafentzug setzte mir zu, ich war völlig groggy. Dann passierte es. Wieder ein Anfall.

»Schna ... archhhhh ... chchchh ... ch ... c ...... ch ....«

Plötzlich kein Mucks mehr. Es folgte paradiesische Stille. »Jetzt ist der Nervkopp endlich erstickt!«, ging es mir durch den Kopf. Im Halbschlaf klang das plausibel und angenehm. Endlich Ruhe, endlich schlafen. Und schon schlummerte ich seelenruhig weg.

Als die ersten Sonnenstrahlen durchs Fenster fielen, wachte ich auf. Ich hatte zumindest die letzten paar Stunden hervorragend geschlafen und fühlte mich vital und voller Tatendrang. Dann traf es mich wie ein Hammerschlag: die letzte Nacht. Wolfs Aussetzer. Und der Moment, in dem das Schnarchen ausblieb. Wolf war vielleicht tot. Ich hatte meinen Schwiegervater auf dem Gewissen!

Ich sprang aus dem Bett und stürzte zu ihm hinüber. Das Bett war leer. Hatten die Chinesen den toten Wolf Hartmann etwa schon abtransportiert? Ich rannte zur Tür, riss sie auf und sprintete den Gang hinunter. Mit dem Fahrstuhl fuhr ich in die Lobby. Auf dem Weg durchbohrten mich viele verwunderte Blicke. Man sah es mir also an. Was bei uns unterlassene Hilfeleistung war, war in China sicherlich Mord! Der Fahrstuhl öffnete sich, die Menschen in der Lobby starrten mich an. Ich lief zur Rezeption. Aus dem Augenwinkel sah ich den Frühstücksraum. Und wer stand da am Buffet? Wolfgang »Wolf« Hartmann! Ich ließ die irritierte Rezeptionistin ein weiteres Mal stehen und mobilisierte meine letzten Kräfte für den Endspurt. Wolf sah mich schon von Weitem auf sich zulaufen. Er guckte mich völlig entgeistert an. Dann lag ich ihm in den Armen. Die Leute waren aufgestanden und schauten verblüfft zu uns herüber.

»Ei Kerle, bischt de denn wahnsinnich? Du machst a Gesicht wie ein Ochs, wann's donnert«, sagte der Wolf. »Und tu dir mal was anziehe, nur inner Unnerhoos kannste in China doch net rumlaufe.«

Ich löste mich von Schwiegerpapa Hartmann und bemerkte erst jetzt, dass ich nichts trug außer meinen Pyjama-Shorts. In diesem Moment bog auch schon der Sicherheitsdienst um die Ecke. Manchmal muss man eben Opfer bringen, dachte ich. Der Wolf war am Leben, und nur das zählte.

Das Sicherheitspersonal hielt uns eine Standpauke, die aber

fast skurriler anmutete als die Aktion selbst. Der riesige Wolf zusammen mit dem verrückten Dicken in Unterhosen inmitten einer Horde kleiner chinesischer Sicherheitsleute. Diese redeten wie wild auf die genervte Rezeptionistin ein, die simultan übersetzen musste, was allerdings nicht wirklich klappte. »No naked breakfast!« war so ziemlich das Einzige, was wir verstanden. Das war dem Wolf natürlich alles unglaublich peinlich. Nach diesem Vorfall hielt er mich vollends für einen Spinner und ging auf Abstand.

Deshalb sprachen wir in den nächsten Tagen nur wenig miteinander. Wir konzentrierten uns lieber auf das klassische Peking-Programm: Kohlehügel mit Blick über die Verbotene Stadt, danach Besuch des Kaiserpalasts. Der Platz des Himmlischen Friedens und der Sommerpalast durften natürlich nicht fehlen, ebenso wenig wie der fantastische runde Himmelstempel. Nicht weit davon stand die Halle des Himmelsgewölbes, ebenfalls eine kreisrunde Tempelhalle. Diese umgab die »Echomauer«, eine exakt kreisförmige Konstruktion mit absolut glatten Wänden. So konnte der Schall wunderbar entlang der Mauer transportiert werden. Viele der Touristen probierten das natürlich sofort aus. Der Partner stand auf der gegenüberliegenden Seite und sprach was gegen die Wand, in der Hoffnung, der andere würde es hören. Ich hatte keinen, der auf der anderen Seite stand. Sarah war weit weg in Deutschland, und der Wolf hatte mich aus seinem Rudel verstoßen. Ich presste mein Ohr dennoch an die Wand und vernahm ein Stimmengewirr. Unter den vielen Lauten hörte ich plötzlich eine bekannte Stimme. Im breiten Hessisch kam »Guuuuuuddddeeee!« aus der chinesischen Echomauer. In dem Moment nahm ich mir vor, mir meinen Platz im Hartmann-Rudel zurückzuerobern.

Schon am nächsten, dem vorletzten Tag unserer Reise, bot sich die Gelegenheit. Wir saßen im Bus auf dem Weg zur Chinesischen Mauer.

»Wolfgang«, sagte ich, »die Mauer, das wird bestimmt ein Knüller. Lass uns da mal ordentlich ein strammes Stück zusammen marschieren.«

Der Wolf hob die Augenbrauen. In dieser Geste zeigte sich mal wieder, dass er Sarahs Vater war. Auch sie zog immer die Braue hoch, wenn sie skeptisch war und nachdachte.

»Ei Bub, net, dass de mir schlappmachst!«, antwortete er dann doch mit einem Lächeln. Es war ihm anzumerken, wie froh er war, dass ich das Eis brach. Immerhin war der Spinner, der ihn halb nackt im Frühstücksraum umarmt hatte, der Ehemann seiner Tochter. Somit hatte er mich noch für länger an der Backe und dementsprechend Interesse daran, sich zu arrangieren. Eine gemeinsame Wanderung auf der weltberühmten Chinesischen Mauer sollte unsere Beziehung wieder ins Lot bringen.

Wir kamen an. Das größte Bauwerk der Welt hatte seinen Namen ganz eindeutig verdient. Die Mauer wirkte wirklich imposant. Ich schaute andächtig hinauf, dann stieß mich ein wuchtiger Klaps auf die Schulter nach vorn.

»Schlappekicker, bischte startklar?«, sagte der Wolf, wartete die Antwort allerdings nicht ab, sondern marschierte einfach drauflos. Ich lief ihm etwas tollpatschig hinterher.

Von oben konnte man sehen, wie die Mauer sich ihren Weg durch die Landschaft bahnte. In endlosen Schlangenlinien bezwang sie Berge und Täler. Und nun möglicherweise auch uns. Das Treppensteigen auf der Mauer war gar nicht so leicht. Entgegen meiner Meinung, dass kleine Chinesen auch kleine Stufen bauten, waren hier alle Stufen von unterschiedlicher Höhe und teilweise von gigantischem Ausmaß. Der Wolf ging mit festem Schritt voran.

»Kerle, die tun die Mauer auch ›langen Friedhof‹ nenne«, sagte der Wolf, »weil die toten Chinees direkt inner Mauer beerdicht worden sin.«

»So so«, antwortete ich kleinlaut und versuchte dabei, mit dem Wolf Schritt zu halten. Ich schaute auf die großen Steinstufen, die jetzt wie Grabsteine vor mir lagen. Ich ging wortwörtlich über Leichen.

Es war offensichtlich keine Hauptreisezeit, denn es waren nicht viele Besucher unterwegs. Und je mehr wir uns vom Hauptabschnitt der Mauer entfernten, desto einsamer wurde es. Bald waren wir die einzigen Wanderer. Der Wolf brach das Schweigen.

»Isch muss dir saache, gut, dass mir uns hier so ausbabbele könne wie richtische Männer«, sagte der Wolf. »Also, eigentlisch tu isch disch möge. Dass du der Sarah ihr Mann bischt, dess is aach schee so. Nur net nochemal nackisch rumlaufe oder annern Bleedzin, versproche?«

»Danke, Wolf, bist ein feiner Kerl«, antwortete ich und gab ihm die Hand. »Keinen Blödsinn mehr. Versprochen!«

Wir standen nebeneinander und schauten auf die weitläufige Landschaft, die vor uns lag. Der Himmel hing grau und bedrohlich über dem Tal. Man konnte sich nur zu gut vorstellen, wie nomadische Reiter am Horizont auftauchten. Sie kamen näher und gingen in Angriffsposition. Aber sie hatten keine Chance, denn das unglaubliche Bollwerk würde das Kaiserreich schützen. Ich sah die Szene förmlich vor mir und nahm meinen virtuellen Pfeil und Bogen, um die Angreifer in die Flucht zu schlagen.

»Nehmt das, Nomaden!«, sagte ich und schoss.

Wolf drehte sich zu mir, zog die Augenbraue hoch und mahnte: »Kaan Bleedzin!«

Ich fühlte mich ertappt, ließ die Arme sinken und sagte demütig: »Keinen Blödsinn!«

Wir gingen weiter. Jetzt waren wir schon einige Zeit unterwegs, und langsam machte sich meine Blase bemerkbar. Ich musste dringend pinkeln, aber eine Toilette hatte ich weit und breit nicht gesehen.

»Warte mal, Wolfgang«, sagte ich. Neben uns ging eine kleine Treppe von der Mauer ab. Ich schlich mich hinunter, öffnete meine Hose und erledigte mein Geschäft. Das war nötig gewesen, ich fühlte mich erleichtert. Als ich den Hosenschlitz hochzog, blickte ich nach oben. Und geradewegs in eine Überwachungskamera. Ich blieb reglos stehen.

Ich hatte soeben gegen die Chinesische Mauer gepinkelt und war dabei vom Staat überwacht worden. Das war höchstwahrscheinlich nicht nur eine Straftat, sondern eine Beleidigung des gesamten chinesischen Volkes. Vor meinen Augen lief bereits der Film meines Lebens ab. Erst im Kerker der Chinesen misshandelt, dann per Kopfschuss exekutiert. Die Schlagzeile in den deutschen

Zeitungen würde lauten: »Mauerpinkler eliminiert. Internationale Beziehung zu China gerettet«.

Dann hörte ich eine Stimme: »Kimmste? Was brauchste denn so lang?«

Ich lief zurück zum Wolf. Ich war panisch, musste das Gefühl aber irgendwie unterdrücken. Keinen Blödsinn, hatte ich Wolf noch vor zehn Minuten versprochen, und jetzt war ich der Staatsfeind Nr. 1.

Er guckte mich misstrauisch an: »Bischte in Ordnung? Bischt ja ganz dadderisch.«

»Alles paletti!«, sagte ich und marschierte los. Der Wolf war etwas verwirrt, folgte mir aber. Jetzt war ich es, der den Marschrhythmus vorgab. Ich musste weg und zwar so schnell wie möglich. Völlig verschwitzt kamen wir unten an.

»Da haste ganz schee auf de Putz gehaue, Reschpekt!«, lobte der Wolf mein Tempo. Ich sagte nichts, kletterte in unseren Bus und wies den Fahrer an, schnell abzufahren. Ich war mir sicher, dass die Grenzposten uns anhalten würden, wenn wir das Haupttor passierten. Als es in Sicht kam, rutschte ich im Sitz nach unten. Wolf guckte skeptisch zu mir rüber. Das nahm ich in Kauf, immerhin schützte ich indirekt auch ihn vor dem Regime. Der Bus fuhr durch das Tor, ohne dass was passierte. Ich blieb in Deckung. Der letzte Tag in China wurde so für mich zur Tortur. Hinter jeder Ecke vermutete ich Geheimpolizei, die bereits die Verfolgung aufgenommen hatte. Gleichzeitig musste ich Wolf weismachen, ich sei total entspannt.

Erst als der Flieger am nächsten Tag abhob, fiel mir ein Stein vom Herzen. Es blieb natürlich ein Restrisiko, dass die Chinesen das Konsulat in Hamburg benachrichtigt hatten. Dann würden sie den Mauerbeschmutzer noch vor Einreise auf neutralem Gebiet abfangen. Aber das schien mir selbst im Wahn unwahrscheinlich. Ich atmete tief durch und schaute zu Wolf rüber, der sich irgendwo schon eine Dose Chinabier organisiert hatte.

»Kerle!«, rief er rüber. »Der Käs is gesse. Auf China«, sagte der Wolf und prostete mir zu, dann fügte er hinzu: »Hab dir extra kaa Bier bestellt. Net dass de wieder nackisch durch die Gäng läufst hier.«

Mein Schwiegervater lachte laut und nahm einen großen Schluck. Ich hörte ihn nicht mehr. Denn in Gedanken lag ich schon daheim auf meiner geliebten Couch und genoss ein kühles Blondes. Dabei fügte ich meiner »Ode an die Couch« im Geiste eine weitere Strophe hinzu:

China, Land der großen Mauer,
weit lass ich dich hinter mir.

Und liegst du ewig auf der Lauer,
lieg ich auf meiner Couch mit Bier.

V.

Onsen, Oden oder roh, Insel-Ei im Kimono oder: eine kulinarische Tour de Force durch Japan

Ich versteckte mich schon seit Tagen. Vor Sarah und vor der Verantwortung. In einem schwachen Moment hatte ich selber ein neues Reiseziel auf den Plan gerufen. Vor den Konsequenzen, nämlich der eigentlichen Reise, graute es mir jetzt schon. Wie um Himmels willen war ich nur auf die Idee gekommen, Japan vorzuschlagen?

Die Japaner sind die Deutschen Asiens, hatte ich mal irgendwo gehört. Dort sollte es angeblich noch genauer, sauberer, ordentlicher und geregelter zugehen als bei uns. Und technisch fortschrittlicher sollten sie ja auch sein dort drüben. Vielleicht hatte mich das neugierig gemacht. Sushi aß ich im Grunde auch ganz gerne, allerdings immer begleitet von einer Portion Skepsis. Mit rohem Fisch war ja nicht zu spaßen! Wenn schon Fischvergiftung, dann lieber in Hamburg und nicht in Asien. Japan war als erster eigener Reisevorschlag vielleicht doch etwas ambitioniert. Ich versuchte daher, meiner Frau aus dem Weg zu gehen, wo es nur ging. Aus Versehen lief ich ihr dann doch in die Arme.

»Oh hallo, ich dachte, du hast heute Nachtdienst?«, fragte ich scheinheilig.

»Habe ich getauscht. Sag mal, ich hab dich ewig nicht gesehen, wo steckst du denn?«, fragte mich Sarah.

»Och, viel Arbeit!«, log ich.

»Finde ich voll schade. Wir wollten doch unsere neue Reise

planen. Hast du dir ja echt ein exotisches Ziel ausgesucht«, stellte sie fest.

»Na ja. ›Ausgesucht‹ ist vielleicht etwas übertrieben«, versuchte ich mich aus der Affäre zu ziehen. »›Laut überlegt‹, würde ich sagen. Eher so hypothetisch, falls es mal wieder in Richtung Osten gehen soll. Das können wir gerne diskutieren, ist weder fest geplant noch entschieden!«

»Doch, doch. Ist schon gut. Wenn du das gerne möchtest, dann machen wir das!«, sagte Sarah.

»Nein!«, sagte ich unbeherrscht. »Wir müssen da nicht hin!«

»Du bist süß, aber mir zuliebe musst du nicht verzichten«, gab Sarah zurück.

»Wieso verzichten …«, wollte ich mich erklären, aber Sarah unterbrach mich. »Ganz genau! Keiner verzichtet. Du hast dir Japan gewünscht, und ich darf mir dann wieder das nächste Ziel aussuchen!«, benannte Sarah den Kuhhandel. Widerstand war zwecklos. Ich hatte gerade doppelt verloren: Erst hatte ich mir Japan eingebrockt, und jetzt hatte sich Sarah auch noch eine Wildcard für die nächste Reise erschlichen.

Schlimmer noch, bei meiner Frau war das Ganze auch noch so angekommen, als wären wir uns beide einig gewesen. Vielleicht ein erster Vorgeschmack auf Japan. Ich hatte mal irgendwo gelesen, dass dort auch alles im kollektiven Konsens entschieden wurde, sodass sich am Ende nie ein Entscheidungsträger ausmachen ließ. Die Allgemeinheit hatte quasi beschlossen, dass unsere nächste Reise nach Japan ging. Die Allgemeinheit war es auch, die uns bescheinigte, dass wir zumindest eine außergewöhnliche Wahl getroffen hatten. Obwohl die wenigsten jemals in Japan waren, hatte jeder unserer Bekannten und Freunde mindestens eine Kuriosität in petto:

»In Japan gibt es sprechende Toiletten.«

»Japaner kochen ihre Eier in der Sauna.«

»Erwachsene Frauen sind wie Mädchen, Mädchen hingegen wie Comicfiguren verkleidet.«

»Es gibt ein großes Volksfest zur Ehrung des Penis.«

»In Japan gibt es Tausende von Regeln, die es unbedingt zu beachten gilt, selbst wenn man nichts von ihnen weiß.«

»Japaner leben in streichholzschachtelgroßen Appartements, essen giftigen Kugelfisch und sterben an ›Karōshi‹, dem Tod durch Überarbeitung.«

Auch ich starb bei jeder neuen Geschichte den Tod durch Überforderung. Japan, das Kuriositätenkabinett, schien selbst wie ein gigantischer unberechenbarer Kugelfisch. Den richtigen Regeln folgend gelang die Zubereitung, und der Fisch blieb genießbar. Ein falscher Schnitt jedoch, und die giftigen Toxine brachten den qualvollen Tod.

Der erste Regelverstoß in Japan ließ dann auch nicht lange auf sich warten. Genau genommen dauerte es keine fünfzehn Minuten. Wir hatten gerade erst den Sicherheitsbereich des Tokioer Flughafens Narita verlassen und uns auf einer Bank niedergelassen, um unsere Reiseutensilien in unseren großen Rucksäcken zu verstauen, als uns ein Beamter in Uniform ansprach. Erst hatte ich ihn gar nicht bemerkt, da er leicht abseits stand. Ich fühlte mich sofort an die Ankunft in China erinnert und merkte, wie ich verkrampfte. Anders als in China wirkte der Beamte aber betont zurückhaltend. Fast so, als wäre es ihm peinlich, uns überhaupt anzusprechen.

»Hello, Sir!«, sagte er zaghaft und verunsichert. Ich hingegen war schon hinreichend nervös, sodass meine Antwort etwas unwirsch rüberkam.

»What?«, blaffte ich ihn an.

»Mensch, nun reiß dich mal zusammen«, flüsterte mir Sarah zu. »So kannst du mit denen hier doch nicht reden.«

»Excuse me!«, schob ich schnell hinterher, um meinen Fauxpas wiedergutzumachen. Dabei verbeugte ich mich. Der Japaner verbeugte sich ebenfalls. Um höflich zu bleiben, verbeugte sich auch Sarah. Um ihr wiederum Respekt zu zollen, machte der Japaner eine erneute Verbeugung.

Er schien sichtlich erleichtert, dass ich kooperierte. Und wie ich kooperierte! Fasziniert hatte ich das Verbeugungsritual beobachtet. Ich wartete einen Moment ab und gerade, als der Beamte was sagen wollte, verbeugte ich mich noch einmal. Er tat es mir gleich. Dann spürte ich bereits Sarahs Ellenbogen in meiner Seite, die mir damit signalisierte, dass dies kein Aufziehmännchen war, sondern ein Polizist. Dieser zeigte jetzt auf irgendetwas hinter uns. Wir drehten uns um und sahen, dass wir uns nicht weit von einem Geldautomaten befanden.

»No standing here, please«, sagte der Beamte, und wir begriffen, dass es untersagt war oder zumindest verdächtig, sich zu lange in der Nähe eines Geldautomaten aufzuhalten. Wir, die Verdächtigen, mussten daher noch unsere Personalien zu Papier bringen. Der Beamte hielt uns das Formular hin, das wir ausfüllen sollten. Die Kästchen auf dem butterbrotartigen Papier waren allerdings so klein und filigran, dass es uns schwerfiel, sie mit unseren dicken Blockbuchstaben auszufüllen. Schon jetzt kamen wir uns in Japan vor wie Grobmotoriker. Oder besser gesagt, wie grobmotorische Panzerknacker. In Rekordzeit hatten wir es geschafft, auffällig zu werden und die Behörden auf den Plan zu rufen. Diese schien das allerdings nicht zu interessieren. Dem japanischen Beamten war es offensichtlich vollkommen egal, er war selbst froh, dass die Befragung vorbei war. Zum Abschied verbeugte er sich. Ich verbeugte mich. Sarah verbeugte sich. Gerade als er gehen wollte, konnte ich es nicht lassen. Ich täuschte noch mal an. Sarah zog mich genervt am Arm und mahnte zum Aufbruch. Ein letzter Blick in die Augen des Beamten verriet unmissverständlich, dass er mich für genauso bescheuert hielt wie ich ihn.

Den Zug nach Tokio bekamen wir im Anschluss fast ein bisschen zu unkompliziert, was man aber als reine Hinhaltetaktik werten konnte, denn spätestens der Plan des Tokioer S- und U-Bahn-Netzes überforderte jeden Besucher so massiv, dass ihm spontan Tränen der Verzweiflung über die Wangen rannen. Den Höhepunkt bildete jedoch das japanische Adresssystem. Als wir im Taxi saßen und der Taxifahrer mehrmals völlig unwissend um den Block fuhr, wusste ich noch nicht, was ich später erfahren sollte. Nämlich dass die Nummern nicht nach Ort, sondern nach Baudatum vergeben wurden und somit selbst Einheimische oft keinen blassen Schimmer hatten, wo die gewünschte Adresse zu finden war. Irgendwie kamen wir dann doch im traditionellen »Ryokan« an, wo wir übernachten wollten. Der lange Flug, der Zwischenfall am Flughafen und die vielen fremden Eindrücke forderten umgehend ihren Tribut. Todmüde sanken wir auf die Futons auf dem Boden und fielen in einen tiefen Schlaf.

Trotz wortwörtlicher Bodenhaftung hatten wir im »Ryokan« nicht schlecht genächtigt. Übersetzt hieß das »Reisegasthaus« und galt als die japanischste Variante unter den Übernachtungsmöglichkeiten. So schlief man mitten im modernen Tokio in klassisch japanisch eingerichteten Zimmern mit bespannten Schiebetüren und Tatamimatten auf dem Boden. Man trank grünen Tee, trug Yukata (einen leichten Kimono aus Baumwolle) und erfuhr auch sonst das japanische Leben hautnah. Ob man wollte oder nicht. Der »Klassiker« dabei war natürlich das Klo. Im Vorfeld unserer Reise wurde uns ja bereits berichtet, dass es sich nicht um ein stilles, sondern vielmehr um ein sprechendes Örtchen handeln sollte. Das bewahrheitete sich zwar nicht, dennoch hielt der voll elektrisierte Lokus einige Überraschungen bereit. Sarah erfuhr das als Erste.

»Was ist denn das für ein komisches Klo?«, hörte ich laut ihre Stimme aus Richtung Badezimmer. »Das macht nur Geräusche und spült gar nicht.«

Dann hörte ich für einen Moment gar nichts und dann einen aufgeschreckten Schrei.

»Huch!«, drang es laut bis ins Wohnzimmer.

»Alles in Ordnung?«, rief ich zurück.

»Geht so«, sagte Sarah und stand in einem nassen Kleid vor mir. Ich musste lachen. Sie fand das gar nicht witzig. Sie hatte erst vermehrt die sogenannte Spülgeräusch-Taste gedrückt, die aber nicht die Spülung betätigte, sondern nur deren Geräusch imitierte. Später erfuhren wir, was es mit der Imitation auf sich hatte. Japanern waren Körpergeräusche so unangenehm, dass sie, um diese zu übertönen, ständig die Klospülung bedienten. Da das aber zu viel Wasser verbrauchte, wurden die Geräuschknöpfe erfunden. Sarah hatte diesen wiederholt gedrückt und war dann aufgestanden, um die zahlreichen anderen Knöpfe an der Seite des Klos zu inspizieren. In der Hoffnung, es sei die Spülung, betätigte sie einen Knopf, auf dem eine kleine Fontäne abgebildet war. Da sie nicht auf der Toilette saß, sondern danebenstand, war sie dem emporschnellenden Bidet-Strahl hilflos ausgeliefert gewesen.

Ob man's glaubt oder nicht, der Elektrolokus war nicht einmal der Gipfel der Sonderbarkeit. Viel schräger empfand ich die ausgeprägte Schlappen-Obsession der Japaner. Richtig gehört: Schlappen, genau genommen Hausschuhschlappen. Diese kamen recht vielfältig zum Einsatz. Wenn man das Haus betrat, wechselte man als Erstes aus den normalen Schuhen in die Hausschuhe. Wenn man aufs Klo musste, wechselte man von den Hausschuhen in extra vorgesehene Kloschuhe. Diese waren ausdrücklich nur für den Gebrauch auf dem stillen Örtchen bestimmt. Peinlich wurde es, wenn die für den Klobesuch vorgesehenen Schlappen versehentlich anbehalten wurden und den Weg ins Wohnzimmer fanden. Für den Japaner eine Horrorvorstellung. Zum Glück blieb mir diese Peinlichkeit erspart. Dennoch beschäftigten mich die Klopuschen. Ich fand es unvorstellbar, dass der auf Hygiene bedachte Japaner wirklich den Gruppenschuh dem Individualschuh vorzog. Denn die kleinen, miefigen Plastiktreter erfüllten schon rein von der Verarbeitung und Luftundurchlässigkeit die absolut besten klimatischen Bedingungen für eine rege Fußpilzbesiedelung. Ich nahm mir vor, die Socken, die ich in den Fußpilzpantoffeln getragen hatte, nach Verwendung luftdicht in einer Plastiktüte tief im Rucksack zu verstauen. Insgeheim bewunderte ich allerdings die Japaner dafür, dass hier die Keimphobien in handfeste Regeln umgesetzt wurden. Unabhängig davon, dass ich die Kloschuhe als unhygienisch entlarvt hatte, verdiente diese wundersame Tradition aus meiner Sicht eine Würdigung. Ich beschloss, dafür die bekannteste Form des japanischen Gedichts zu wählen, das Haiku. Als markantes Merkmal dieser Gedichtform galt der offene und unvollständige Text, der zum Denken anregte. Das hielt ich für passend, da auch die Kloschuhe für mich eine einzige offene Frage darstellten.

Klopuschen-Haiku:

Ohne Worte am stillen Orte
Plastikpuschen warm und feucht
wo der Fußpilz kreucht und fleucht.

Ich hatte es direkt nach dem Aufstehen ins LOGBUCH DES TODES geschrieben, nachdem ich bei der Morgentoilette wieder das Vergnügen mit den Fußpilzpantoffeln hatte. Stolz trug ich es Sarah vor, als wir gut ausgeruht im Schneidersitz auf dem Boden des Frühstücksraumes saßen.

»Über was für einen Blödsinn du dir immer so Gedanken machst«, sagte sie völlig verständnislos.

»Na, hör mal. Ich versuche hier zwei große japanische Traditionen zu vereinen, das Haiku und die Kloschuhe«, antwortete ich gespielt entrüstet.

»Mach, was du willst«, murmelte sie. »Aber Gedichte über Fußpilz auf leeren Magen finde ich unappetitlich.«

In diesem Moment wurde das Frühstück serviert. Thematisch passend fügte es sich in die Debatte ein. Vor uns stand ein Tablett mit der ersten großen Herausforderung des Tages. Es gab ein Stück gegrillten Fisch mit Misosuppe, Reis, Seealgen und sauer eingelegtem Gemüse. Dazu wurde rohes Ei als Dip gereicht und eine kleine Schüssel mit Nattō. Letzteres war eine für Japan typische Speise aus durch Bakterien vergorenen Sojabohnen. Sie zeichnete sich durch die schleimartige Konsistenz und den starken Geruch aus. Sarah und ich sahen uns an, dann mussten wir lachen.

»O. k. Dagegen sind selbst deine Kloschuhe harmlos«, sagte sie und schob die Schüssel Nattō beiseite. Ich hingegen witterte eine Chance, mich zu beweisen, tauchte die Stäbchen todesmutig in den Schleim und probierte.

»Sind halt harte Typen hier. So wie ich«, sagte ich, während sich die Fäden der schleimigen Substanz von den Stäbchen zu meinem Mund zogen. Ich spürte ein Prickeln auf der Zunge und Würgereiz im Hals. Das war aber nichts gegen Sarahs Gesicht, die nicht glauben konnte, dass ich gerade bei der vergorenen Schleimsuppe zugeschlagen hatte.

Das richtige Frühstück holten wir allerdings erst später bei Starbucks nach, als wir in Shibuya ankamen. Die riesige Kreuzung mit den überdimensionalen Videoleinwänden ist wohl eines der bekanntesten Bilder von Tokio überhaupt. Hier empfing uns die Metropole, wie wir es erwartet hatten: laut, schrill, bunt und überfüllt. Alle drei Minuten wechselten über zweitausend Menschen gleichzeitig die Straßenseiten, eingefasst von riesigen Hochhäusern, auf deren Fassaden ununterbrochen Werbung lief.

Tausende Menschen drängten sich auch an diesem heißen Sommertag über die Kreuzung, alle in Bewegung, alle in Eile und viele optisch kategorisierbar. Zum einen waren da die kichernden Schulmädchen, die adrett in Uniform über die Straße liefen. Dazwischen die Geschäftsmänner in ihrer ganz eigenen Uniform: schwarzer Anzug und Aktenkoffer. Ihnen machte die schwüle Hitze besonders zu schaffen. Mit kleinen Frotteehandtüchern tupften sie sich permanent den Schweiß von der Stirn. Die Frotteefeudel schienen in Japan Hochkonjunktur zu haben, denn fast jeder war damit ausgerüstet. Und auch den Teenagern hatte die Mode der Saison übel mitgespielt. Bei dreißig Grad im Schatten wurde von ihnen vor der modernen Kulisse Shibuyas das hippste Accessoire der Saison präsentiert: die synthetische Fellweste.

Unweit von der berühmten Kreuzung lag die Keimzelle des schweißtreibenden Styles: »Shibuya 109«, das trendigste Kaufhaus der Gegend mit über hundert Boutiquen auf zehn Stockwer-

ken. Hier gab es alles, was das modebewusste Jung-Japaner-Herz begehrte. Zumindest dachten wir das. Denn als wir das Kaufhaus betraten, sahen wir erst mal nur Fellwesten. Alle Läden auf der untersten Etage schienen welche zu verkaufen. Wir fuhren in den ersten Stock. Das gleiche Bild, wieder ein Meer von Fellwesten. Mittendrin junge Japanerinnen, die Fellwesten anprobierten. So ging es weiter, auf jeder Etage gab es praktisch nur einen Artikel in tausendfacher Ausführung. In Japan schien es wichtiger zu sein, sich optisch der Gemeinschaft anzugleichen, anstatt sich von ihr abzuheben. In diesem Moment schien sich auch mein Kloschuh-Paradoxon von selbst zu erklären. Es ging nicht darum, ob der Individualschuh weniger fußpilzbelastet war als der Gemeinschaftsschuh, es ging gar nicht um Hygiene. Es ging um die Gemeinschaft. Im Grunde war Japan ein Kloschuh-Kollektiv.

Nach der eindrucksvollen Fellwestenfeldstudie brauchten wir

dringend eine Pause. Wir verließen »Shibuya 109« ohne Beute. Sarah fand die Westen »irgendwie doof«. Entschied sich allerdings im Laufe des Urlaubes um. Auf einmal hatte sie Fellwesten »schon immer« irgendwie gut gefunden, mit Beeinflussung hatte das ihrer Meinung nach rein gar nichts zu tun. In dem Moment, als wir aus der Tür des Fellwesten-Mekkas traten, war das aber noch Zukunftsmusik.

»Meine Güte!«, sagte Sarah. »Sekündlich grüßt das Murmeltier, oder was? Also ich brauche jetzt erst mal eine Pause.«

»Lass uns was essen«, schlug ich vor. »Ist doch herrliches Wetter, wie wär's mit einem kleinen Picknick?«

Sarah willigte ein, und wir suchten den nächsten Supermarkt, um uns etwas Leckeres auszusuchen. Der Supermarkt war stereotypisch japanisch: akribisch sortiert, funktional, aber dennoch klar, ästhetisch und natürlich blitzsauber. Die Auswahl war riesig. Das Problem dabei war allerdings, dass wir keine der kryptischen Schriftzeichen auf den Packungen lesen konnten. Selbst an der Bebilderung der Speisen war nicht eindeutig auszumachen, was sich wohl im Inneren befand. Das Einzige, was Sarah fand, war ein einzeln eingeschweißter Apfel zu einem sündhaft teuren Preis. Ich zeigte ihr einen Vogel und beschloss, jemanden zu fragen.

»Konichiwa!«, sagte ich freundlich zu einem Supermarktangestellten, der ein Regal einräumte. Ich bemerkte sofort seine Irritation. Wie auch bei dem Beamten am Flughafen fühlte sich der Mann durch uns Fremde gestresst. Er durfte aber keinesfalls sein Gesicht verlieren, darum setzte er ein gekünsteltes Lächeln auf und entgegnete: »Konichiwa!«

»We are looking for food to take away«, sagte ich freundlich. »Can you please help us?«

»Bentō!«, schlug er knapp und pragmatisch vor. Er zeigte auf eine Vitrine mit vielen kleinen bunten Boxen, verbeugte sich und wandte sich sofort wieder seiner monotonen Regalbefüllung zu. Ich war skeptisch, ging zur Vitrine und nahm eine kleine rote Kiste ohne Sichtfenster aus dem Regal. Die Angst beschlich mich, denn hier kaufte man wirklich die Katze im Sack. Ich hielt inne. Vielleicht war ja wirklich Katze drin? In Japan hielt ich nach dem Frühstück von heute Morgen alles für möglich. Ich schaute in Richtung Supermarktangestellten und fragte nach dem Inhalt der Box. Der Mann, der mit dem Rücken zu mir stand, zögerte und blickte sich auf der Suche nach einem Fluchtweg sichtlich gequält um. Doch es gab kein Entrinnen, wieder musste er sich den Fragen des großen Europäers stellen.

Es war nicht so, dass Japaner unfreundlich waren. Ganz im Gegenteil: Sie waren sogar ziemlich hilfsbereit. Dennoch hatte sich Japan geschichtlich als Insel so lange autonom entwickelt, dass es auch heute noch ein eigener Kosmos blieb, in dem man auch auf solche traf, die den Kontakt mit Fremden als extrem anstrengend empfanden. Die Japaner hatten für die Fremden sogar ein eigenes Schimpfwort: Gaijin. Wörtlich übersetzt hieß das: »Mensch von draußen«.

Der Gaijin ließ nicht locker. »What's inside?«, fragte ich nach.

»Sushi-Box!«, antwortete der japanische Verkäufer. »Enjoy!«

Dabei streichelte er sich über den Bauch, verbeugte sich und drehte sich wieder um. Bei mir läuteten sofort die Alarmglocken. Roher Fisch! Obwohl wir im Land des Sushis waren, konnte ich mich unmöglich dem Risiko einer Fischvergiftung aussetzen.

»No raw fish, please!«, sagte ich und stellte die Box zurück.

Der Verkäufer blickte sich erneut um. Ihm standen die Schweißperlen auf der Stirn. Irgendwie tat er mir leid. Aber da musste er jetzt durch. Er überlegte kurz und hatte den rettenden Einfall. »No problem!«, sagte er, »try this. This is a delicious Japanese summer dish. The name is ›Unagi‹ No raw but grilled fish.«

Er reichte mir eine gelbe Box, die ich von allen Seiten betrachtete. »Gegrillt« klang schon mal besser.

»Unagi? What kind of fish is this?«, fragte ich nach.

»Eel with teriyaki sauce«, antwortete er und fügte hinzu: »It's a traditional summer dish!«

Fettigen Aal kannte ich nur als deftige Mahlzeit, die man gerne im Winter aß, im schrägen Japan jedoch wurde dies scheinbar anders eingeschätzt.

»Full of vitamins«, führte der Japaner ein weiteres Verkaufsargument an. Er wollte mich nun endlich loswerden. So leicht war ich aber nicht zu überzeugen. Ich guckte ihn ungläubig an. Aal hatte ich nicht als besonders gesunde oder vitaminreiche Speise in Erinnerung.

»Hmm. I don't know«, sagte ich zögerlich.

»It's very good«, sagte er und spielte, fast verzweifelt, seinen letzten Trumpf aus. »The box has a self heating system.«

Ein selbst heizender Mechanismus?, dachte ich. Jetzt hatte er mich am Haken. Im Grunde wohnte ja in jedem Deutschen ein kleiner Daniel Düsentrieb. Durch meine Augen sah dieser jetzt die Pappbox an, die auf den ersten Blick wie alle anderen Boxen aussah. Dies war definitiv keine technische Gerätschaft. Allerdings bemerkte ich eine Schnur, die aus der Seite baumelte. Ich konnte nicht abstreiten, dass ich nun doch neugierig war, wie der Mechanismus wohl funktionierte. Der Verkäufer bemerkte erleichtert mein Interesse, nutzte seine Chance und verabschiedete sich mit den Worten: »Japanese technology!«

Ich dachte an die Toilette und Sarahs Dusche im Bidet-Strahl. Japanische Technologie war bis jetzt kein Gütesiegel gewesen. Dennoch wollte ich das Geheimnis des Analog-Grills lüften, und so nahm ich die Box mit zur Kasse. Wir bezahlten, verließen den Supermarkt und traten wieder auf die wuseligen Straßen Tokios.

Wo sollten wir hier nur picknicken? Wir suchten und suchten. Irgendwann fanden wir dann doch ein schönes Plätzchen in einem kleinen Park mit einem Brunnen. Wir zogen die Schuhe aus und ließen unsere Füße im kalten Nass abkühlen. Ich nahm die Box »Unagi« zur Hand. Jetzt sollte sich zeigen, ob der Verkäufer recht behielt und die japanische Technologie das Wunder des Wärmens vollbrachte. Ich zog an der Schnur und starrte auf die geschlossene Kiste, die tatsächlich plötzlich warm in meinen Händen wurde. Als ich die Box öffnete, lag darin ein Stück warmer Aal auf einer Portion Reis. Ich war fasziniert und versuchte unter dem Fisch den Mechanismus zu erkennen. Offenbar hatte die Schnur ein Päckchen Granulat geöffnet, welches in Verbindung mit der Luft Hitze entwickelt hatte. Und die hatte den Sommeraal erhitzt. Beeindruckend.

Just in diesem Moment wurden wir unterbrochen. Wir blickten uns um und hatten ein Déjà-vu. Hinter uns stand schon wieder ein uniformierter Japaner.

»Please. No sitting here and no bathing«, sagte er mit bösem Blick.

»We are not bathing!«, erwiderte ich und fügte in der Hoffnung, wenigstens fertig essen zu können, hinzu: »Can we please finish lunch?«

Leider kein Verständnis von meinem Gegenüber. Der Brunnen schien tabu, und ich hatte gerade beide Hände voll mit der Aal-Speise. Es war wirklich ein ungünstiger Moment, um aufzubrechen. Aber es half nichts. Als ich mit einem Fuß rücklings aus dem Brunnen trat, verlor ich auch noch das Gleichgewicht. Der Aal fiel mir aus der Hand, der Uniformierte stürmte hinterher. Erst hatten wir mit unseren Füßen den Brunnen verunreinigt, und jetzt war auch noch ein Aal samt Analog-Ofen im Begriff, das Wasser zu verschmutzen. Um den Fisch zu fangen, musste der Beamte mit einem Fuß in den Brunnen springen. Und das tat er in voller Montur. Er sprang, fing den Aal. Rutschte. Versuchte, mit den Armen entgegenzusteuern. Konnte das Gleichgewicht nicht halten. Und landete mit einem großen Platschen mitten im Brunnen. Ich erstarrte vor Schreck. Meine Frau sah ebenfalls erschrocken auf den pitschnassen Beamten, der vor Wut kochte. Sarah und ich schauten uns an.

»Los!«, hörte ich mich schreien.

Wir nahmen unsere Sachen und die Beine in die Hand und rannten um unser Leben. Hinter uns, laut schimpfend, der Beamte. Jeder seiner Schritte wurde vom Geräusch der vor Nässe quietschenden Lederschuhe begleitet. Irgendwann hörten wir ihn nicht mehr.

Wir waren schon einige Häuserblöcke weiter, als wir prustend zum Stehen kamen. Wir mussten laut lachen. Sarah sah zu mir herüber, aber ihr Blick war anders als sonst. Leidenschaftlich, anerkennend. Sie hatte diese kleine mutige Rebellion nicht erwartet und schien wirklich stolz auf mich zu sein. Während ich den Moment genoss, fing ich allerdings schon wieder an, mir Gedanken zu machen. War es möglich, dass der Beamte uns flüchtige Verbrecher vielleicht irgendwie ausfindig machen konnte? War vielleicht das »Aal-Attentat« schon behördenkundig?

Doch der Unagi-Unfall blieb folgenlos. Am Abend hatten wir das Malheur schon fast wieder vergessen. Bei der Bestellung im Restaurant wurde ich allerdings an den wundersamen Sommeraal erinnert. Denn hier ließen wir uns auf das Gegenprogramm ein. Trotz des heißen Sommers wollten wir unbedingt »Oden« probieren, ein beliebtes japanisches Wintergericht.

»Hoden?«, hatte ich entgeistert zu Sarah gesagt, »das ist doch nicht dein Ernst!«

»Oden, mein Schatz«, hatte meine Frau geantwortet, »das hat

mit Hoden nix zu tun. Ist wohl eher vegetarisch. Ich bin selber gespannt, soll total lecker sein. Die Japaner lieben das!«

Das klang für mich eher wie eine Drohung. Nach Nattō und Unagi waren mir die kulinarischen Vorlieben der Japaner eher suspekt. Jetzt saßen wir in einem rustikalen Restaurant direkt am Tresen. Vor uns, in die Tresenplatte eingelassen, waren Holztöpfe, in denen Brühe blubberte und dampfte. Ich hatte mich bereits bei dem Mann hinter dem Tresen nach »Oden« erkundigt.

»Oden!«, sagte der Japaner mit dem Stirnband und zeigte lachend auf die Brühe, die vor uns in den Holztöpfen kochte. Ich sah die undefinierbaren Teile missmutig an, die in der Suppe schwammen.

»What is inside?«, fragte ich nach.

»This is a dashi broth made with Katsuobushi«, erklärte er die Zusammensetzung der Suppe. »Filled with Daikon, Konnyaku and Chikuwa.«

Ich verstand kein Wort und sah fragend zu Sarah hinüber. Sie zuckte mit den Schultern. Dann sah ich, wie in der kochenden Suppe ein Ei an die Oberfläche trieb. Ich witterte meine Chance! Mit gekochtem Ei konnte man sicherlich nichts falsch machen.

»Egg?«, fragte ich.

»Egg!«, antwortete der Japaner. »And for the lady?«

»Konnyaku«, sagte Sarah. Ich guckte sie überrascht an.

»Weiß du denn überhaupt, was du da bestellst?«, raunte ich ihr leise zu.

»Ist doch egal«, sagte sie, »schlimmer als unser Frühstück kann es doch kaum sein, oder?«

Waghalsige These, dachte ich, ließ diesen Gedanken aber unausgesprochen.

Wir bekamen unser Essen serviert. Auf Sarahs Teller lag ein Stück grau geflecktes Etwas von gelartiger Konsistenz. Es erwies sich beim Probieren als fast geschmacksneutral. Ich hingegen bekam ein einzelnes hart gekochtes Ei mit Senf vorgesetzt. Als der Japaner mir den Teller überreichte, sagte er noch: »If you like egg, you should try the famous Onsen Egg up north in Hakone.«

Onsen-Ei?, dachte ich, was soll das denn nun wieder sein?

»Da fahren wir doch als Nächstes hin«, sagte Sarah sofort begeistert. »Onsen-Ei müssen wir dann auch probieren.«

Ich schaute sie ungläubig an. Wirklich, ich bewunderte ihren Enthusiasmus. Auf ihrem Teller lag unangetastet die ungenießbare Speise, und parallel war schon das nächste kulinarische Abenteuer in Planung. Ich sah auf den Glibber auf Sarahs Teller. Später erfuhr ich, dass die Pflanze, aus der er hergestellt wurde, in Österreich »Tränenbaum« hieß. Wie treffend. Irgendwie sah das Gericht todtraurig aus.

Nach diesem tristen Restaurantbesuch stürzten wir uns ins Nachtleben Tokios. Die Straßen waren voller Leute, und es herrschte ausgelassene Stimmung unter den sonst eher zurückhaltenden Japanern. Wir bekamen mehrere Flyer in die Hand gedrückt, und Sarah wollte unbedingt einen Club von innen sehen. Da es unser letzter Abend in Tokio war, konnte ich ihr den Wunsch nicht abschlagen. Ich ließ mich also überreden, und wir machten uns auf den Weg zu einer Disko, die auf einem der Flyer beworben wurde. Dort angekommen fielen wir schon in der Schlange allein durch unsere Größe auf. Und auch als wir die Disko betraten, ragten wir aus dem Meer der Japaner heraus wie Leuchttürme. Ich sah über die Menge in Richtung Bühne, und im Bruchteil einer Sekunde verifizierte sich meine Kloschuh-Kollektiv-Hypothese. Auch hier tanzte keiner aus der Reihe. Auf dieser »Para-Para-Party« bewegten sich alle synchron und folgten dabei akribisch einem Vortänzer, der auf der Bühne stand. Jede Hand- und jede Fußbewegung schien exakt abgestimmt. Dazu wummerte ein unerträglich quietschiger Eurobeat aus den Boxen. Ich wollte sofort die Flucht ergreifen und drehte mich verzweifelt zu Sarah um. Doch die stand bereits inmitten der tanzenden Japaner und versuchte so gut es ging die Bewegungen nachzuahmen.

»Komm schon!«, rief sie mir zu, doch ich verzog mich kopfschüttelnd in Richtung Bar.

Ich bestellte eine Limonade und bekam Ramune. Eine Limoflasche mit Kugelverschluss. Eine Murmel schloss wie ein Korken die Flasche. Das schien der neueste Spaß in Japan zu sein und für mich das neueste Ärgernis. Denn nach dem Öffnen schwamm die Murmel bei jedem Trinkversuch wieder nach oben und blockierte so die Flüssigkeit. Da stand ich nun, mit einer erfrischend kalten Brause, aus der kein Tropfen kam, und einer synchrontanzenden Frau auf der Tanzfläche, die ich bereits ans Kollektiv verloren glaubte. Japan war wirklich eine eigenwillige Kultur. Was wohl das Nächste war, das uns in diesem Land erwartete?

Mir fiel das »Onsen-Ei« wieder ein. Was es damit wohl auf sich hatte? Das Ei des Onsen, dachte ich. Ich fragte mich, was der Onsen für ein Tier war. Der Name klang eher nach Vogel als nach Huhn. Meine Gedanken zu dem »berühmten« Ei wurden unterbrochen, als Sarah lachend und ausgelassen von der Tanzfläche kam.

»Das macht total Spaß!«, rief sie mir zu. »Schade, dass du nicht mitmachst.«

Ich dachte nicht einen Moment daran. Da musste man schon aus Prinzip vorsichtig sein. Wenn man den kleinen Finger gab, nahm das Kollektiv wohlmöglich gleich die ganze Hand. Eben noch ein bisschen Synchrontanz, und im Handumdrehen hätten wir Kloschuhe im Haus und Nattō auf dem Teller. Sarah ließ sich dadurch aber nicht den Spaß verderben und tanzte noch ein paar Runden, bevor wir – sie selig und ich durstig – nach Hause gingen.

Als wir auf die Tatamimatten fielen, schlief Sarah sofort ein. Ich lag noch wach, denn die vielen Eindrücke dieser Stadt gingen mir durch den Kopf. Das Letzte, an das ich dachte, war das glibberige Essen auf Sarahs Teller. Ich dämmerte weg, und ein Traum ereilte mich erneut, den ich schon fast vergessen hatte.

Der Traum

Ich bin mit Sarah auf einer Bergtour. Sie geht voraus, ich hinterher. Ich sehe wieder die Bahn im Tal, die zur Abfahrt läutet. Sarah geht leichten Schrittes voran. Meine Beine hingegen sind schwer, und meine Füße fühlen sich an, als kleben sie am Boden fest. Ich schaue hinunter und tatsächlich – sie stecken in einer klebrigen Konsistenz fest. Der Boden ist grau, gefleckt und wabbelig wie ein Gelee. Ich blicke mich um und sehe die Tränenbäume um mich herum. Am Ende des Waldes erkenne ich Sarah. Sie winkt und ruft mir etwas zu, das ich nicht verstehen kann, sie ist einfach zu weit weg. Panik steigt in mir hoch. Irgendwie muss ich es schaffen. Aber je mehr ich mich anstrenge, desto schwieriger wird mein Fortkommen. Plötzlich höre ich ein lautes Krächzen von hoch oben. Ich sehe, wie sich eine Silhouette aus einer Tränenbaumkrone löst. Sie fliegt auf mich zu und nimmt langsam Gestalt an. Farbenprächtig erhebt sich ein großer Vogel über mir. Der Onsen! Seine Krallen greifen und umschließen mich, und wir fliegen nach oben. Ich habe keine Angst. Ich fühle mich frei in der Luft und sicher in den Fängen des Eier legenden Riesenvogels. Unter mir sehe ich den Wald, der kleiner und kleiner wird. Ich sehe, wie die Bahn abfährt. Es ist mir egal. Der Onsen fliegt und fliegt, bis wir zu seinem Nest kommen, das hoch über den Wolken auf einem einsamen Berg liegt. Er setzt mich zwischen seinen großen Onsen-Eiern ab. Ich fühle mich in dem warmen Nest geborgen und mache es mir gemütlich. Plötzlich beginnt ein Ei zu knacken. Ich erschrecke mich und starre auf die Schale, die zerspringt. Ich sehe nur den feuchten Schleim im Ei, der das Junge bedeckt. Dann wird mir klar, dass es eine feuchte Uniform ist, die aus dem Ei schlüpft. Der Beamte vom Brunnen ist immer noch pitschnass. Mit dem Aal in den Händen steht er vor mir. Mich überkommt der Fluchtreflex. Aber wo sollte ich hin? Es gibt keinen Ausweg. Ich bin gefangen über den Wolken. Im Nest des Eier legenden Onsen.

Am nächsten Morgen im Zug hallten noch Fragmente des merkwürdigen Traumes nach und warfen Fragen auf: Was hatte er zu bedeuten? Warum verfolgte er mich? Vor Sarah würde ich ihn besser geheim halten. Es reichte, dass mich bereits ihr Vater für verrückt hielt.

Er, Wolfgang »Wolf« Hartmann, hätte diesen Teil der Reise

besonders genossen. Der japanische Schnellzug Shinkansen, der als einer der sichersten und auf Strecke kontinuierlich schnellsten Hochgeschwindigkeitszüge weltweit galt, hätte sein Ingenieursherz höher schlagen lassen. Um die Geschwindigkeit auch in Kurven konstant zu halten, konnten sich die Züge durch Steuerung des Luftdrucks um 1,5 Grad neigen.

»Der tut ja flutsche wie aan Fliescher. Schee, der Shinkanse!«, hätte Wolf vermutlich gesagt.

Mich beeindruckte vor allem die zeitliche Genauigkeit, mit der die japanischen Züge ankamen. Sie hatten eine durchschnittliche Verspätung von nur sechs Sekunden, und bereits nach fünfzehn Sekunden Verzug hatte sich der Lokführer schriftlich zu verantworten. In Deutschland konnte man sich nie des Eindrucks erwehren, dass es selbst nach mehrstündiger Wartezeit keinen Anlass für irgendeine Rechtfertigung gab. Und auch in der Namensgebung hatten die Japaner die Nase vorn. War man in Deutschland höchstens als Nummer im ICE 1025 nach Münster-Westfalen unterwegs, fuhr man in Japan im »Nozomi-Superexpress« und fühlte sich dabei, als reiste man direkt in die Zukunft. Jetzt ging es allerdings in die entgegengesetzte Richtung. Weg vom hochtechnisierten Tokio, hin zum beliebten Ferienort Hakone in den japanischen Bergen. Mit dem Kodama Shinkansen schossen wir übers Land, während die dichte Bebauung an uns vorbeizog.

Als wir in Hakone ankamen, empfing uns erneut ein wunderlicher Stilmix. Es gab Bahnhöfe, die aussahen wie in der Schweiz, mit einer Bergbahn, die dem Rhäti'schen Original detailgetreu nachempfunden war. Dazu gesellten sich monströse Piratenschiffe wie aus Disneyland, die auf dem größten See der Gegend verkehrten, und das alles vor dem malerischen Panorama des Mount Fuji im Hintergrund. Das Ganze war überschattet vom Geruch der aktiven Vulkanquellen in den Bergen.

Wir checkten wieder in einem traditionellen Ryokan ein, in dessen Eingangsbereich die Hauspuschen bereits in Reih und Glied standen. Hallo Bodenbett, hallo Elektrolokus, hallo Kloschuhe!, dachte ich. Dann entdeckte ich das Schild am Eingang. »ONSEN« stand dort in großen Lettern. Mein Herz machte einen Sprung. Der Vogel aus meinem Traum! Aber auf dem Schild waren weder ein Ei noch ein Vogel zu erkennen. Was hatte das zu bedeuten? Zu sehen war ein Symbol, das aussah wie ein heißer, dampfender Topf. Verwirrt fragte ich den Ryokanbesitzer, als wir die Anmeldekarten ausfüllten: »Do you have the famous Onsen Egg?«

»Onsen Egg?«, antwortete er fröhlich. »Yes of course! You can make your own. There's a big Onsen in the back.«

Hatte ich richtig gehört? Hatten die wirklich einen Onsen-Vogel im Garten? Ich konnte es kaum glauben. Aufgeregt lief ich los.

»Wait!«, rief der Japaner. »Mind your shoes.«

Raus aus meinen Schuhen, rein in die Keimlinge, und weiter ging's in Richtung Garten. Ich bog um die Ecke. Dann folgte die Enttäuschung. Im Garten befand sich kein riesiger farbenfroher Vogel, sondern ein dampfendes Bad. Ich lief um das Wasser herum und suchte alles nach dem Onsen ab. Zehn Minuten später stand ich wieder vor dem Ryokanbesitzer und klagte ihm mein Leid.

»Onsen?«, fragte er erstaunt. »It's not a bird!«

Dann erfuhr ich: Onsen war die Bezeichnung einer heißen Quelle. Deshalb auch das Symbol. Aber was war dann ein Onsen-Ei?

»Onsen Egg!«, erklärte der Japaner, »is an egg boiled in the Onsen!« Er erzählte mir, dass das Onsen-Ei ein herkömmliches Ei war, welches für eine Stunde in der heißen Quelle erhitzt wurde, bis der Inhalt nur leicht geronnen und damit noch flüssig war. Somit hatte auch das Onsen-Ei die typisch schleimige Konsistenz, die die Japaner so liebten und mit der wir nun schon einige Male in Berührung gekommen waren. Auf eine weitere konnte ich getrost verzichten.

»Delicious!«, sagte der Japaner. Ich lächelte nur und dachte insgeheim: Die Japaner nehmen ihre Eier mit ins Badebecken? Und dann auch noch weich gekocht! Das klang ja schon aus der Ferne total unhygienisch. Kein Wunder, dass die alle so schlank waren, wahrscheinlich hatten die ständig Durchfall.

»But in Hakone, we have something special«, fügte der Japaner geheimnisvoll hinzu. »The black eggs! They are boiled in the volcano onsen«, sagte er und machte eine bedächtige Pause. »According to Japanese legend, just one egg will add seven years to your life.«

Jetzt war ich ganz Ohr. Das klang besser als Dr. Hansen-Jansens Baldriantropfen. Sieben Jahre länger leben, das war doch mal eine Ansage! Dann fiel mir die Badewannen-Schonerhitzung ein. Vorsichtig fragte ich nach: »Hard or soft boiled?«

Der Japaner guckte mich irritiert an und überlegte kurz, dann sagte er: »I think they are hard boiled.«

»Perfect!«, antwortete ich. Anstelle einer Salmonellenvergiftung würde genau das Gegenteil eintreten, ich würde mit neuer Energie aus Japan zurückkehren. Mit der Energie der schwarzen Onsen-Eier! Meine Trübsal war wie weggeblasen. Letztendlich schien meine kulinarische Tour de Force also doch noch eine gute Wendung zu nehmen.

Am nächsten Tag saßen wir bereits in der Seilbahn, die uns zu den heißen Vulkanquellen brachte.

»Sieben Jahre«, sagte ich zu Sarah, »pro Ei!«

Sie sah wortlos zu mir herüber, und mir fiel mal wieder auf, dass sie die Augen ihres Vaters hatte. Es war haargenau der Blick, mit dem er mich nach dem Unterhosenüberfall als Spinner abgestempelt hatte. Sarah schien das Gleiche zu denken. Vielleicht wollte sie die siebenjährige Lebensverlängerung ja auch gar nicht? Ihrem Gesichtsausdruck nach zu urteilen reichte Sarah meine weltliche Altersgrenze. Doch davon ließ ich mich nicht entmutigen. Bereits aus der Gondel sahen wir die dampfenden Vulkanquellen von oben. Rauchschwaden waberten über dieser aktiven Erde, die mir schon bald ein langes Leben schenken sollte.

Unten angekommen bot sich uns ein mystisches Szenario. Die Dämpfe aus den Quellen lagen wie dichter Nebel über der steinigen Vulkanlandschaft. Mit Ehrfurcht betrachtete ich einen Japaner, den man immer wieder durch den Nebel dicht an der Quelle sah. Mit einem langen Stock holte er die schwarzen Eier aus dem heißen Wasserdampf.

»Soll ich welche besorgen?«, fragte ich Sarah.

»Na klar«, antwortete sie und fügte hinzu: »Aber übertreib es nicht wieder!«

Ich überhörte ihren schnippischen Kommentar einfach. Ganz unrecht hatte sie natürlich nicht. Aber darüber nachzudenken, dafür blieb keine Zeit. Schließlich gab es Wichtigeres zu tun. Jetzt ging es nicht um ewige Nörgelei, sondern um ewiges Leben. Ich sah meine Chance. Die schwarzen Eier würden mir durch ihre Kraft auch ein neues Selbstvertrauen verleihen. Die Tage des Schissers waren gezählt!

Während Sarah an der Quelle blieb, um den lebenden japanischen Eierkocher weiter zu beobachten, ging ich zu einer kleinen Holzhütte hinüber, die ich als Verkaufsstand erkannte. Ich kaufte eine Tüte, mit einem Ei für Sarah und einem für mich. Dann verlangte ich nach einer zweiten Portion.

»And another fifteen eggs, please«, sagte ich, und der Verkäufer war erstaunt.

»Fifteen?«, fragte er vorsichtshalber nach.

»In small bags«, flüsterte ich und zwinkerte ihm zu.

Er packte meine geheime Notreserve ein, und ich versteckte die Eier an verschiedenen Stellen im Rucksack. Hier musste ich kreativ werden, damit Sarah meine Verstecke nicht fand. Bevor ich ging, nahm ich noch ein Ei zum sofortigen Verzehr »auf die Faust«, wie man in Hamburg sagte.

»For the fist!«, teilte ich dem Verkäufer mit, der mich zum einen nicht verstand und mich zum anderen mittlerweile mit dem gleichen Blick musterte wie Sarah vor zehn Minuten. Bevor meine Frau Verdacht schöpfen konnte, pellte ich das Ei und aß es hastig und mit lautem Schmatzen. Der Verkäufer wunderte sich sichtlich über die barbarischen Essgewohnheiten des Gaijin, aber das war mir egal. Ich horchte in mich hinein und merkte sofort, dass ich mich besser fühlte.

Vielleicht war doch etwas dran an Sarahs Fernreisen?, dachte ich für einen Moment. Ohne diese hätte ich ja auch den Quell des ewigen Lebens nie entdeckt. Wer wusste schon, was die restliche Welt noch zu bieten hatte?

Aber jetzt wollte ich erst einmal den Rest von Japan erkunden. Eier-energetisiert und voller Tatendrang kehrte ich zu Sarah zurück. Wir aßen die beiden Eier, und ich beobachtete meine Frau aufmerksam. Spürte sie ebenfalls die Energie des Eis? Scheinbar nicht, denn das Einzige, was sie sagte, war: »Bisschen trocken, oder?«

Am Abend hatte Sarah eine Überraschung für mich parat. Nach den ganzen kulinarischen Experimenten hatte sie es wirklich geschafft, ein deutsches Restaurant ausfindig zu machen. Jetzt saßen wir im »Würstlhaus« und waren von Japanern umgeben, die sich begeistert durch deutsche Wurst und deutsches Bier aßen und tranken. Und auch ich war gerührt und überglücklich, als mir eine frittierte Wurst am Stiel als Furankufuruto serviert wurde. Obwohl das Würstchen mit einer Frankfurter Brühwurst genau genommen nichts gemein hatte, würde ich sie mit einer lobenden Erwähnung im LOGBUCH DES TODES verewigen. In den Würstchen steckten sogar kleine deutsche Flaggen. Ich war nie patriotisch gewesen, aber diese Mahlzeit und das Bewusstsein eines neuen, langen Lebens trieben mir Freudentränen in die Augen.

»Auf uns und das ewige Leben!«, sagte ich laut und hob mein Glas.

»Wegen einer Frankfurter musst du doch nicht gleich in Tränen ausbrechen«, sagte Sarah, fügte aber hinzu: »Auf uns!«

Ich nahm einen großen Schluck aus dem Bierkrug, biss in die fettige Wurst und fühlte mich besser denn je. Die Eier hatten mich stark gemacht. Und es gab Nachschub, gut versteckt in den Tiefen meines Rucksacks. Ich war bereit für die letzten Tage in Japan und unsere finale Station, Shimoda.

»Hast du das schon im Reiseführer nachgelesen?«, fragte ich Sarah.

»Ja«, sagte sie, »da soll es einen fantastischen Strand geben. Außerdem ist der Ort historisch bedeutsam. Im neunzehnten Jahrhundert musste sich das Land nach jahrhundertelanger Abgeschiedenheit wieder der Außenwelt öffnen. Mit der Ankunft der sogenannten ›schwarzen Schiffe‹.«

Ich hörte aufmerksam zu. Erst schwarze Eier, jetzt schwarze Schiffe? Mir sollte es recht sein, passieren konnte mir ja nichts mehr. Ich hatte heute Nachmittag heimlich noch ein Ei genascht und freute mich auf ein bereits 21 Jahre längeres Leben.

Am nächsten Tag schon legte sich der Shinkansen bequem mit über 200 Stundenkilometern in eine luftgepolsterte Kurve. Wir waren auf dem Weg zu unserem letzten Aufenthaltsort. Ein kleiner Strandurlaub in Shimoda-Kisami sollte der erholsame Abschluss unserer Japan-Reise werden.

Die Reise wurde allerdings etwas durch den Umstand erschwert, dass Kisami und insbesondere der Strand Kisami-O-Hama nicht in Shimoda lagen, sondern weit außerhalb. Daher mussten wir einen Bus nehmen, um dahin zu kommen. Wir quetschten uns mit den schweren Rucksäcken auf die winzigen Plätze. Anders als der Shinkansen war der Bus nicht klimatisiert, was angesichts der schwülen Hitze des heißen japanischen Sommers besonders fatal war. Plötzlich rümpfte Sarah die Nase.

»Irgendwie riecht das hier komisch«, sagte sie. »Nach faulem Ei!«

»Ich riech nix!«, sagte ich sofort und versuchte zu kaschieren, dass ich natürlich ganz genau wusste, woher der Geruch kam.

»Echt nicht?«, entgegnete Sarah. »Das stinkt doch voll. Puh!« Sie wedelte sich vorm Gesicht rum, während ich heimlich meinen Rucksack mit dem Fuß weiter weg schob.

»Bald sind wir ja am Meer«, sagte ich. »Die frische Luft wird dir guttun.«

Als wir in dem Hotel in Kisami ankamen und gerade die Rezeption ansteuern wollten, entschuldigte ich mich kurz und trat mit meinem Rucksack aus dem Haupteingang. Ich konnte ihn unmöglich auf unser Zimmer mitnehmen. Der Rucksack müffelte unter der Hitze des Tages immer stärker nach faulem Ei. Ich schlich auf die Rückseite des Hotels und entpackte die Geheimfächer. Der starke Geruch schlug mir wie eine Wand entgegen. Jetzt machten die schwarzen Eier ihrem Namen alle Ehre. Sie sahen ziemlich schwarz und irgendwie auch gammelig aus. Ich wurde panisch. Dass meine endlose Energiereserve einfach so verdarb, das hatte ich nicht einkalkuliert. Ich hatte angenommen, ewige Eier seien auch ewig haltbar. Scheinbar hatte ich mich getäuscht. Dreizehn stinkende Eier lagen nun in meinen Händen. Das ergab einundneunzig Lebensjahre. Was sollte ich tun? Ich konnte doch nicht einfach ein knappes Jahrhundert Lebenszeit in den Mülleimer werfen. Ich überlegte kurz, fand einen Kompromiss und tat etwas, was ich sonst nie getan hätte. Irgendwie fühlte ich mich in Anbetracht der magischen Wirkung der Eier unverwundbar. Also fing ich an zu essen. Ich schaffte allerdings nur zwei, denn sie schmeckten eklig und bitzelten auf der Zunge. Den Rest schmiss ich dann doch schweren Herzens weg. Anschließend kehrte ich zur Rezeption zurück.

Sarah fragte: »Wo warst du denn wieder?«, dann rümpfte sie die Nase und sagte: »Irgendwie riecht es hier immer noch nach Ei.«

Ich sagte nichts, und wir bezogen unser Zimmer. Nach der ersten Kostprobe in Hakone hatte ich mich gut und energiegeladen gefühlt. Die Stinke-Eier von eben hatten eher einen schlechten Geschmack auf der Zunge und ein ungutes Gefühl in der Magengegend hinterlassen.

Wir machten uns startklar für den Strandtag. Der Weg dorthin war nicht weit, und wir staunten nicht schlecht, als wir den makellosen weißen Strand betraten, der in kristallklarem, türkisfarbenem Wasser endete. Komisch war nur, dass weit und breit keine Menschenseele zu sehen war. Das Einzige, was wir fanden, war ein Schild, auf dem stand: »See you next summer!« Wir waren verwirrt. Es war allerbestes Strandwetter, warum gab es keine Badegäste? Auch sämtliche Geschäfte und Buden an der kleinen Promenade waren geschlossen. An einer Bude sah ich aus der Ferne noch jemanden etwas reparieren. Wir gingen zu dem Japaner hinüber.

»Hello. Excuse me, I have a question. Where are all the people?«, fragte ich.

»Season is over!«, antwortete der Japaner freundlich. »Come back next year.« Er drehte sich um und bastelte weiter.

»But it's a perfect day for swimming«, wendete sich Sarah erneut an ihn.

Er drehte sich wieder zu uns um. »The season always ends end of august«, erklärte der Japaner.

Damit war das Thema für ihn erledigt, doch für Sarah fing es erst an. Warum war die Saison mitten im Sommer zu Ende? Das Wetter war doch mehr als perfekt!

»But why?«, fragte Sarah energisch nach. Wie so oft, ließ sie auch hier nicht locker.

»Japanese rule!«, sagte er. »Just don't do it.«

»We came all the way«, regte sich Sarah auf. »We will do it.«

In Japan galten derartige direkte und resolute Widerworte als total unhöflich, dementsprechend irritiert zeigte sich der Japaner. »You shouldn't go«, startete er einen letzten Erklärungsversuch, »because by the end of the summer, the ghosts come out of the ocean.«

Sarah lachte laut. Der Japaner fühlte sich gekränkt und drehte sich beleidigt weg. Ich stand ein bisschen abseits. Die Sonne brannte heiß und unermüdlich auf uns herab. Ich fühlte, wie die Nervosität in der Magengegend zunahm und es mir langsam, aber sicher gar nicht mehr gut ging. Von der sagenhaften Energie der letzten Tage war nichts mehr zu spüren. Dann hörte ich wieder das Glucksen im Bauch. Ich stellte scheinbar nicht nur psychisch, sondern auch physisch wieder auf »Schisser« um. Und jetzt kamen zu allem Überfluss auch noch »Geister« ins Spiel.

Sarah ließ sich von dem Japaner natürlich überhaupt nichts sagen, und so suchten wir uns ein schönes Plätzchen an diesem wirklich wunderbaren Strand. Ich war zu sehr mit mir selbst beschäftigt und lediglich froh, dass ich mich hinlegen konnte. Ich fühlte mich zunehmend kränker.

»Irgendwie siehst du blass aus«, sagte Sarah und sah mich an. »Geh mal ein bisschen in die Sonne.«

Sie drehte den Schirm so, dass ich in der prallen Sonne saß. Die Schweißperlen tropften mir von der Stirn, und mein Magen grummelte vor sich hin. Mir ging es immer schlechter. Da ich mich nicht traute, etwas zu sagen, lehnte ich mich zurück und schloss die Augen in der Hoffnung auf Besserung. Ich döste weg und träumte von den schwarzen Schiffen, die gekommen waren, um die Öffnung Japans zu erzwingen. Im Traum leuchtete mir das ein: Alle wollten die schwarzen Eier! Alle wollten ewiges Leben! Aber die schwarzen Schiffe hatten einen großen Fehler begangen. Sie hatten die japanischen Regeln nicht beachtet. Der Strand war bereits geschlossen, und die Geister, die aus dem Wasser kamen, würden die Eindringlinge vertreiben.

Sie stiegen aus dem Wasser auf wie Blasen, lösten sich an der Oberfläche und schwebten über dem Ozean. Gemächlich und leicht schien ihre Bewegung. Wie alles in Japan war auch der

Angriff der Geister ein höchst ästhetisches Schauspiel. Leicht wie Wolken glitten sie auf die Küste zu.

Die Geister durchfuhren mich, mein Körper bäumte sich unter Zuckungen auf. Dann merkte ich, dass nicht mein Körper zuckte, sondern ich geschüttelt wurde. Als ich die Augen öffnete, erkannte ich Sarah.

»Du glühst ja!«, sagte sie aufgeregt, nachdem sie meine Stirn mit ihrer Hand gefühlt hatte. »Ich habe völlig die Zeit vergessen. Du hast bestimmt eine Stunde in der prallen Sonne gelegen. Hoffentlich hast du keinen Sonnenstich. Komm, ich bring dich schnell zurück ins Hotel.«

Ich konnte kaum aufstehen. Mein Körper fühlte sich schwach und zittrig an. Aber ich schaffte den Weg ins Hotel. Dort allerdings brach ich vollends zusammen. Ob es ein Sonnenstich war, ließ sich nie abschließend klären, da zur gleichen Zeit auch die blöden Eier ihren Tribut forderten und mich für den Lauf des Abends ins Badezimmer verbannten. Später gesellte sich zu diesem ganzen Übel auch noch ein höllischer Sonnenbrand hinzu.

Dies war die Rache der Geister! Da war ich mir sicher. Trotz mehrfacher Warnung hatten wir die Regeln des Kloschuh-Kollektivs gebrochen, und nun musste ich mit meinem Leben dafür bezahlen. Innerlich verrottet und äußerlich gezeichnet, in der Optik eines neonroten dänischen Hotdog-Würstchens, verbrachte ich unsere letzten Tage in Japan nicht wie geplant am Strand, sondern abwechselnd im Bett oder auf dem Elektrolokus. Während ich mich bereits meinem Schicksal ergeben hatte und auf den Tod wartete, kämpfte Sarah mit kalten Kompressen und Elektrolyten dagegen an. Es war zwar süß, wie sie sich um mich kümmerte, aber auch völlig vergebens. Schließlich hatte doch *ihre* Abenteuerlust *mir* das Ganze eingebrockt! Der kurze Augenblick, in dem ich sogar mit dem Gedanken gespielt hatte, Fernreisen seien ja eigentlich ganz spannend, war längst vergessen. In diesem Moment des Siechtums war ich mir wieder sicher: Fernreisen waren das Handwerk des Teufels. Und Sarah seine rechte Hand.

Den Rückflug aus dem Land der aufgehenden Sonne überstand ich nur unter unvorstellbaren Qualen. Was von meiner Frau als männliches Wehleiden abgetan wurde, manifestierte sich bei mir bereits als ernst zu nehmendes Gesundheitsproblem. Der flotte Otto ließ sich zwar durch Einnahme diverser Medikamente in Schach halten, der Sonnenbrand aber schmerzte nach wie vor höllisch. Und der vermeintliche Sonnenstich hatte ein allgemeines Unwohlsein hinterlassen, das ich als Beginn einer womöglich seltenen und tendenziell tödlichen Tropenkrankheit deutete. Auf dem Landeanflug tauchte ein neues Symptom auf: Mein Ohr war plötzlich wie taub. Dann wieder offen, dann wieder taub, dann pendelte es sich endgültig bei halb taub ein. Anstatt mich um den Druckausgleich zu kümmern, dachte ich bereits an meine eigene Beerdigung. Auf dem Grabstein würde geschrieben stehen: Hier ruht einer, der besser zu Hause geblieben wäre.

Aber ich war nicht zu Hause geblieben, sondern Sarah in die Ferne gefolgt, und dafür bekam ich jetzt die Quittung. Darum war keine Zeit zu verlieren, um die Notfallversorgung sicherzustellen. Bereits bei unserer Ankunft auf dem Hamburger Flughafen zückte ich mein Handy, und schon in dem Moment, als wir das Flugzeug verließen, wählte ich die Nummer von Dr. Hansen-Jansens Praxis. Als die Sprechstundenhilfe abnahm, brüllte ich ins Telefon, da ich ja durch das taube Ohr kaum etwas hörte.

»Hallo, hallo!«, rief ich laut, als wir gerade den Shuttlebus zum Terminal betraten. »Ich bin's. Ich brauche einen Termin und zwar am besten sofort!« Die Türen des Busses schlossen sich, und ich fügte lautstark hinzu: »Ich leide an einer seltenen Tropenkrankheit!«

Die anderen Gäste im Bus guckten mich entsetzt an und wichen in Sekundenschnelle ganz weit von mir weg. Sarah verdrehte die Augen und versuchte einzulenken.

»Leute, keine Panik!«, sagte sie, »mein Mann hat lediglich einen Sonnenstich!«

»Das wissen Sie doch gar nicht«, rief einer aus der Menge. »Vielleicht ist es SARS!«

Darauf die Menge: »Ohhh!«

Dann ein anderer: »Oder Vogelgrippe!«

Darauf die Menge: »Ohhh!«

Dann brach Panik aus. Als wir am Terminal zum Stehen kamen, drängten sich die Menschen Hals über Kopf aus dem Bus. Sarah und ich blieben zurück und stiegen als Letzte aus. Sie sah mich fragend an.

»Tropenkrankheit?«, stellte sie mich zur Rede. »Sag mal, geht's noch? Du kannst doch die Leute hier nicht so erschrecken. Mutierst du jetzt etwa auch noch zum Hypochonder?«

Durch mein defektes Ohr hörte ich ihre Stimme laut und doppelt: »Hypochonder, Hypochonder«, hallte es.

Das klang zumindest besser als SARS, Vogelgrippe oder die japanische Geisterkrankheit! Letzteres hielt ich dennoch für deutlich wahrscheinlicher. Zur Abklärung würde ich gleich morgen die Akutsprechstunde bei Dr. Hansen-Jansen nutzen. Ich drehte mich zu Sarah und sagte ruhig: »Hypochonder? Jetzt übertreibst du aber.«

Das Wartezimmer des Doktors war voll. Darauf war ich eingestellt. Bereits auf dem Hinweg hatte ich lange überlegt, mit welchen Worten ich meinen diffusen Symptomkomplex so schildern konnte, dass ich gezielt auf die Dringlichkeit meiner Problematik aufmerksam machen konnte.

»Ich leide an einer seltenen systemischen Erkrankung aus Übersee«, hatte ich zu der Sprechstundenhilfe gesagt und noch ergänzt: »Tendenziell letal.«

»Das passt nicht auf das Anmeldeformular«, hatte sie nur knapp geantwortet, aber, ihrem Blick nach zu urteilen, die Brisanz meines Besuchs durchaus erkannt. Bei Dr. Hansen-Jansen war ich mir da nicht ganz so sicher. Er reagierte eher verhalten, als er mich ein weiteres Mal in sein Behandlungszimmer bat.

»Was kann ich denn jetzt schon wieder für Sie tun?«, fragte er und machte eine Anspielung auf meinen letzten Besuch. »Wie ich sehe, hat Sie doch kein Hai gefressen!«

»Sterben werde ich trotzdem!«, entgegnete ich, ließ mich in den Behandlungsstuhl fallen und schlug die Hände über dem Kopf zusammen.

Der Doktor schaute derweilen in die Akte und drehte sich zu mir: »Nur weil Sie seekrank sind, müssen Sie nicht sterben.«

»Wie? Was? Seekrank?«, hakte ich verwirrt nach.

»Und wenn es Ihnen egal ist, warum kommen Sie dann überhaupt her?«, vervollständigte der Doktor seine Frage. Ich begriff gar nichts mehr.

Dann fügte er hinzu: »Steht alles hier auf Ihrem Anmeldeformular.«

Er zeigte mir den Schrieb, auf dem zu lesen war: »Systematisch seekrank. Tendenziell egal.«

Wut stieg in mir hoch. Da hatte ich mich extra intensiv vorbereitet, um mit medizinischem Fachvokabular zu glänzen, und alles scheiterte an einem Übertragungsfehler der Sprechstundenhilfe.

»Ach so«, versuchte ich zu erklären, »die Übertragung ist das Problem.«

»Was reden Sie denn da«, sagte der Doktor, »Seekrankheit ist nicht übertragbar. Das ist doch kein Virus oder Bakterium.«

»Nein, nein!«, fiel ich ihm lauthals ins Wort, »so habe ich das nicht gemeint!«

Der Doktor wurde ebenfalls genervter, und sein Stimmvolumen schwoll an: »Wie meinten Sie es denn?«, fragte er gereizt. »Was zum Teufel ist denn bloß los mit Ihnen?«

Ich stockte und hielt inne. Zum einen war ich mir nicht mehr so sicher mit meiner Selbstdiagnose, zum anderen hatte ich das Gefühl, das Wohlwollen meines Lieblingsmediziners nicht endlos strapazieren zu können. Ich beschloss daher, nur ein Symptom zu schildern. Das größte Problem war derzeit mein Ohr. Auch darüber hatte ich mich natürlich vorab im Internet informiert. Ich konnte Dr. Hansen-Jansen also medizinisch auf Augenhöhe begegnen.

»Am Ohr hat sich das Syndrom der klaffenden Röhre manifestiert«, sagte ich.

»Wie bitte?«, fragte Dr. Hansen-Jansen jetzt völlig erstaunt. Damit hatte er wohl nicht gerechnet. »Wo kommt das denn schon wieder her? Wieso kennen Sie überhaupt so ein Krankheitsbild? Zeigen Sie mal her.«

Der Doktor untersuchte das Ohr. Ich entspannte mich unter den warmen und heilenden Händen des Human-Sedativums. Dann sagte Doktor Doppelname: »Also, ich denke, Ihr Ohr ist gesund. Nach ein paar Tagen sollte sich der Druckausgleich von selber lösen. Das Syndrom der klaffenden Röhre halte ich eher für unwahrscheinlich. Hören Sie auf, im Internet so einen Quatsch zu lesen. Und ich gebe Ihnen einen guten Rat: Lassen Sie es ruhiger angehen. Dieser Reisestress, der bekommt Ihnen nicht.«

Dr. Hansen-Jansens Worte waren Musik in meinen halb tauben Ohren. Endlich einer, der mich verstand. Jetzt hatte ich es schwarz auf weiß. Im Grunde war ich reiseuntauglich mit medizinischem Attest! Ob mich das von Sarahs Anschauungsunterricht freisprechen würde, stand allerdings auf einem ganz anderen Blatt. Ich bedankte mich bei dem Doktor und gab ihm die Hand zum Abschied. Beim Rausgehen sagte er noch: »Vielleicht machen Sie zur Abwechslung einfach mal eine Städtereise!«

VI.

Neurotisch durch New York
oder: die geheimnisvolle Penistasche

Mein bester Freund hieß Martin Jablonski. Auch er trug, wie Wolfgang »Wolf« Hartmann, einen unvergleichlichen Spitznamen, der vieles über ihn verriet. Er war zwar als promovierter Lehrbeauftragter an der germanistischen Fakultät ebenfalls mit überragender Intelligenz ausgestattet, entsprach aber eher dem Typus des »verrückten Professors«. Vielleicht sollte man besser »entrückt« sagen, denn er wirkte immer eine Spur fahrig und verwirrt. Irgendwie hatte er Probleme, seine genialen Gedanken richtig zu artikulieren. Gespräche mit Martin verloren sich meist in seinem eigenen intellektuellen Kosmos. Man war zwar schlauer, aber nicht als vorher. Irgendwie schaffte er es immer, endlos um Themen zu kreisen, ohne dass man weiterkam. In Hamburg sagte man dazu: »Er kam nicht so richtig aus den Puschen.«

An diesem Abend saßen Martin »Puschi« Jablonski und ich gemeinsam an der Bar unserer Stammkneipe »Lola's«. Der Abend war bereits fortgeschritten. Wie so oft bei steigendem Pegel war auch dieses Mal der falsche Apostroph im Namen der Bar Anlass zum Ärgernis.

»Es heißt Lolas Bar! Und zwar ohne diesen dämlichen Deppenapostroph!«, echauffierte sich Professor Puschi. »Das weiß man doch! Es gibt inzwischen sogar schon eine Online-Petition von gewissenhaften Individuen, die das gemeinschaftliche Interesse verfolgen, die normwidrige Verwendung des Apostrophs zu unterbinden«, monologisierte er vor sich hin.

»Reg dich doch nicht auf. Wundert mich, dass du dich jedes Mal wieder darüber ärgern kannst. Ist doch bloß so ein winzig kleiner Strich!«, versuchte ich ihn zu beruhigen.

»Kleiner Strich, großer Unterschied!«, antwortete der Professor empört. »Ist doch auch nicht so schwer. Eigentlich nimmt man fast NIE den Apostroph, nur in Ausnahmefällen. Würde die Bar einer Andrea gehören, dann ging's, weil ohne den blöden Strich ja alle denken würden, die Bar gehöre einem Andreas. Genau genommen müsste das dann zwar Andreas Apostroph Bar heißen, aber egal. Bei Lola ist das auf jeden Fall falsch. Dabei ist doch alles offiziell sauber geregelt in Paragraph 97E!«

Jablonskis wirre Gedanken prasselten auf mich ein. Ich begriff rein gar nichts mehr.

»Apropos sauber«, versuchte ich das Thema zu wechseln. »Selbst wenn die Bar dreckig ist, wird immer sauber ausgetrunken. Prost!«

Wir leerten unsere Schnäpse in einem Zug, und ich bestellte Nachschub: »Uschi, machst du noch mal zwei ›Lütt un Lütt‹, bitte.« Wir bekamen zwei Bier und zwei Schnäpse serviert.

»Sag mal, geht ihr dieses Jahr denn wieder auf Tour?«, fragte

Puschi. »Hat sich Sarah wieder etwas Spektakuläres ausgedacht?«

»Das dicke Ende kommt erst noch«, antwortete ich. »Diesmal Schongang, Schleudergang im Herbst, dann fliegen wir nach Südostasien. Jetzt geht es nach New York und dann eine Woche hoch nach Kanada zum Kanufahren.«

»New York? Cool!«, erwiderte Puschi. »Heißes Pflaster. Kenn ich alles. Familientradition sozusagen. Geheimsache. Muss ich dir bei Gelegenheit mal erzählen. Wann soll's denn losgehen?«

»Ende diesen Sommers«, sagte ich.

»Mensch!«, rief Puschi laut, und ich zuckte zusammen.

»Ende DIESES Sommers. Der Genitiv des männlichen Demonstrativpronomens ›dieser‹ lautet ›dieses‹!«, referierte mein Freund, der Professor. Es war unglaublich, dachte ich, aber er war wirklich ein Gefangener seines eigenen Spleens. Ich versuchte einzulenken, diesmal vergeblich. Leider, denn ich wollte mehr über New York und diese ominöse »geheime Familientradition« erfahren.

Aber erst einmal musste ich eine etwa einstündige Frontal-Vorlesung zum falschen Genitiv über mich ergehen lassen, die ich nur durch einen ständigen Nachschub von »Lütt un Lütt«-Gedecken ertragen konnte. Diese waren auch der Grund, warum wir mit ordentlich Schlagseite unsere Lieblingsbar verließen, um den traditionellen Absacker woanders einzunehmen.

Als wir so die Reeperbahn entlangtaumelten, versuchte ich noch mal mein Glück, um herauszufinden, welches Geheimnis die Familie Jablonski mit dem Big Apple verband. »Sag mal, warum denn so verschwörerisch beim Thema New York?«, fragte ich.

»Pssst!«, sagte Puschi laut und hielt sich seinen Zeigefinger an den Mund. »Nicht hier in der Öffentlichkeit. Geheimsache, sag ich doch.«

Martin Jablonski wusste, wie man einen Spannungsbogen aufbaute, schließlich musste er seine Studenten auch immer bei der Stange halten. Das war ihm nun auch bei mir im Einzelexperiment gelungen. Ich wollte jetzt wirklich wissen, was es damit auf sich hatte. Wir kehrten im »Seeteufel« ein, schon namenstechnisch eine gute Wahl, da Apostroph- und somit diskussionsfrei. Außerdem war der Laden eine echte Spelunke. Ein Überbleibsel aus jener Zeit, als auf dem Hamburger Kiez noch die Seeleute unterwegs waren. Zwischen Fischernetzen und ausgestopften Fischen gab es kleine Nischen, wie Kojen, aus dunklem Holz, spärlich beleuchtet nur durch Kerzenschein. Wenn es einen Ort gab, an dem man ein Geheimnis weitergeben konnte, dann war es dieser.

Im Schein der Kerze beugte sich Martin Jablonski zu mir herüber und flüsterte: »Du musst mir versprechen, es keinem zu erzählen. Auch nicht Sarah. Keine Menschenseele darf je davon erfahren!«

»Du machst es ja spannend«, antwortete ich, fügte aber schnell hinzu: »Versprochen!«

»Also gut«, fuhr Martin verschwörerisch fort. »Diese Geschichte reicht lange zurück. New York ist quasi Teil unserer Familie. Denn mein Vater, Harry Jablonski, hat als junger Mann dort gelebt. Eine kurze, aber intensive Zeit.« Er machte eine theatralische Pause. Dann sprach er im Flüsterton weiter. »In den 70er Jahren war New York nicht wie heute. Es war die Hölle auf Erden. Die Stadt war pleite und verwahrlost. Selbst der glamouröse Times Square war voll von Prostituierten, Pornokinos und Spielhöllen. Dann brach '77 durch einen Stromausfall das Chaos aus. In den richtig harten Vierteln wie Brooklyn und der Bronx kam es sogar zu großflächigen Plünderungen und Bränden. Die Bilder aus der Zeit sehen aus wie Dresden 1945«, übertrieb Martin und sagte dann: »Und mittendrin mein Vater Harry Jablonski. In New York nannten sie ihn ›Dirty Harry‹!«

Ich musste lachen. Ich kannte Martins Vater, seit sein Sohn und ich befreundet waren, also quasi schon mein ganzes Leben lang. Ich sah ihn vor mir, den großen, ruhigen Mann in Karohemd und Pullunder. Er war ein sehr besonnener Mensch. Alles, was er tat, war stets wohlüberlegt und wurde mit größter Sorgfalt und ohne Hektik durchgeführt. Einen »Dirty Harry« konnte ich beim besten Willen nicht in ihm entdecken. Martin kannte aber auch hierfür den Grund.

»Ja, ich weiß, klingt komisch. Ist aber so. Ich glaube, das ist so eine Art posttraumatischer Energieausgleich. Für die PS, die er in New York auf die Straße gebracht hat, muss er jetzt sein restliches Leben kürzertreten«, erklärte mir Martin. Angesichts der Alkoholmenge, die wir intus hatten, klang diese Theorie vertretbar.

»Und wie ist es Harry gelungen, da zu überleben?«, stellte ich ihm die entscheidende Frage.

»Das ist es! Das Geheimnis der Familie Jablonski«, antwortete Martin, machte wieder eine Pause und sagte dann: »Mein Vater hat die hohe Kunst der Tarnung mitgebracht. Denn so einfach, wie es klingt, so wahr ist es: Wo nichts ist, kann nichts genommen werden.«

Martin sprach in Rätseln. »Wo nichts ist, kann nichts genommen werden« – was sollte das denn bloß bedeuten? Ich hatte keinen blassen Schimmer, was er mir damit sagen wollte. Aber er war noch nicht fertig und ergänzte: »Es handelt sich um ein Utensil, mit dem jeglicher Schatz vor dem Gegner unsichtbar wird: die sagenumwobene Penistasche des Harry Jablonski.«

»Penistasche?«, platzte es aus mir heraus, »was soll das denn sein? Willst du mich jetzt veräppeln, oder was?«

»Pssst!«, sagte Martin streng. »Es ist ein Geheimnis, und das soll es auch bleiben. Du bist mit dem heutigen Abend außerhalb der Familie Jablonski der Einzige, der es weiß. Ein bisschen mehr Respekt, bitte!«

»Sorry«, sagte ich etwas eingeschüchtert, aber dennoch skeptisch. »Ich finde halt, das klingt jetzt nicht wie das große Geheimnis. Außerdem verstehe ich gar nicht, was das sein soll, eine Penistasche.«

»Es ist aber unser großes Geheimnis. Und du bist nun ein Teil davon«, gab Martin bekannt. »Ich sage dir als dein bester Freund, die Penistasche wird dich sicher durch New York bringen. So wie sie es mit mir gemacht hat und auch mit meinem Vater. Im Grunde ist sie bereits ein historisches Utensil.«

Martin Jablonski verkündete das mit so einem Nachdruck, dass es sich unter dem starken Alkoholeinfluss wirklich wie ein historischer Moment anfühlte. Mit steigendem Pegel verschwand meine Skepsis. Am Ende des Abends war ich mir sicher: Ich war auserwählt worden, das Geheimnis der Familie Jablonski zu teilen, und gehörte nun ihrem inneren Zirkel an. Bald schon würde auch ich stolzer Träger der mystischen Penistasche sein.

Und so kam es auch. Bereits wenige Wochen später war das bedeutende Erbstück der Familie Jablonski zu seinen Wurzeln zurückgekehrt. Sein Träger saß neben Sarah im Shuttlebus nach Manhattan. Das Einzige, was überhaupt nicht saß, war die Penistasche. Martin hatte sie mir nach unserer durchzechten Nacht auch im nüchternen Zustand mit großem Pathos überreicht. Als ich das alte abgetragene Lederding vor mir liegen sah, hatte ich begriffen, dass ich es wirklich mit einer »historischen« Penistasche zu tun hatte. Aber nicht nur das enttäuschte mich. Im Grunde war das geheimnisvolle Erbe nichts anderes als eine Art Gürteltasche, die man unter der Hose anbrachte, um die Habseligkeiten nah am Körper und fern von den Augen anderer zu verstauen. Zu den Zeiten von Martins Vater mochte das neu und ungewöhnlich gewesen sein, heute gehörte das eher zum Standard. Bei meinem Besuch im Outdoor-Fachgeschäft hatte ich deutlich bequemere Modelle gesehen. Aber dennoch, ihre Wirksamkeit schien bestätigt und immerhin ging es nach New York, da musste man ja schließlich Sicherheitsvorkehrungen treffen. Irgendwie fühlte ich mich auch als Geheimnisträger den Jablonskis gegenüber verpflichtet. Also hatte ich das alte Ding mitgenommen.

Nach der Ankunft in New York hatte ich die Penistasche heimlich auf der Flughafentoilette angelegt. Sarah hatte ich davon vorsorglich nichts erzählt. Dass ich irgendwelche Lederunterzieh-Utensilien von anderen Männern trug, sollte nach Möglichkeit auch eine Ausnahme bleiben. Ein bisschen merkwürdig hatte sich die Anprobe schon angefühlt, dazu war mir aufgefallen, dass dies ein ziemlich beengtes Unterfangen war. Die Tasche befestigte man mit Laschen von innen am Gürtel, sodass sie auf der Innenseite der Hose direkt vor dem Genitalbereich saß. Für Diebe somit praktisch unerreichbar, für den nächsten Klogang jetzt aber auch nicht wahnsinnig praktisch. Ich zog die Hose über das Geheimfach, trat aus der Kabine und betrachtete mich von der Seite im großen Spiegel der Flughafentoilette. Die geheime Tasche fühlte sich innen massiver an, als man von außen sehen konnte. In dem Moment betrat ein anderer Fluggast den Raum. Als er sah, wie ich meinen Schritt prüfend im Spiegel begutachtete, warf er mir einen verächtlichen Blick zu. »Pervert!«, raunte er mir zu. Verdacht schöpfte er allerdings keinen, und nur das zählte. Mein Pass und unser Geld waren sicher durch das Jablonski-Relikt getarnt. »Jeglicher Schatz wird vor dem Gegner unsichtbar«, hatte Puschi seine Funktionsweise beschrieben. Beim Verlassen der Toilette bemerkte ich allerdings, wie schlecht ich mich mit dem Ding bewegen konnte. Alles drückte und kniff. Das Tragen der Penistasche war im wahrsten Sinne des Wortes ein »einschneidendes Erlebnis«.

Insbesondere das Sitzen stellte eine Herausforderung dar. Das bekam ich erst im Shuttlebus so richtig zu spüren. Egal, wie ich mich hinsetzte, es zwickte immer woanders. Erschwerend kam hinzu, dass der Bewegungsradius maximal eingeschränkt war, denn der Flughafenbus war bis unter die Decke mit Reisenden und deren Gepäck vollgestopft. In der Gepäckablage war nichts mehr frei gewesen, deshalb mussten wir uns mit unseren riesigen Rucksäcken auf den Knien auf die letzten beiden engen Plätze quetschen. Sarah und ich saßen hintereinander, sodass ich nicht meine Frau sah, wenn ich mich umschaute, sondern nur ihren riesigen Rucksack. Dieser war randvoll gepackt für die Kanutour in Kanada, die nach den paar Tagen New York folgen sollte.

»Wow. New York. Wie geil!«, sagte der riesige Rucksack.

»Mmmh«, entgegnete ich und schaute aus dem Fenster, während der Bus im Schneckentempo durch die Hochhausschluchten schlich. Das war sie also, die sagenumwobene und gefährliche Mutter aller Großstädte. Dass die Metropole aufgrund der Null-Toleranz-Strategie ihres Exbürgermeisters als eine der sichersten Städte der USA galt, hielt ich für ein Gerücht. Mich hatten Martin Jablonskis Geschichten mehr überzeugt, und so blieb ich auf der Hut. Man wusste ja nie. Vielleicht lauerte hinter diesen Wolkenkratzern doch das Grauen?

»Sag mal«, fragte ich den Rucksack hinter mir. »Wo wohnen wir denn eigentlich hier in Manhattan?«

Ich hatte den Flug gebucht und bezahlt, während Sarah sich um die Unterkunft in New York kümmern wollte. »Günstig, aber zentral«, hatte sie mir anvertraut. Während der Reiseplanung hatte das gut geklungen, weswegen ich es nicht weiter hinterfragen wollte. Jetzt beschlich mich plötzlich ein mulmiges Gefühl, welches sich leider auch durch ihre Antwort bestätigte.

»Wir wohnen nicht in Manhattan, sondern in Brooklyn«,

verkündete der Rucksack. »Hab uns da bei Privatleuten untergebracht. Alles übers Internet. Das macht man jetzt so.«

»Oh«, war das Einzige, was mir über die Lippen kam. Die Penistasche schmerzte im Schritt, meine Oberschenkel fühlten sich durch die Last des Rucksacks taub an, und Sarahs Antwort gab mir den Rest. Ich erinnerte mich sofort an Martin Jablonskis Erzählung von den Plünderungen und Bränden. »Wie Dresden 1945«, hatte er gesagt. Ich schluckte schwer. Davor hatte ich von Brooklyn das letzte Mal in meiner Jugend gehört. Da kam ein Teil der Rapmusik her, die Bandenkriege, Drogen und Prostitution verherrlichte. Ich war stark verunsichert, traute mich aber nicht, was zu sagen. Was sollte ich Sarah auch erzählen? Von Plünderungen in den 70er Jahren oder Rapmusik aus den 80ern? Alleine das Wort »Rapmusik« klang so altbacken, dass ich mich gleich wieder als ängstlicher Spießer verraten würde, der ich zwar war, aber irgendwie ja auch nicht sein wollte.

»Toll«, entgegnete ich und versuchte, es positiv klingen zu lassen, sah mich aber innerlich schon mit zwei Gangster-Rappern auf einer abgewetzten Couch in einem halb ausgebrannten Haus sitzen. Einer von beiden würde sich zu mir drehen und sagen: »German, can you pay the room in cash? I need to buy some crack.«

»Ja. Voll cool«, störte Sarah meine Horrorfantasie. »Das war wohl früher eine raue Gegend da, ist jetzt aber total angesagt.« Plötzlich streckte sie hinter dem Rucksack ihre Hand aus, zeigte aus dem Fenster und sagte aufgeregt: »Guck mal, das Empire State Building! Wie krass hoch das ist. Da gehen wir heute als Allererstes drauf.«

Ich blickte an dem endlosen Wolkenkratzer hinauf. Auf der Spitze von New Yorks höchstem Gebäude hatte selbst King Kong klein gewirkt. Da sollte ich hinauf? Mir standen schon wieder die Schweißperlen auf der Stirn, und ich wusste in diesem Moment, Brooklyn würde auf dieser Reise nicht mein einziges Problem bleiben.

Es stellte sich heraus, dass Williamsburg, der Stadtteil von Brooklyn, in dem wir wohnten, mit dem Gangstermilieu aus meiner Fantasie nicht das Geringste gemein hatte. Die Zeit als Armutsviertel war nicht nur vorbei, bereits die zweite Stufe, die Erschließung des Viertels durch Künstler und Musiker, schien weitgehend abgeschlossen. Unzählige Shoppingmöglichkeiten, Cafés, Bars und Restaurants machten das Viertel inzwischen zu einem beliebten Szene- und Ausgehort. Selbst das Wohnen bei Einheimischen, welches ich mit äußerstem Argwohn betrachtet hatte, schien in Ordnung. Wir wohnten bei einem sympathischen Pärchen mit zwei großen fetten Katzen.

Der Mann war Musiker und hatte die mächtigen, aber gemütlichen tierischen Zeitgenossen nach dem Musiker »Sid Vicious« benannt, die eine Katze trug den Vornamen, die andere den Nachnamen. Ich war nie ein großer Tierfreund gewesen und ging gleich auf Abstand. »Lieber Skepsis als Sepsis«, sagte ich mir immer, seit ich mal gehört hatte, dass sich ein Bekannter eine Blutvergiftung durch ein Katzenhaar zugezogen hatte. Sicherlich war die Geschichte übertrieben, galten Katzen ja gemeinhin als recht saubere

Tiere. Dazu passte, dass sich Sarah den Namen »Vicious« nicht merken konnte und die Katze beharrlich »Vanish« nannte, wie das deutsche Reinigungsmittel gleichen Namens.

Später am Tag fuhren wir mit der Bahn zurück nach Manhattan, um Sarahs *High*light, das Empire State Building, in Angriff zu nehmen. Allein die Vorbeifahrt früher am Tag hatte mir weiche Knie beschert, obwohl ich bisher immer davon ausgegangen war, dass zumindest Höhenangst die so ziemlich einzige Angst war, die mich nicht plagte. Angesichts der schieren Größe dieses Art-déco-Wolkenkratzers von schwindelerregenden 381 Metern war wohl auch diese letzte Bastion in Gefahr. Die vielen Eindrücke, die einen in dieser wuseligen Metropole förmlich überwältigten, hatten schon jetzt dafür gesorgt, dass die sensiblen Antennen meines Nervenkostüms voll auf Sendung waren. Den Spaziergang durch den Central Park hatte ich noch als beruhigend empfunden. Denn obwohl der Park ja in Erzählungen oft Schauplatz von Räuberpistolen war, hatte mir der einengende Schmerz der schlecht sitzenden Penistasche ein kleines Gefühl von Sicherheit vermittelt. Aber jetzt auf dem Broadway, inmitten der Menschenmengen, nahm die Anspannung wieder zu. Auf den Straßen schoben sich die Autos dicht an dicht durch den Verkehr, und die Menschen auf den Fußwegen fügten sich zu einem ebensolchen Gedränge zusammen.

Wie Ameisenstraßen durch ein imposantes Geflecht von hochmodernen und alten Hochhäusern. Dieser Stilmix gab New York ein besonderes Flair, das es somit noch mal auf eine ganz andere Weise spektakulär wirken ließ als die ultramoderne Kulisse Tokios. Das galt auch für den Times Square. Als wir ankamen, dämmerte es schon, und das Tageslicht wich der außergewöhnlichen Beleuchtung dieser Repräsentanz amerikanischer Konsumkultur. Von den Pornokinos und Prostituierten aus Jablonskis Erzählungen keine Spur. Das hier war kein Schmuddelbezirk, sondern das Mekka des Kommerzes. Die Mafiosi, die mir an die Geldbörse wollten, gab es hier nicht. Dafür gab es keinen Zweifel daran, dass meine geheime Tasche noch da war. Unablässig scheuerte diese an der wunden Stelle. Nicht New York, sondern mein Geheimfach schien zu meiner Geißel zu werden. Derweilen lärmte der Times Square und erschlug uns fast mit seinen riesigen Videoleinwänden. Tausende von Marken- und Firmenlogos blitzten und blinkten, verkleidete Comicfiguren winkten uns zu, Theaterpromoter versuchten uns einzufangen, und die Leuchtreklame überstrahlte mit ihren Stroboskoplichtern diese unwirkliche Szenerie. Mein Puls hatte ebenfalls Fahrt aufgenommen. Irgendwo hatte ich mal gelesen, dass schnelle Lichtwechsel in Computerspielen bei Jugendlichen Epilepsie auslösen können. Ich horchte in mich hinein. Mein kleiner Finger zuckte. Vielleicht schon ein Indiz für einen Anfall?

»Hallloooo, Schatz. Komm mal in die Gänge!«, unterbrach Sarah meine Selbstdiagnose. »Wir müssen uns ein bisschen beeilen, wenn wir es zum Sonnenuntergang noch nach oben schaffen wollen. Der Ausblick soll spektakulär sein.«

Der Wolkenkratzer! Da war ja noch was. Kribbelte es jetzt vielleicht schon im gesamten Arm, oder bildete ich mir das nur ein? Sarah zog mich mit sich, und wir waren wieder unterwegs. Durch die Gebäudeschluchten erhaschten wir einen kurzen Blick auf das Chrysler-Building, den anderen berühmten Wolkenkratzer im Art-déco-Stil, der ebenfalls als eines der Wahrzeichen New Yorks galt. Ich sah, wie die Beleuchtung der Spitze anging. Ebenfalls ganz schön hoch! Ich fing an zu schwitzen. Wir bogen in die 5th Avenue ein, um zu der besagten King-Kong-Kulisse zu kommen, von deren Aufstieg sich Sarah den »spektakulären« Blick über die Stadt erhoffte. Ich hoffte nur, es irgendwie zu überstehen. Meine körperliche Verfassung hatte sich mit dem Eintreffen im Gebäude deutlich verschlechtert. Nicht nur die Penistasche schmerzte. Mein gesamter Arm fühlte sich irgendwie komisch an, und jetzt gesellten sich noch die Beine dazu. Sicherlich der Schub einer seltenen neurologischen Erkrankung. Oder direkt ein Schlaganfall? Was wäre, wenn es mich auf der Spitze voll umhauen würde? Ich musste mich bemerkbar machen, bevor wir hinauffuhren. Sarah als Ärztin konnte ich natürlich nicht direkt konsultieren, es bestand die Gefahr, dass sie das wieder als Spinnerei abtat. Ich entschied mich, es ganz lapidar, ganz nebenbei zu erwähnen. Sie würde sofort den schweren neurologischen Ausfall erkennen und Hilfe holen.

»Ohh«, sagte ich, »zieht nur ein bisschen im Arm hier. Und kribbelt.«

Sarah sah mich prüfend an. Dann hob sie, wie ihr Vater, die Augenbraue und sagte: »Das kommt vom schweren Rucksack. Spiel bloß nicht wieder die Mimose!« Sie lachte mich an und fügte hinzu: »Jetzt geht's looos!«

Es holte also niemand Hilfe. Ganz im Gegenteil, Sarah ging zielstrebig durch den Securitycheck. Für sie war die Sache erledigt. Nach kurzem Überlegen folgte ich ihr. Wir bogen um die Ecke und stellten uns in eine lange Schlange, die sich vor dem Fahrstuhl bildete. Die Wartezeit von etwa einer Stunde war wie dafür gemacht, dass ich mich richtig schön in meine neue Symptomatik reinsteigerte. Als wir den Fahrstuhl endlich erreichten, hatte ich Taubheit im Schritt, Druck im Kopf, Schwächegefühl in den Armen und ein Piepen auf dem Ohr.

»Es piept«, sagte ich verzweifelt.

»Dass es bei dir piept, ist mir nicht neu«, entgegnete Sarah cool. Wir traten in den Fahrstuhl, die Tür schloss sich, und wir fuhren nach oben.

Dort öffnete sich die Fahrstuhltür. Der neurologische Schub hatte jetzt auch meine Beine erfasst, die sich plötzlich anfühlten, als bestünden sie aus Gummi. Wackelig schlich ich auf die Aussichtsplattform zu. Ich wusste, sobald ich die Tür durchschritt, würde mich die ominöse Krankheit dahinraffen.

Als wir auf das Plateau traten, war ich überwältigt. New York lag dem gigantischen Bauwerk demütig zu Füßen, als wäre es immer noch das höchste Gebäude der Welt. Der Big Apple breitete sich in seiner gewaltigen Dimension vor uns aus. Ich tastete mich vorsichtig zum Balkon vor und hielt mich verkrampft fest. Unsere Blicke schweiften über das Panorama. Gen Norden konnten wir noch einmal die beleuchtete Spitze des Chrysler Buildings in ihrer ganzen Pracht bewundern, gleich neben dem Trump Tower. Dahinter sah man den East River und die Queensboro Bridge. Weiter links erstreckte sich der Central Park, durch den wir gerade spaziert waren. Mit zittrigen Beinen folgte ich Sarah um die Plattform. Der südliche Blick erstreckte sich über ganz Lower Manhatten bis hin zur Mündung des Hudson Rivers, wo sich Liberty Island und die Freiheitsstatue in der Dämmerung nur noch erahnen ließen. Die Lichter der Stadt, die niemals schlief, funkelten wie die Sterne am Firmament der Zederberge. Bald schon würde das Lichtermeer heller strahlen als die gerade untergehende Sonne. Sarah nahm meine Hand, und so standen wir wortlos für einige Minuten dicht beieinander.

»Sag mal, hast du vielleicht Höhenangst?«, unterbrach Sarah die Stille, nachdem sie einige Sekunden beobachtet hatte, wie ich mit offenem Mund dastand.

»Höhenangst?«, empörte ich mich. »Ich? Ganz bestimmt nicht!«

Absurderweise war ich wirklich davon überzeugt, dass das alles mit Höhenangst nichts zu tun hatte. Eine tödliche Krankheit musste die Ursache sein. Dass die merkwürdigen Beschwerden nach dem Verlassen des Wolkenkratzers sofort nachließen, wertete ich als puren Zufall.

Als ich am späten Abend unter der Dusche stand, fiel der Stress gänzlich von mir ab. Ich ließ den Tag im Kopf Revue passieren. Trotz vermeintlicher Gefahren war nichts passiert. New York schien sicherer als gedacht. Ich zog den Duschvorhang zur Seite, und als sich der Wasserdampf lüftete, sah ich die Penistasche, die zwischen meinen Klamotten achtlos auf dem Badezimmerboden lag. Das alte, schrumpelige, lederne Ding, das mich beschützen sollte, hatte bisher nur eins getan: mir eine Wundinfektion erster Güteklasse und damit höllische Schmerzen beschert. Geholfen hatte es mir nicht. Als ich das Badezimmer verließ, nahm ich die Tasche und versenkte sie tief im Mülleimer. Jablonskis Erbe war nach New York zurückgekehrt und würde dort bleiben. Eins hatte ich begriffen: Weder japanische Eier noch die geheimnisvolle Penistasche konnten mein Problem lösen. Das musste ich selber tun. Wie, wusste ich allerdings noch nicht.

Die nächsten Tage verbrachten wir mit Sightseeing und entdeckten diese wunderbare Stadt von ihrer schönsten Seite. Hinter der Geschäftigkeit der Großstadt verbarg sich eine gewisse Coolness und Lässigkeit, von denen ich mir ein Stück abschneiden wollte. Sarah gefiel meine neu gefundene Leichtigkeit. Vielleicht rührte diese aber auch eher daher, dass mit der geheimen Tasche auch die schmerzhafte wunde Stelle verschwunden war. In Windeseile neigte sich die Woche dem Ende zu, und eine gemütliche Autofahrt hoch nach Kanada stand uns bevor. Obwohl wir New York ins Herz geschlossen hatten, klang der Plan, der Großstadthektik zu entfliehen und einen Gang zurückzuschalten, genau richtig. Unsere Füße würden es uns danken.

Allerdings kehrte mit dem New Yorker Verkehr die Anspannung zurück. Gerade als ich das Mietauto quer durch die Innenstadt manövrierte, spürte ich ein Zucken am rechten Auge. Ich schaute in den Rückspiegel, um mein neues Leiden zu inspizieren.

»Mann!«, rief Sarah, »achte auf den Verkehr. Ob deine Tolle sitzt, kannst du auch noch später überprüfen.«

»Meine Haare sind nicht das Problem«, sagte ich vor mich hin.

»Da zuckt was!«, fügte ich leise hinzu und bereute in diesem Moment bereits, diesen Satz jemals ausgesprochen zu haben.

»Wo zuckt's denn jetzt schon wieder?«, fragte Sarah.

»Hier am Augenlid«, antwortete ich, »da stimmt was nicht.«

Sarah verdrehte die Augen. »Ich sag dir, was nicht stimmt«, sagte sie. »Du verträgst keinen Stress. Dein ständiges Piepen und Zucken, das kommt nicht vom Körper. Das kommt vom Kopf.«

»Häh? Wie meinst du denn das jetzt?«, entgegnete ich etwas panisch, das maximale Horrorszenario flog in Windeseile an mir vorbei. »Glaubst du, es ist eine Entzündung im Gehirn? Mit Ausfällen?«

»Nein«, sagte Sarah. »Nicht Entzündung, sondern Erfindung! Ich glaube, du hast einfach zu viel Fantasie. Und die, verbunden mit Stress, treibt die dollsten Blüten.«

»Was soll das denn heißen?«, regte ich mich auf. »Dass ich nicht ganz dicht bin oder was?«

Die Lage spitzte sich zu. Erst war ich nur ein Schisser, jetzt bezeichnete mich meine eigene Frau auch noch als Spinner. Ich lenkte den Wagen mit hektischen Bewegungen durch den Verkehr und kam auch verbal in Fahrt. Das konnte ich so nicht stehen lassen.

»Also, das habe ich ja noch nie gehört!«, redete ich mich in Rage. »Als ob ich jetzt auch noch verrückt bin! Wird ja immer besser.«

Wir fuhren in den Lincoln Tunnel, der Manhattan mit New Jersey verband.

»Na? Zuckt's noch?«, sagte Sarah plötzlich.

Ich war irritiert. Was soll denn diese Frage?, dachte ich, und was denn für ein Zucken? Dann fiel es mir wieder ein: das auffällige Auge. Das hatte ich im Eifer unseres Wortgefechts ganz vergessen.

»Siehste, genau das habe ich gemeint«, sagte Sarah mit einem süffisanten Grinsen auf den Lippen. Ich wollte etwas entgegnen und holte tief Luft. Es kam aber nichts. Ich war sprachlos und verwirrt. War das jetzt nur ein Trick gewesen? Oder hielt mich Sarah wirklich für verrückt? Zugegebenermaßen hatte ich in der Aufregung das Augenzucken ganz vergessen. Aber was bewies das schon? Ich bildete mir doch nichts ein. Oder vielleicht doch? Auf einmal war es wieder da, das Zucken. Der Beweis! Doch keine Einbildung. Ein Glück, dachte ich, verrückt bin ich zumindest noch nicht. Mit zuckendem Auge und genervter Frau durchfuhr ich den Tunnel und ließ Manhattan, die neue Heimat der alten Penistasche, weit hinter mir.

In den kommenden Tagen führte uns unser Weg über die Niagarafälle, die ich mir irgendwie größer vorgestellt hatte, nach Toronto, das sich als Miniaturausgabe von New York maßstabsgerecht einordnete. Meine hypochondrische Neurose köchelte auf kleiner Flamme, als wir auch in dieser Stadt eine tolle Zeit verbrachten. Das war trügerisch, denn jetzt stand die Kanutour in der einsamen Wildnis Kanadas auf dem Programm, und bereits bei dem Überqueren der Einfahrt des »Algonquin Parks« merkte ich, wie das zuckende Auge wieder seine Arbeit aufnahm.

»Sag mal«, fragte ich Sarah, »wie ist denn das so, wenn man da so alleine im Park paddelt, gibt's da auch Info-Points?«

»Info-Points?«, wiederholte Sarah ungläubig, »was denn für Info-Points?«

»Na ja, falls mal was ist?«, sagte ich.

»Was soll denn sein?«, fragte Sarah zurück.

»Falls man reinfällt oder einem Bären begegnet«, stellte ich naiverweise fest. »Da kann doch alles Mögliche passieren.«

»Mann! Nun reiß dich mal zusammen, ich hab langsam die

Faxen dicke! Klar kann alles Mögliche passieren«, antwortete Sarah scharf, »wird es aber nicht. Wenn man reinfällt, braucht man noch lange keinen Rettungshubschrauber, und wenn man wirklich einen Bären trifft, dann kann einem der Info-Point auch nicht mehr helfen. Und außerdem«, fügte sie hinzu, »war das doch deine Idee!«

Sie hatte recht. Die Kanutour war in der Tat auf meinem Mist gewachsen. Im Sommer hatten wir schon öfters Paddeltouren durch die Lüneburger Heide unternommen. Und als wir diese Reise geplant hatten, wollte ich auch ein Highlight beisteuern. In einem Moment des Übermutes hatte ich die Kanutour vorgeschlagen, und Sarah war aus dem Häuschen gewesen. Doch erst jetzt wurde mir in aller Deutlichkeit bewusst, dass Kanada nicht die Lüneburger Heide war. Der älteste Naturpark Ontarios lag mit dichten Laub- und Nadelwäldern, Sümpfen, Bergen und einer schier unglaublichen Menge an Seen vor uns, die zum Paddeln einluden. Im Gegensatz zur Lüneburger Heide beheimatete er aber neben etlichen Pflanzen auch etliche größere Tiere, darunter Elche, Wölfe und eben auch Bären.

»Ja, meine Idee«, sagte ich kleinlaut, »wird schon nichts schiefgehen.«

Mein Auge zuckte im Sekundentakt. Alleine daran würde mich der Bär sofort als nicht ernst zu nehmenden, schwächlichen Gegner erkennen und mich mit einem Hieb seiner riesigen Tatze dem Erdboden gleichmachen.

Die Mitarbeiter der Organisation, die Sarah und ich dann gemeinsam über das Internet gebucht hatten, stellten nicht nur die Kanus zur Verfügung, sondern halfen uns auch packen und gaben eine kurze Einführung. Alles schien überschaubar, die Karte verständlich, und auch das Kanu glich vom Typus her fast dem Modell, das ich aus der Lüneburger Heide kannte. Aber der

Bär saß mir im Nacken. Ich wurde den Gedanken nicht los, dass er bereits zähnefletschend auf uns wartete. Dem Waran war ich seinerzeit entkommen, und nun musste ich mich dieser Bestie stellen. Unser Kanu legte ab, und wir fuhren in drei einsamen Tagen der Wildnis entgegen. Vor uns das Wasser, umrandet von dichtem Schilf, hinter dem sich das dunkle Grün der Bäume erstreckte. Jeder einzelne Baum ein potenzielles Bärenversteck.

Wäre ich nicht so nervös gewesen, hätte man sich sogar richtig gut entspannen können. Das Kanu glitt lautlos durchs Wasser der sumpfigen Landschaft. Wir waren nur von den Geräuschen des Waldes umgeben und sonst nichts. Hier hatten die europäischen Einwanderer seit dem 17. Jahrhundert Jagd auf Tiere und deren Pelze gemacht. Auch sie hatten sich mit Kanus den Weg durch die Wildnis gebahnt. Gestört wurden sie nur von dem einen oder anderen Biberdamm, den es zu überwinden galt. Genießen konnte ich das Ganze nicht, ich fühlte mich nicht wie ein Entdecker. Das Einzige, was ich entdeckte, waren weitere stressinduzierte Symptome. Nicht nur das Auge zuckte jetzt, sondern ich war mir zu allem Überfluss sicher, dass meine Sehkraft nachließ. Ich saß als Steuermann hinten im Kanu. Sarah sah mich also nicht, sodass ich insgeheim diverse motorische Tests an mir durchführen konnte, um weitere systemische Erkrankungen auszuschließen. Kurz gesagt: Ich steigerte mich vollkommen in meinen Wahn rein und ließ meinen Neurosen freien Lauf. Als wir am frühen Abend anlegten, um unser Lager aufzuschlagen, war ich dementsprechend völlig neben der Spur.

»Ich baue schon mal das Zelt auf«, sagte Sarah. »Gehst du das Holz holen?«

»Holz?«, fragte ich mit hoher, nervöser Stimme nach. »Für den Schutzwall?«

»Schutzwall?«, sagte Sarah. »Nee, Quatsch. Fürs Lagerfeuer. Also, bis gleich!«

Sie wandte sich ab und begann, die Einzelteile unseres Zeltes auf dem Boden auszubreiten. Ich stand kurze Zeit nutzlos daneben. Alleine in den Wald wollte ich auf gar keinen Fall. Dass Sarah das bemerken und mich mal wieder für einen Schisser halten könnte, fand ich allerdings noch schlimmer. Deshalb fing ich an, Hölzer zu sammeln und in regelmäßigen Abständen den sinnlosen Sehtest durchzuführen, indem ich ein Auge schloss und mit dem anderen einen Baum oder Ast fixierte. Mit dieser Taktik geriet ich versehentlich doch tiefer in den Wald als gedacht. Hier und da drangen unvermittelt und aus allen Richtungen die verschiedensten Geräusche an mein Ohr. Jedes Mal durchfuhr mich ein kleiner Schreck. Kündigten sich Bär, Wolf oder Elch an? Die einzigen Tiere neben Vögeln, die wir bis jetzt gesehen hatten, waren Biber gewesen. Von denen, so schien es, ging zumindest keine unmittelbare Gefahr aus.

Als ich bereits eine beträchtliche Menge Holz gesammelt hatte, kehrte ich zu unserem Zeltlager zurück, das ich glücklicherweise auch gleich auf Anhieb fand. Kurz davor machte ich einen erneuten Sehtest. Der Blick aus meinem nicht geschlossenen Auge schweifte umher, und da sah ich es: ein Pelzbüschel. Das sah aus wie …

Vanish! In der Dämmerung konnte ich das scheue Geschöpf kaum erkennen. Aber es war weder Elch noch Wolf noch Bär. Aus der Entfernung ähnelte es eindeutig der New Yorker Katze.

»Guck mal, ist dort ’ne Katze?«, rief ich zu Sarah hinüber, die immer noch am Zelt bastelte.

Ich ging näher an das komische Tier ran, das das gar nicht komisch fand. Es schien sich eher bedroht zu fühlen. Hinter mir hörte ich auch schon Sarahs Stimme.

»Pass auf!«, rief sie, »das ist keine Katze. Das ist ein Stinktier!«

Zu spät. In hohem Bogen spritzte das Stinktier sein öliges Sekret auf meine Hose und Beine und verschwand im dichten Wald. Sofort benebelte mich der extreme Gestank, und ein fieser Brechreiz stieg in mir hoch. Sarah war zu mir herübergelaufen, blieb aber nun in sicherer Entfernung stehen.

»Oh nein!«, rief sie herüber, »das kriegst du nie wieder aus den Klamotten. Die Hose kannst du wegschmeißen.«

Ich wollte an mir hinunterschauen, aber der Gestank trieb mir die Tränen in die Augen. Auch ohne Fäulnisgeruch hätte ich heulen können. Ich verlor mein Augenlicht, meine Nerven und jetzt auch noch meine Hose! Aber mein Selbstmitleid half mir wenig, das Feuer musste in Gang gesetzt werden, bevor es dunkel war, also machte ich mich an die Arbeit.

Einige Stunden später prasselte das Feuer unter dem freien kanadischen Himmelszelt. Wir saßen nicht weit vom Ufer, im Wasser begannen die Sterne sich langsam zu spiegeln. Wir blickten in die Flammen und nippten an unserem Bier. Dieser eigentlich romantische Moment war überschattet von den Ereignissen des Tages. Ich war nervlich am Ende und Sarah genau davon genervt. Über allem lag der beißende Geruch des Stinktiersekrets, den ich trotz mehrfachen Badens nicht losbekam.

»Weißt du«, durchbrach Sarah die Stille, »manchmal ist mir das alles ein bisschen viel mit dir.«

Ich schaute sie entsetzt von der Seite an. Auf meine Hose konnte ich verzichten, aber doch nicht auf meine Frau! Das konnte doch alles nicht wahr sein.

»Wie meinst du das?«, fragte ich beunruhigt. »Jetzt mach bloß nicht aus einem Augenzucken eine Grundsatzdiskussion.«

»Es ist doch nicht nur das Zucken«, erwiderte Sarah. »Mal kribbelt's, mal juckt's. Mal zieht's, mal zuckt's. Da verliert man ja den Überblick. Ständig diese Nervosität. Was ist denn los mit dir? Warum kannst du nicht mal locker sein?«

Ich merkte die innere Anspannung, die Macke mit dem Auge, die aufsteigende Hitze. Ich war in der Tat ein Wrack.

»Ich bin doch locker«, sagte ich und merkte, wie dabei meine Stimme vibrierte.

»Ach, du verstehst gar nichts«, sagte Sarah. »Ich geh ins Bett.«

»Jetzt warte doch mal«, setzte ich noch an, aber sie kroch bereits ins Zelt.

Ich blieb allein vor dem Feuer sitzen und nahm einen großen Schluck aus der Bierflasche. Ich würde es schaffen, locker zu sein, dachte ich. Sarah würde schon sehen. Der lockerste Kerl auf Erden würde ich werden. Ich atmete tief durch. Und verschluckte mich dabei am Bier. Dann wollte ich zu Sarah ins Zelt. Das Feuer war noch schwach im Gange. Lieber blieb ich, bis es ganz aus war.

»Locker werden« war gar nicht so einfach, wie ich dachte. Ich würde es morgen noch mal versuchen. Kurze Zeit später, nachdem das Feuer ganz gelöscht war, kroch ich ebenfalls ins Zelt und legte mich neben meine Frau, die trotz der räumlichen Nähe meilenweit von mir entfernt war.

Der Traum

Sarah und ich sind im Gebirge unterwegs. Im Tal sehe ich die Bahn bereit zur Abfahrt. Sarah läuft schnellen Schrittes hinunter. Sie dreht sich um und ruft mir etwas zu. »Ich gehe ohne dich«, verstehe ich. Ich bin verzweifelt. »Nein!«, rufe ich und versuche schneller voranzukommen, aber meine Beine sind wie gelähmt. Ich sehe, wie Sarah tief im Tal den Zug besteigt und davonfährt. Sie sieht mich aus dem Fenster an. Und lächelt.

Schweißgebadet wachte ich auf. Es musste mitten in der Nacht sein. Wo ich mich befand, wusste ich im ersten Moment nicht. Es war stockdunkel. Ich sah nichts. Dann gewöhnten sich meine Augen langsam an die Dunkelheit, und die Erinnerung kehrte zurück. Wir waren in Kanada inmitten der Wildnis des Algonquin Parks. Erst hatte ich Sarah mit meinem Augenleiden in den Wahnsinn getrieben, dann hatte mich die Stinktierattacke lahmgelegt. Nun lag meine Frau neben mir und schlief tief und fest. Als ich den Reißverschluss des Zeltes öffnete, fiel der Mondschein auf ihr Gesicht. Wie hübsch sie war, und wie zufrieden sie im Schlaf wirkte. Warum konnte ich nicht auch ein Stück dieser Zufriedenheit in mir tragen? Warum mussten meine Neurosen nur immer alles ruinieren?

Ich kletterte aus dem Zelt und sog hastig die frische Luft ein. Unsere kleine Unterkunft stand nicht weit vom Ufer, und der Mond spiegelte sich im klaren Wasser des Sees, der schwarz und ruhig vor mir lag. Ich ging zum Ufer und setzte mich. Eine quälende Frage begann in meinem Kopf zu kreisen: Warum war ich nur so ein Schisser geworden?

Hatte es wirklich an der Erziehung meiner Eltern gelegen, die immer pingelig darauf geachtet hatten, dass »schön« abgeschlossen wurde, dass alles genauestens kontrolliert wurde, dass Gewissheit besser war als Risiko? Oder rannte ich bei jeder Kleinigkeit zu Dr. Hansen-Jansen, weil auch damals schon der Kinderarzt nebenan gewohnt hatte und auf jede gesundheitliche Frage eine beruhigende Antwort fand? Oder lag es letztendlich doch an Dänemark, dem immerwährenden Urlaubsziel, das nicht gerade als Bootcamp für angehende Abenteuertouristen bekannt war? Lag es überhaupt an irgendwelchen äußeren Einflüssen oder einzig und allein an mir selbst? Ich wusste es nicht. Gewiss war nur, dass ich körperlich und geistig am Ende meiner Kräfte war und, wenn sich nicht bald etwas änderte, die Scheidung unweigerlich ins Haus stand. Der Schisser in mir hatte mich tief in ein gehöriges Schlamassel manövriert.

Die leichten Wogen des schwarzen Sees schwappten an meine Füße. Das kalte Nass umspülte meine Zehen. Mein Blick wanderte das Ufer entlang. Dann sah ich ihn. Etwa 200 Meter von mir entfernt stand ein riesiger Elch im Wasser. In diesem Moment wusste ich nicht, warum mich die ganze Zeit die Angst vor dem Bären begleitet hatte, denn der Elch war im Vergleich dazu viel größer. Gigantisch groß, eine imposante Erscheinung. Er schien keine Notiz von mir zu nehmen, beugte sich herunter und trank seelenruhig. Ich sah ihn fasziniert und erschrocken an und merkte, dass mein Pulsschlag stieg.

Es war mir egal. Die Angst nervt nur noch, dachte ich, als ich den eleganten Elch beobachtete. Dann ließ er vom Wasser ab und stolzierte erhobenen Hauptes gen Wald. Den Jammerlappen ließ er unbeachtet am Ufer zurück. Wenn auch mit einer Erkenntnis: In diesem Moment nahm ich mir unwiderruflich vor, mich zu bessern.

Wochen später, als wir wieder zu Hause waren und ich versuchte, Martin Jablonski den Verbleib des Familienerbes zu erklären, merkte ich allerdings, wie weit ich noch von einer baldigen Besserung entfernt war. Während ich von der Reise berichtete, durchlebte ich noch einmal jeden Moment.

»Ach, Puschi«, klagte ich, »es tut mir ja leid. Aber der Stress und dann dieser Wolkenkratzer … im Grunde ist das alles nur wegen dem Empire State Building passiert.«

»Wegen DES Empire State Buildings!«, berichtigte Jablonski junior harsch meinen falschen Genitiv und schaute mich aufgebracht an.

Den Verlust der geheimnisvollen Penistasche, welche sich über Generationen in Familienbesitz befunden hatte, nahm er mir übel. Dennoch wusste ich, dass er mir eines Tages verzeihen würde. Bei Sarah war ich mir da nicht so sicher. Unsere Beziehung hatte auf der Reise einen ernsthaften Knick erlitten, der fortan totgeschwiegen wurde. Keiner machte den ersten Schritt und brachte den Mut auf, das Thema anzusprechen. Dabei rückte die nächste Reise nach Südostasien unabwendbar näher. Mein Gefühl sagte mir zwar, dass es für eine zügige Besserung ein überambitioniertes Ziel war, aber Sarah wollte darauf auf gar keinen Fall verzichten.

»Zur Not fahre ich ohne dich!«, hatte sie gedroht.

Im Nachhinein betrachtet wäre das wahrscheinlich für alle Beteiligten das Beste gewesen.

VII.

Ohne Wasser, ohne Strom, ach herrje, wen kratzt das schon?
oder: mit viel Chaos durch Laos

Reisekrankenversicherung! Ich konnte an nichts anderes denken. Würde sie den Transport übernehmen, wenn ein Hubschrauber mich aus meiner misslichen Lage retten müsste? Von hier, mitten aus dem Dschungel, wo es nichts gab, nicht einmal Strom oder fließend Wasser? Kam hier überhaupt ein Helikopter hin?

In jener Nacht lag ich in einer staubigen Bambushütte in einem Bergdorf in Laos. Meine Klamotten, die ich seit Tagen nicht gewechselt hatte, klebten an meinem verschwitzten Körper. Dennoch musste jeder Zentimeter Haut bedeckt sein, um mich vor dem Feind zu schützen. Er lauerte in der Dunkelheit. Abwartend, siegessicher. Nur ein Stich würde genügen, um uns zu vernichten. Das konnte ich nicht zulassen, ich würde unsere Leben bis zum bitteren Ende verteidigen. Obwohl es allem Anschein nach zukünftig kein gemeinsames Leben mehr geben würde. Denn die schäbige Hütte in Laos markierte nicht nur komforttechnisch den Tiefpunkt meines Daseins, auch unsere Beziehung schien diese harte Probe nicht zu überstehen. Der heftige Streit mit Sarah hallte noch in meinen Ohren. Und plötzlich war da auch wieder das Surren, das mich verrückt machte. Ich lauschte konzentriert, um die Richtung auszumachen, aus der das Geräusch kam. Die kleine Taschenlampe konnte ich nicht betätigen, denn ich wollte Sarah nicht wecken. Das Surren kam näher und näher … zog aber vorbei. Der Parasit, der den tödlichen Krankheitscocktail in sich trug, hatte uns ein weiteres Mal verschont und war wieder in die Dunkelheit abgetaucht. Meine Gedanken kehrten zur Reisekrankenversicherung zurück. Im Falle einer tödlichen Komplikation brachte mir diese Police wahrscheinlich eher wenig. Dann fiel mir der Totenrücktransport ein. Immerhin war der mit eingeschlossen, auch wenn ich dann nichts mehr davon hätte. Ärgerlich! Vielleicht hätte ich besser verhandeln sollen. Das Abschlussgespräch war mir sowieso etwas merkwürdig in Erinnerung geblieben. Gewissermaßen war es der Anfang vom Ende gewesen.

Nachdem wir aus Kanada zurückgekehrt waren, hatte der Haussegen derart schief gehangen, dass die neue Reise nach Südostasien erst einmal nicht thematisiert wurde. Nach dem letzten Debakel hielt ich es dennoch für wichtig, ausreichend vorbereitet zu sein, ich gelobte ja Besserung! Und wenn am Reiseziel schon nicht zu rütteln war, dann sollten wenigstens die versicherungstechnischen Rahmenbedingungen festgezurrt sein. Ein gutes Gefühl auf der Reise, dachte ich, braucht ein gutes Fundament. Leider war mein Versicherungsvertreter ein Fall für sich. Alfred Alfonso Angermann, der Mann mit dem Triple-A-Rating im Namen, war in der gleichnamigen Agentur »Angermann & Sohn« der Sohn. Meine Eltern hatten mir das Versicherungsbüro empfohlen, denn sie waren seit Jahren Kunden beim Senior. Von ihnen wusste ich, dass Angermann junior erst über Umwege die vorhergesehene Versicherungslaufbahn eingeschlagen hatte, denn immer wieder war ihm sein Temperament in die Quere gekommen. Und auch heute noch verwandelte sich Herr Angermann in Ausnahmesituationen in »Anger Man«. So war es auch beim Abschlussgespräch zu meiner Reiseversicherung geschehen. Angermann hatte unter Vorwand zum Essen geladen und mich in seinem Sportwagen abgeholt. Bei 200 Stundenkilometern auf der Autobahn eröffnete er das Verkaufsgespräch, während ich mich an die Halterung der Innentür klammerte.

»Sie fahren nach Südostasien?«, hatte er gefragt und theatralisch hinzugefügt: »Oh ha!«

»Wieso?«, hatte ich verunsichert geantwortet.

»Na, was da alles passieren kann!«, hatte Angermann verbal in die Versicherungsmottenkiste gegriffen. »Da brauchen Sie auf jeden Fall eine gute Reisekrankenversicherung!«

Ohne dass ich antworten konnte, war er fortgefahren: »Da habe ich ein Spitzenprodukt für Sie: top Leistung zu top Konditionen. Fondsgebunden und daher eins a abgesichert.«

»Fondsgebunden?«, hatte ich nachgehakt, »bei einer Krankenversicherung? Ist das üblich? Klingt irgendwie komisch.«

»Doch, doch, alles richtig. Beruht auf Aktien. Und die kennen nur einen Weg: nach oben!«, hatte Angermann die dubios klingende Sache angepriesen und dann noch einen draufgesetzt: »Für Sie habe ich da aber noch ein extra Schnäppchenangebot auf Lager.«

»Eigentlich reicht mir eine Versicherung«, hatte ich entgegnet, denn ich wollte keine weitere undurchsichtige Police.

»Wie bitte? Unterversichert kommen Sie mir nicht in den Urlaub!«

Angermann war bereits in seinem Element. Wie ein Krake hatte er fast unbemerkt seine Tentakel ausgefahren, um mir jetzt mit einer Salve Fachchinesisch die Kehle zuzuschnüren.

»Auslandsreisekrankenkostengepäckrücktrittsversicherung mit Insassenunfallschutz und Prämienrückgewähr im Todesfall!«, hatte der Versicherungskrake stolz verkündet – offenbar nicht mehr bei Sinnen, aber trotzdem siegessicher.

»Insassenschutz bei einer Rücktrittsversicherung?«, fragte ich vorsichtig nach. »Das ist doch Quatsch!«

»NICHT IN DIESEM TON!«, hallte es durch den Sportwagen.

Da war er, der »Anger Man«. Er trat wie ein Berserker auf die Bremse, und der Sportwagen kam mitten auf dem Standstreifen der Autobahn zum Halt.

Unbeherrscht fuhr er fort: »Stellen Sie sich doch nur mal vor, Sie kommen ohne Gepäck und OHNE Versicherung an?«

Mit einem Knopfdruck hatte er den Kofferraum geöffnet. Ich hatte mich ängstlich umgedreht. Was führte Angermann im Schilde? Holte er eine Axt raus und machte mit mir kurzen Prozess, wenn ich keine Bandwurmzusatzversicherung kaufte?

»Beruhigen Sie sich doch!«, hatte ich panisch ausgerufen.

»Beruhigen?«, hatte Angermann mich angeschrien, »wenn ich weiß, dass Sie unversichert in Asien versauern?«

Angermann verließ das Auto. Davon überzeugt, dass er die Axt holte, war ich aus Angst ebenfalls aus dem Auto gesprungen. Aber der Versicherungsheini war nur mit einem Stapel Papier zurückgekommen. Ich war verwirrt und schaute in den Kofferraum. Darin lag lediglich ein mobiler Drucker. Angermann gab mir den Vertrag. Dabei sah ich, wie eine dicke Ader seitlich aus seinem Kontrastkragenhemd lugte und gefährlich anschwoll.

»Jetzt hören Sie mir mal zu, Sie Schlauberger. Ich will doch nur Ihr BESTES!«, brüllte er. Mit diesen Worten überreichte er mir seinen goldenen Kugelschreiber. Ich hatte die surreale Situation betrachtet: der Sportwagen auf dem Standstreifen der Autobahn, der offene Kofferraum mit mobilem Drucker und Angermanns Ader, die fast platzte. Und unterschrieb. Im Affekt. Vielleicht, weil ich einfach nur froh war, dass mich mein Versicherungsvertreter nicht auf offener Straße zerstückelt hatte. Angermann hatte nur gelächelt und gesagt: »Manch einen muss man zu seinem Glück eben erst zwingen.« Danach waren wir wieder ins Sportcabrio gestiegen. Angermann hatte den Kofferraum per Fernbedienung geschlossen, und so waren wir unter lautem Aufheulen des Motors von dannen gebraust.

Zum vermeintlichen Glück gezwungen hatte mich aber nicht nur Angermann, sondern vor allem Sarah. Südostasien war ihr Wunsch gewesen. Und ich hatte mir fest vorgenommen, mich diesmal zusammenzureißen. Das fiel mir zunächst sogar leichter als gedacht, denn alles hatte ganz harmlos angefangen. Wir waren in Bangkok gelandet und hatten die ersten Tage in der Stadt verbracht. Abenteuerlich gestalteten sich in der wuseligen Metropole lediglich die Fahrten in den lokalen Taxis, Tuk-Tuk genannt. Dabei handelte es sich um Rikschas, die nicht mit einem Fahrrad, sondern einem Motorrad betrieben wurden. Man saß hinten in einer zu allen Seiten offenen Kabine und konnte im Grunde jederzeit hinauspurzeln. Ein deutscher TÜV-Mitarbeiter wäre beim bloßen Anblick in Ohnmacht gefallen.

Davon mal abgesehen war Thailand im Grunde wie das Mallorca Asiens. Das wurde uns umso bewusster, als wir von Bangkok auf eine thailändische Insel weiterreisten. Selbst die Restaurantkarte in der einsamen Hütte am Strand war auf Deutsch. Sarah fühlte sich in der typischen Touristenfalle gefangen, ich mich hingegen pudelwohl. Endlich konnte man mal mit einem guten Buch entspannen. Meine Frau hielt das natürlich nicht lange aus. Für sie musste sogar Entspannung ein Erlebnis sein. Also hatte sie sich für die berühmte Thaimassage angemeldet und kam danach ganz begeistert zurück, um sie auch mir ans Herz zu legen.

»Thaimassage?«, sagte ich, »also ich weiß ja nicht. Da hab ich schon die wildesten Sex-Geschichten gehört. Stichwort ›Massage mit Happy End‹!«

»So ein Quatsch!«, antwortete Sarah. »Wir sind doch hier in einem Vier-Sterne-Ressort und nicht in einem Bordell.«

Das klang einigermaßen einleuchtend. Ich traute mich und ging zum Wellness-Spa des Hotels hinüber. Im Wartebereich beobachtete ich geduldig, wie die schmalen Thailänderinnen hin und her flitzten und sich um ihre ausländische Kundschaft kümmerten. Es war mir ein Rätsel, wie so zierlich gebaute Personen die großen, oft übergewichtigen Europäer bearbeiten konnten. Dabei musste ich schmunzeln, denn die Reise nach China kam mir in den Sinn. Dort war ich zum Glück verschont geblieben, mich um den Krankentransport von Sarahs imposantem Vater zu kümmern. Während ich träumte, zeigte eine der zwei Thailänderinnen hinter dem Tresen auf mich. Jetzt ging es los. Ich wurde in einen dekorativ mit Blumen geschmückten Raum gebracht, in dem eine einsame Massagebank stand. Mir wurde zu verstehen gegeben, dass ich mich hinlegen sollte. Das tat ich und lag bäuchlings auf der Liege, den Blick durch das Loch im Kopfkissen auf den Boden gerichtet, und wartete. Ich hörte, wie sich die Tür öffnete und jemand eintrat. Plötzlich legte sich ein Schatten über den Boden, den ich durch das Loch in der Massagebank sah. Ich drehte den Kopf zur Seite und erblickte eine massive Person im Gegenlicht. Ich erschrak und fühlte mich sofort an die Sumoringer in Japan erinnert. Hatten die Thailänder etwa eine genetisch modifizierte Riesenmasseuse geschaffen, um besonders schwere Fälle wie mich zu bearbeiten? Für derlei Gedankenspiele blieb mir jedoch keine Zeit, denn die asiatische Abreibung begann. Die Sumoringerin knetete mich mit ihren riesigen Händen energisch durch. Von Entspannung keine Spur. Jeder ihrer Griffe offenbarte einen neuen ungewohnten Schmerz. Muskelgruppen, von deren Existenz ich bisher nicht einmal wusste, machten sich unangenehm bemerkbar. Ich lag und litt. Nach einer sehr langen Stunde dann die Erlösung. Die Hände hörten auf zu kneten. In gebrochenem Englisch hörte ich über mir die tiefe Stimme der Asiatin: »Pinis?«

Ich zuckte zusammen. »Penis!« Da war es: das unmoralische Angebot, das ich so sehr gefürchtet hatte.

»No!«, rief ich hektisch. »No, no, no!«

Dann spürte ich wieder die Pranken im Nacken. Ängstlich lag ich unter den Händen, die mir gerade mehr angeboten hatten, als mir nur den Rücken zu massieren. Ich wurde erneut bearbeitet. So ging es eine weitere gute halbe Stunde weiter. Meine Muskeln verkrampften sich immer mehr. Als es kaum noch auszuhalten war, ließ die Masseuse wieder von mir ab. Was für eine Erleichterung. Aus dem Off kam wieder ihre Stimme.

»Pinis?«

Ich verkrampfte total. Ich wollte aufspringen, kam aber nicht schnell genug hoch, dabei rief ich wimmernd: »No, no, please. No!«

Grob wurde ich von den Händen auf die Bank zurückgedrückt. Die Tortur ging in die dritte Runde. Wie ein Rührbesen, der langsam durch einen festen Hefeteig durchmusste, bohrten sich die hünenhaften Hände zurück in meinen Rücken. Ich hielt weitere zwanzig Minuten durch. Pinis!, ging mir durch den Kopf, bloß nicht Pinis!

Dann fiel es mir wie Schuppen von den Augen. Hatte sie möglicherweise nicht »Pinis!« gesagt, sondern »Finis?« gefragt? Und ich hatte ihr Angebot »Finish?«, also »aufzuhören«, jedes Mal vehement abgelehnt? Was war ich nur für ein Trottel. Obwohl mir die gigantischen Hände noch tief in der Schulter steckten, reagierte ich sofort.

»Finish!«, rief ich laut.

»Finis!«, erwiderte die tiefe Stimme erleichtert. Auch sie schien heilfroh, dass die Massage endlich vorbei war. Beim Bezahlen signalisierte ihr Blick, dass diese Überlänge auch ihren Preis hatte. Ich ärgerte mich nicht, denn ich war überglücklich, dass ich es hinter mir hatte. Als mich Sarah später fragte, wie es denn gewesen war, antwortete ich nur knapp: »Die Dosis macht das Gift.«

Schon bald neigten sich die entspannten Tage auf der thailändischen Insel dem Ende entgegen. Sarah hatte sich viel vorgenommen, und wir brachen mit unseren Rucksäcken nach Kambodscha auf, um uns die Tempel von Angkor anzuschauen. Dieses Land unterschied sich bereits merklich von Thailand, und obwohl die Tempelanlagen fantastisch waren, blieb mir vor allem der Moment in Erinnerung, als wir zu Fuß die Grenze überquerten. Richtig gehört: zu Fuß! Dabei war gerade dieser Grenzübergang berühmt-berüchtigt wegen seiner Horrorgeschichten über Erpresser, Abzocke mit gefälschten Visa und anderen organisierten Verbrechen. Aus Kostengründen hatten wir eine Mitfahrgelegenheit genommen, die uns auf der thailändischen Seite lediglich zur Grenze gebracht hatte. Den weiteren Weg mussten wir selber organisieren. Mir war die Sache natürlich nicht geheuer gewesen, und das hatte mal wieder zu einer Meinungsverschiedenheit geführt, die aber ins Leere lief. Denn während ich mich bereits an den thailändischen Strand zurücksehnte, kam Sarah erst so richtig in Fahrt.

Nach Kambodscha hatten wir unsere letzte Etappe – den Norden von Laos – angetreten: der eigentliche Höhepunkt der Reise, der mich letztendlich in meine missliche Lage gebracht hatte und in der staubigen Bambushütte geendet war. Start unserer Expedition war Luang Prabang, die alte Königsstadt, die in einem beschaulichen Tal inmitten einer atemberaubenden Berglandschaft lag. Umrahmt wurde dieses Kleinod vom Mekong und dessen Nebenfluss Nam Khan, dahinter erstreckte sich die wuchtig grüne Vegetation des laotischen Hochlandes. Die kleine Stadt galt als absolutes Juwel des alten »Indochinas« und mit ihren über dreißig Klöstern als größte aktive Tempelstadt Asiens.

Hier standen prächtige buddhistische Tempel mit Tausenden goldenen Buddhas unverhofft neben Vertrautem aus Europa. Denn an die französische Kolonialzeit erinnerten noch viele Häuser, Restaurants und auch Speisen. So begegnete man hier auf offener Straße den asketischen buddhistischen Mönchen in ihren bescheidenen Roben, während die Touristen in ihrer grellen Funktionskleidung üppige Croissants frühstückten. Offen gesprochen waren die französischen Backwaren in der Tat eine willkommene Abwechslung zu der sonst ganztägig servierten Nudelsuppe. Bei einem Rundgang über einen laotischen Markt fühlte ich mich allerdings eher an die außergewöhnlichen kulinarischen Gepflogenheiten der Chinesen erinnert. Ich notierte im LOGBUCH DES TODES akkurat die Sichtung von gerösteten Reisfeldratten am Spieß, Wasserwanzen, Schlangen, Käfern in jeglicher Form und die dargebotene Vielzahl an Innereien. Am Stand eines Metzgers gab mir Sarah, die Chirurgin, Anschauungsunterricht in Anatomie. Sie zeigte begeistert auf riesige Rinderherzen, identifizierte ein glibberiges Teil als Bauchspeicheldrüse und ein anderes als

Milz. Ich verfolgte das alles mit skeptischem Blick, der schlussendlich an einem in Alkohol eingelegten Bären hängen blieb. Wie der überhaupt in das Behältnis passte, ist mir bis heute ein Rätsel.

Bereits im Morgengrauen des nächsten Tages brachen wir mit unserem Bergführer gen Norden auf. Unser Ziel: die einsame Wildnis, das echte laotische Leben und das wahre Abenteuer. Meine Hoffnung: unsere unversehrte Rückkehr. Denn seit wir die Reise nach Südostasien angetreten hatten, sehnte ich mich bereits nach der Heimkehr. Meine Vorahnung hatte sich bestätigt: Für meine Genesung von den vielen Reisephobien war die Kontaktdosis dieser Konfrontationstherapie entschieden zu hoch. Einzig am Strand von Thailand war es mir gelungen, ein bisschen abzuschalten. Seit wir diesen verlassen hatten, stand ich derart unter Strom, dass ich mich wunderte, dass mir nicht alle Haare zu Berge standen. Die Grenzüberquerung in Kambodscha hatte meine Neurosen so richtig angefeuert, und ich war von meinem Versprechen, »locker zu werden«, das ich Sarah in Kanada gegeben hatte, weiter entfernt als je zuvor. Die mehrtägige Tour, die jetzt vor uns lag, kam für mich einem Todesurteil gleich.

Ein Jeep brachte uns zur Flussmündung des Nam Khan, dem Nebenfluss des Mekong. Auf der anderen Seite des etwa hundert Meter breiten, bräunlich schimmernden Flusses erstreckte sich ein hügeliger und weitläufiger Regenwald. Der Morgennebel hing schwer über dem dichten Dschungel und verlieh der Szenerie eine bedrohliche Atmosphäre.

»Is this where we are going?«, fragte ich unseren Bergführer beunruhigt.

Der kleine Laote mit dem Namen »Máay« sah mich freundlich an. Sein Name hieß übersetzt »Baum«, denn unter den Bäumen des dichten Dschungels war er zu Hause. Später erfuhren wir, dass das Bergdorf, in dem wir übernachten sollten, sein Heimatdorf war. Er wusste genau, dass der Nebel sich bald lichten würde und ein neuer sonniger Tag bevorstand. Aber für die Abenteuer-Touristen wollte er es extra spannend machen. Immerhin waren sie gekommen, um etwas zu erleben.

»Oh! This is a bad storm«, sagte Máay, und ich zuckte zusammen. »You can only go if you are an advanced adventurer!«

Fortgeschrittener Abenteurer? Ich war doch noch nicht mal geeignet für den Anfängerkurs! Mir wurde schlecht.

»But first we need to go by boat!«, sagte der Laote und zeigte auf einen kleinen Schuppen, vor dem drei feuerrote Kajaks lagen.

Bevor ich wusste, wie mir geschah, wurden wir mit Schwimmwesten ausgestattet. Trotz Sicherheitsvorkehrung konnte von Beruhigung keine Rede sein. Immerhin verlieh mir das Ganze das sichere Gefühl, nicht ertrinken zu müssen, sollten wir kentern. Ich hatte mal irgendwo gehört, dass dieser Tod ganz besonders unangenehm sei. Aber das war wahrscheinlich auch Ansichtssache. Wer wusste denn schon, was der Dschungel für Gefahren bereithielt? Wir ließen die Kajaks ins Wasser und paddelten los. Sarah hatte ein strahlendes Lächeln im Gesicht und rief zu mir herüber: »Ist das nicht genial?«

Ich wollte ihr zunicken, konzentrierte mich aber dann doch lieber auf die Strömung. Bloß keine falsche Bewegung in dem

wackeligen Ding. Im Gegensatz zum Kanu war man im Kajak auf das eigene Gleichgewicht angewiesen. Die Handhabung des Paddels erforderte vollste Konzentration. Bei Sarah wirkte das natürlich wieder so, als wäre sie schon in einem solchen Gefährt auf die Welt gekommen. Sie flitzte über den Fluss und hatte sichtlich Spaß. Hinter ihr paddelte mit ruhigen Zügen der Laote, und ich bildete mit meiner asynchronen, hektischen Amateurtechnik nicht nur geografisch das Schlusslicht der Truppe.

Wie Máay es erahnt hatte, so geschah es auch. Der Nebel lichtete sich schon bald. Im Sonnenschein verschwand die Bedrohlichkeit der Szenerie und offenbarte etwas, was selbst mich überraschte: die wahre Schönheit dieser traumhaften Kulisse. Mit meinem wackeligen Unterbau hatte ich mich einigermaßen arrangiert, sodass auch mein Panikmotor runtergeschaltet hatte und ich die Aussicht genießen konnte. Die gemütlichen Fahrtabschnitte wechselten sich mit einigen Stromschnellen ab, die etwas mehr Geschicklichkeit erforderten, aber ich tat mein Bestes und hielt mit den anderen mit, so gut es ging. Immer wieder passierten wir kleine Boote, deren Arbeiter aus der Tiefe des Flusses in aller Seelenruhe Steine an die Oberfläche beförderten, die später im Hausbau zum Einsatz kamen. Jedes Mal, wenn wir an einem solchen Boot vorbeiruderten, unterbrachen die Laoten die Arbeit, lächelten und winkten. Die hatten die Ruhe weg. Ich nicht. Aber Land war in Sicht. Nach einigen Stunden entlang des Nam Khan legten wir am Ufer an. Hier sollten wir nun Rast machen und uns für die nächste Etappe stärken.

Völlig entkräftet ließ ich mich im Sand nieder. Die ungewohnten und ungeübten Paddelschläge hatten mich meiner letzten Energie beraubt, und ich war froh, dass es eine Stärkung gab. Skeptisch beobachtete ich Máay dabei, wie er ein großes Bananenblatt aus seinem Rucksack holte. Das sollte unser Mittagessen sein? Er entfaltete das Blatt, und zum Vorschein kamen viele kleine Pakete. Zu guter Letzt kramte Máay ein Bastgefäß mit Klebreis hervor. Als alle Päckchen ausgewickelt waren, lagen, hübsch auf dem Bananenblatt drapiert, viele kleine Häufchen sonderbar anmutender Dips vor uns – und daneben etwas, das aussah wie schwarzes Papier. Unser Gastgeber lud uns mit einer Geste stolz ein, mit dem Essen zu beginnen.

»This is all homemade Lao food«, sagte er und hielt eines der schwarzen Blätter hoch. »Speciality to Luang Prabang: Kaipen! Delicious dried seaweed from the river.«

Dann nahm er mit der rechten Hand etwas von dem Klebreis, tunkte ihn in eine der grünlichen Pasten und genoss die Leckerei mit den Worten: »Enjoy your lunch!« Sarah tat es ihm gleich und sagte: »Oh je, der Laote hat einen eher eigenen Geschmack.« Sie lachte dabei und fügte dann hinzu: »Etwas bitter und dazu säuerlich. Aber ganz interessant!«

Ich schaute erst Sarah an und dann erschöpft auf das Bananenblatt-Buffet. Auf unseren Reisen hatte ich mich ja schon der ein oder anderen kulinarischen Herausforderung stellen müssen, aber jetzt hatte ich keine Kraft mehr. Sauer und bitter passte vielleicht zu meinem Gemütszustand, aber es gehörte ganz bestimmt nicht auf meinen Teller. Ich wollte ein richtiges Essen!

Máay hatte wohl bemerkt, dass ich mich mit dem einheimischen Essen schwertat. Er griff noch einmal in seinen Rucksack und zauberte ein letztes Päckchen hervor. Er reichte es mir mit beiden Händen und einem Lächeln: »Sai Ua Moo«, sagte er, »Lao sausage!«

Ich öffnete das Paket, und zum Vorschein kam eine fett glänzende Wurst, die ich freudestrahlend entgegennahm. Auf meine beiden Mitstreiter musste ich wirken wie ein kleines Kind, das endlich den Schnuller bekam. Sarah verdrehte nur die Augen.

»Lass es dir schmecken, du Kulturbanause«, sagte sie und widmete sich wieder dem vegetarischen laotischen Essen. Nachdem ich das leckere Lao-Würstchen verdrückt hatte, ging es mir wieder ein bisschen besser. Ich ließ mich sogar überreden, ein wenig von den Dips zu probieren. Teilweise schmeckten diese wirklich etwas bitter, aber es gab auch welche, die einen angenehm herzhaften, rauchigen Geschmack hatten. Máay erklärte mir, dass die Dips aus Gemüse hergestellt wurden, das frisch über dem Holzfeuer geräuchert wurde. Nach einer kurzen Verdauungspause setzten wir unsere Reise fort. Allerdings fuhren wir nur noch ein kurzes Stück mit den Kajaks, bis wir zu einer Ranch kamen.

»Elephant's next!«, rief Máay nur knapp aus seinem Kajak, gefolgt von einem energischen »Wow!« meiner Frau und einem abschließenden lauten Seufzer aus dem letzten Boot.

Wir deponierten die Kajaks am Ufer im Schuppen der Elefanten-Ranch.

»Here we cross the river. On the back of an elephant!«, sagte Máay zu Sarah.

»Cool«, entgegnete Sarah, die mit Máay voranging. Sie wirkte mit jeder Aktivität agiler. Ich hingegen fühlte mich im Vergleich zu den beiden wie ein alter, kaputter Mann. Dessen letzte Kraft nur dazu bestimmt war, mühselig hinterherzutrotten.

»Wait!«, rief ich. »Can't we cross in the kajak?«

»No. It's elephant time!«, sagte Sarah resolut, ohne mich eines Blickes zu würdigen.

Sie hatte sich für diese Reise fest vorgenommen, jeglicher Diskussion aus dem Weg zu gehen. Und das tat sie auch. Sobald ich irgendeinen Einwand oder eine Spinnerei zur Sprache brachte, wurde ich radikal abgeblockt. Nur an der kambodschanischen Grenze war es zu einer größeren Auseinandersetzung gekommen. Diese hatte sich nicht vermeiden lassen, da ich mich aus Angst in

Rage geredet hatte. Den zwielichtigen Grenzposten – ein staubiger Übergang voller Casinos und dubioser Gestalten – wollte ich partout nicht »zu Fuß« durchschreiten. Für einen kurzen Moment hatte ich mir sogar Jablonskis Penistasche zurückgewünscht, um unsere wichtigsten Habseligkeiten sicher verwahren zu können. Letztendlich hatte Sarah einfach Ernst gemacht und war ohne mich losmarschiert. Keine zehn Minuten später war ich ihr gefolgt und natürlich völlig problemlos per pedes eingereist.

So wie ich ihr auch jetzt zu den Elefanten folgte. Als wir die Ranch betraten, sahen wir sie. Es war beeindruckend, wie anmutig sich diese riesigen Kreaturen bewegten. Ihr Gang wirkte entspannt, gleichzeitig konnte man sich aber gut vorstellen, was für eine Kraft so ein Tier entfalten konnte. Wir lernten von Máay, dass die Elefanten ehemalige Arbeitstiere waren, die früher zu Waldarbeiten eingesetzt wurden. Inzwischen waren sie von der harten körperlichen Arbeit befreit und trugen anstelle von Baumstämmen nur noch Touristen umher. Jeder Elefant hatte einen sogenannten Mahut, einen Führer, der mit dem Tier ein Leben lang verbunden blieb. Anders als Máay sprachen weder Sarahs noch mein Mahut Englisch. So war ich nicht nur im Begriff, zum ersten Mal in meinem Leben auf einem Dickhäuter zu reiten. Schlimmer noch, ich würde mich im Fall eines Problems nicht einmal verständigen können.

Über eine Holzkonstruktion bestiegen wir die Elefanten. Dann saß ich auch schon hoch oben auf dem gewaltigen Rücken. Mit meinen Händen konnte ich die grobe Hornhaut des Elefanten und seine borstigen Haare fühlen. Das Tier trottete los. Ich saß wie angewurzelt da und versuchte, mich nicht zu bewegen. Jetzt bloß nichts falsch machen, dachte ich in der Angst, der Koloss könnte mich jeden Moment in hohem Bogen abwerfen. Ich drehte vorsichtig meinen Kopf und sah Sarah neben mir auf ihrem Elefanten. Sie wirkte zwar deutlich lockerer als ich, dennoch konnte ich auch in ihrem Gesicht eine leichte Anspannung erkennen. Ich drehte mich ein bisschen weiter zu ihr herum und traute mich eine Hand zu lösen, um ihr zuzuwinken. In diesem Moment stoppte der Elefant.

Ich erschrak! Was hatte ich getan? Und was passierte jetzt?

Als ich mich zurückdrehte, sah ich seinen riesigen Rüssel auf mich zukommen. Doch der ging geradewegs an mir vorbei und landete mit einem klatschenden Geräusch an der Seite. Panisch schaute ich zu dem Mahut hinunter und hob die Hand, um »Stopp« zu signalisieren. Doch der Mahut lachte nur und zog beide Schultern hoch. Darin erkannte ich das internationale Zeichen für »Ist mir egal«. Später begriff ich, dass keine Gefahr in Verzug war, sondern dass der Elefant mit seinem Rüssel lediglich Fliegen vertrieb. Ich beschloss dennoch, vorerst auf weiteres Winken und andere hektische Handzeichen zu verzichten.

Unser Elefanten-Trek trottete gemütlich und gleichmäßig durch das dichte Grün, bis sich der Wald lichtete und wir das Ufer des Flusses erreichten. Ohne Berührungsängste durchquerten die Elefanten den Nam Kahn, und wir sahen ein weiteres Mal das perfekte Panorama des zu beiden Seiten im Dschungel eingebetteten Flusses. An der anderen Seite angekommen stieg ich mit wackeligen Beinen von dem Koloss. Die Mahuts hatten Bananen dabei, die wir gemeinsam an unsere Elefanten verfütterten.

»Das war doch spitze, oder?«, sagte Sarah herausfordernd und hielt eine Mini-Banane hoch, die sich ihr Elefant mit dem Rüssel schnappte.

»Mmmh«, erwiderte ich nur und spürte, wie mich beim Füttern die haarige Hornhaut des Elefantenrüssels streifte und einen leichten Sabberfilm auf meiner Hand hinterließ.

»Du freust dich auch über gar nichts«, sagte meine Frau schroff. »Kannst du den Urlaub nicht auch mal genießen? Oder hast du schon wieder die Hosen voll?«

»Nein, hab ich nicht!«, log ich. »Aber vielleicht gibt es auch Menschen, die lieber anders Urlaub machen als du!«

»Bla bla bla«, sagte Sarah abfällig. »Immer die gleich Leier. Strandurlaub auf Malle kannst du auch noch machen, wenn du in Rente gehst.«

Wenn ich weiterhin so Urlaub machen muss wie jetzt, schaffe ich es nicht mehr bis zur Rente, dachte ich. Ich spürte, dass sich etwas zusammenbraute. Die Grundsatzdiskussion, die bevorstand, wirkte ähnlich bedrohlich wie der Dschungel, in den wir nun zu Fuß weiter vorstoßen sollten.

Máay ging voran. Als wir in das dichte Grün eintauchten, holte er eine große Machete aus seinem Rucksack. Ich zuckte zusammen.

»Was will der denn mit dem riesigen Messer?«, flüsterte ich Sarah zu.

»Sei doch froh, dass er überhaupt eins hat, du Angsthase«, gab sie zurück.

Aber schon bald begriff ich, was er damit vorhatte, denn der verwachsene Urwald gab nur noch unter massiver Anwendung des Buschmessers den Weg frei. Die Wanderung war anstrengend und das Klima feucht und schwül. Wir schwitzten. Daher waren wir froh, als wir nach etwa einer Stunde an einen kleinen Flusslauf kamen. Hier sollten wir eine Pause machen und unsere Füße im kalten Bergbach abkühlen.

Als ich an mir runterschaute, ereilte mich ein Schock. Meine Beine waren voller Blut. Angsterfüllt schrie ich auf. Jetzt war Sarah als Ärztin in ihrem Element. Blitzschnell war sie zur Stelle, um die Wunde zu begutachten.

»Keine Panik!«, sagte Sarah nach kurzer Prüfung. »Keine Verletzung. Nur Blutegel.«

Das beruhigte mich kein Stück. Blutegel! Wer wusste schon, was die alles für Krankheiten übertrugen? Sicherlich hatte ich ihn schon in mir, den tödlichen Keim des laotischen Dschungels.

Máay kam zu Hilfe. Er hatte ein kleines Gefäß mit Salz dabei und bestreute damit die Blutegel, die sich durch diese Prozedur leicht entfernen ließen. Aber die Angst vor der potenziellen Infektionskrankheit blieb. Ich hätte Sarah fragen können, die mir sicherlich erklärt hätte, dass es diesmal sogar umgekehrt war. Blutegel übertrugen in der Regel keine Krankheiten, sondern sie wurden medizinisch zur Behandlung von Krankheiten eingesetzt. Die Frage behielt ich aber für mich, dafür lag jetzt schon zu viel Spannung in der Luft.

Und die Lage verschlechterte sich zusehends. Nicht nur war ich der Einzige, der von Blutegeln heimgesucht wurde, ich war auch derjenige, der kurze Zeit später beim Überqueren einer recht wackeligen Bambusbrücke einbrach und sich das Bein verletzte. Ausgerechnet ich.

»Immer stellst du dich so ungeschickt an«, musste ich mir von Sarah anhören, die sich über mich beugte und gewissenhaft ihre ärztliche Pflicht erfüllte. Zum zweiten Mal innerhalb einer halben Stunde. Diesmal am anderen Bein. Es war zum Heulen.

Mit schmerzverzerrtem Gesicht antwortete ich: »Für so etwas bin ich halt nicht gemacht!«

Máay kam mit einigen Blättern aus dem Dschungel zurück, die er zerknüllte und in seiner Hand zerrieb.

»Jungle medicine«, sagte er und trat neben Sarah, die die Wunde gerade frisch gesäubert hatte.

»Ich hab's eigentlich nicht so mit Homöopathie«, intervenierte ich schwach, aber Máay verstand mich natürlich nicht. Er schmierte mir die grüne Paste, die aussah wie ein laotischer Essens-Dip, auf die Wunde. Dann setzten wir unsere Tour fort. Máay hatte mir aus einem Ast einen Gehstock gebastelt. Mit diesem humpelte ich

ihm und Sarah hinterher. Jetzt fühlte ich mich nicht nur wie ein alter Mann, sondern sah auch noch so aus.

Einige Stunden später kamen wir über eine Ebene von weitläufigen Reisfeldern und erreichten ohne weitere Vorkommnisse das dahinter gelegene Dorf. Ich wusste zwar bereits, dass Sarah geplant hatte, »bei den Einheimischen« zu übernachten. Was das konkret bedeuten würde, hatte ich allerdings unterschätzt. Denn was uns jetzt erwartete, kannte ich nicht aus meinen kühnsten Träumen, sondern eher von den Postern der Entwicklungshilfe. Das Dorf lag mitten im Dschungel und bestand nur aus einfachen Bambushütten. Dazwischen spielten viele Kinder, die uns mit ihren niedlichen schwarzen Kulleraugen aufgeregt ansahen und lachend auf meine Krücke zeigten. Zwischen ihnen begegneten wir hier und da einem frei laufenden Schwein oder Huhn. Besonders die Schweine betrachtete ich mit Argwohn, denn ich wusste ja, Schweinezucht und Reisanbau waren ein idealer Nährboden für die Japanische Enzephalitis. Zu guter Letzt war ich also an der Keimzelle meiner Ur-Angst angekommen.

»Da soll ich schlafen? Das ist ja wohl nicht dein Ernst. Das kannst du voll vergessen«, flippte ich aus, als ich das erste Mal unsere Unterkunft sah, und rammte meinen Invaliden-Gehstock trotzig in den Boden. »Das ist ja wirklich … krass. Ich habe keinen Bock mehr!«, sagte ich und ließ mich erschöpft auf einen Baumstumpf fallen. »Ich will mal ganz normal Urlaub machen, wie andere Leute auch. Einmal mit dem Handtuch die Poolliege reservieren und nicht auf dem Boden einer dreckigen Basthütte pennen«, fuhr ich mit meiner Beschwerde fort.

Sarah verdrehte die Augen. Auch sie war genervt. Was sich seit Monaten aufgestaut hatte, entlud sich jetzt. »Von mir aus kannst du in Zukunft alleine in deinen Spießerurlaub fahren«, motzte sie zurück. »Eins kann ich dir aber mit Sicherheit sagen, hier kommst du heute nicht mehr weg!«

Obwohl ich am liebsten kehrtgemacht hätte, hatte Sarah natürlich recht. Wir waren stundenlang durch die Wildnis gewandert, um überhaupt hierherzukommen. Jetzt befanden wir uns mitten im Herzen des laotischen Berglandes. Der Tag neigte sich dem Ende zu, und der einzige Ort, an dem wir Zuflucht finden würden, war dieser. Ich musste mich wohl oder übel darauf einstellen.

»Und sobald wir wieder zu Hause sind, kannst du auch gleich wegbleiben«, sagte Sarah und war den Tränen nah. »Ich halte das einfach nicht mehr aus mit dir.«

Sie schmiss ihren Rucksack hin und lief fort. Ich wollte ihr nachlaufen, war aber wie paralysiert. Dann merkte ich, wie es um mich herum dunkler wurde. Kein Licht ging an. Die Erklärung war einfach, das Dorf hatte keinen Strom. Wo sollte der auch herkommen, so fernab der Zivilisation. Kein Strom, keine Sarah, allein inmitten des Enzephalitis-Endemiegebietes. Krampfhaft umklammerte ich meinen Invaliden-Gehstock, um nicht ohnmächtig zu werden.

Etwas später sah ich meine Frau mit Máay in einer schmalen Bambushütte an der Feuerstelle sitzen. Sie bereiteten gemeinsam das Abendessen vor. Ich war froh, sie zu sehen, auch wenn sie mich keines Blickes würdigte. Dann betrachtete ich argwöhnisch die Leichtbauweise der Hütte. Von Brandschutz hatte hier offensichtlich noch nie jemand etwas gehört.

Aber Gastfreundschaft kannten die Laoten dafür sehr gut. Die Dorfbewohner hatten uns freundlich aufgenommen. Insbesondere Máays Familie, bei der wir übernachteten, freute sich, uns an diesem Abend fürstlich zu bewirten. Wieder einmal ragten Sarah und ich wie Leuchttürme aus der Abendgesellschaft. Wir saßen unter dem Sternenhimmel an einem großen, nur durch Kerzenschein beleuchteten Tisch. Es gab Suppe und lang gegrilltes Wasserbüffelfleisch, was als absolute Delikatesse galt. Aus Respekt kostete selbst Sarah davon, obwohl sie eigentlich sehr selten Fleisch aß. Die Zurückweisung der dargebotenen Köstlichkeiten war keine Option, da dies einer Beleidigung des Gastgebers gleichkam. Das galt auch für den selbst gebrannten Reisschnaps, der schon bald die Runde machte. Als ich den Plastikkanister sah, wurde mir direkt mulmig zumute. Von Selbstgebranntem sollte man besser die Finger lassen, dachte ich. Mit dem Thema Sehkraftverlust hatte ich mich ja bereits in Kanada erschöpfend auseinandergesetzt. Dann war ich an der Reihe. Máay reichte mir den Kanister und sagte: »Lao-Lao whisky for my friend.«

Ich hielt den Kanister zögerlich in den Händen und schaute in die vom Kerzenschein beleuchteten Gesichter der zehnköpfigen laotischen Familie. Alle Augen waren auf mich gerichtet. Nur Sarah schaute genervt weg. Ich wusste, ich musste es für sie tun. Ich trank. Großer Jubel folgte, und auch in meinem Inneren löste sich ein wenig die Spannung, als die Hitze des Whiskys in mir aufstieg. Der Kanister wanderte von Hand zu Hand, und die Laoten wurden mit jedem Schluck fröhlicher und ausgelassener. Um uns herum war es inzwischen stockdunkel geworden. Es gab nur den Tisch, die Kerzen, den Kanister, die Laoten und uns. Die restliche Welt schien wie von der Dunkelheit verschluckt.

Plötzlich trat hinter Máay, der mir gegenübersaß, ein Schatten aus der Finsternis an den Tisch. Ich konnte die Person nicht erkennen, aber schemenhaft ausmachen, dass sie etwas bei sich trug. Ich sah, wie die Person sich mit Máay unterhielt. Dann nickte er, sie tauschten etwas aus, und der Schatten entschwand in die Dunkelheit, aus der er gekommen war.

»For my best friends I have a special gift«, sagte Máay.

Ein Geschenk! Jetzt war ich gespannt. Er musste bei dem

Schatten irgendetwas erstanden haben, das für uns bestimmt war. Dann sah ich es. Er hielt einen Korb in den Händen, in dem kleine Jungvögel lagen.

Sarah und ich waren schockiert. Was hatte er vor? Im nächsten Moment war Máay bereits fleißig dabei, gemeinsam mit seinem Bruder die Vögel zu rupfen. Danach grillten sie diese über dem offenen Feuer, um sie anschließend in der Pfanne zu frittieren. Dann wurden die Vögel in einer großen Schüssel serviert. Immer noch klar erkennbar als die kleinen armen Kerle, die vorhin im Bastkorb gelegen hatten, also komplett mit Flügeln, Beinchen und Köpfchen.

Máay nahm einen Vogel und biss Letzteres ab. »In Laos if you eat another animal's brain, the intelligence is passed on to you!«, erklärte er.

Ich saß Máay, der den kopflosen Vogel in der Hand hielt, sprachlos gegenüber. Dieses Spektakel brachte das Fass zum Überlaufen. Jetzt reichte es mir endgültig. Sarah sollte recht behalten. Ich hielt es nicht mehr aus. Hierfür war ich nicht gemacht und würde es auch nie sein. Ich schaute zu ihr hinüber. Die Kopfabbiss-Szene hatte auch bei ihr einen perplexen Gesichtsausdruck hinterlassen.

»Ich gebe auf«, sagte ich und stand auf. »Jetzt ist endgültig Schluss! Ich habe die Nase voll von dir und deinen Reisen!«

Die Laoten schauten mich verwundert an. Keiner sagte was, auch Sarah nicht. Ich stand auf, bedankte mich für das Essen und verließ den Tisch. Mithilfe einer kleinen Taschenlampe tastete ich mich zu unserer Bambushütte. Dort angekommen verkroch ich mich tief in meinem Schlafsack. Die Ereignisse des Tages, der Streit mit Sarah und als Krönung dieser Gehirn-Gourmet. Das war zu viel gewesen. Ich konnte nicht länger dagegen ankämpfen. Ich war der Sache einfach nicht gewachsen und wollte nur noch eins: raus aus dem Dschungel und zurück in mein altes Leben.

So war ich also in dieser staubigen Bambushütte in einem laotischen Bergdorf gelandet. Später in der Nacht war auch Sarah zurück in die Hütte gekommen. Sie war wortlos neben mir eingeschlafen, während ich die ganze Nacht an die Decke starrte und die Reise reflektierte: von Angermanns Versicherung bis hin zur Dschungeltour mit Verletzungen und Frittier-Vogel. Als ich so dalag, hörte ich es auf einmal. Dieses Surren! Meine ganze Konzentration war wieder im Hier und Jetzt. Ich erkannte das Geräusch sofort: Dies war die Melodie der Japanischen Enzephalitis. Der Feind griff an. Ich war bereit für mein letztes Gefecht.

Es war spät in der Nacht, als ein lauter Knall meine Frau aus dem Schlaf riss.

»Endlich hab ich dich!«, hallte es durch die Basthütte.

Im Kegel der Taschenlampe entdeckte Sarah einen Mann, den sie kaum wiedererkannte: Schmutzig, schwitzig, mit einem irren Blick sah er sie an. Seine Hand umklammerte fest eine Sandale, die er stolz in die Luft hielt. In diesem Moment wusste sie, dass auch sie zu weit gegangen war.

Als wir nach Hamburg zurückkehrten, war eine Sache klar: Diese Reise war meine letzte gewesen. Nie wieder würde ich mich so einem Stress aussetzen. Für nichts und niemanden auf der Welt. Nicht einmal für Sarah. Oder besser gesagt, erst recht nicht für Sarah. Die konnte mir gestohlen bleiben. Ihr ging es ähnlich. Sie hatte von mir ebenfalls restlos die Nase voll. In diesem Urlaub hatten wir uns als Paar weiter voneinander entfernt, als Laos von der Heimat weg lag. Nach unserer Ankunft in Deutschland gingen wir auf Abstand. Sowohl emotional als auch räumlich. Ich hatte Sarah angeboten, dass ich vorübergehend zu meinen Eltern zog. Den Rückzug zu meinen Erzeugern hatte ich in Gedanken glorifiziert. Ich hoffte auf ein Paradies der Ruhe und entspannender Eintönigkeit. Weg von Sarahs Abenteuern, hin zum Antistress-Schlaraffenland Heimat.

Bereits beim Warten auf die verspätete Regional-Bimmelbahn in die Vorstadt ertappte ich mich beim Gedanken an den japanischen Nozomi-Superexpress. Nur sechs Sekunden Verspätung im Durchschnitt, dachte ich beim Blick auf die Tafel, die mit völliger Selbstverständlichkeit eine sechzehnminütige Verspätung anzeigte. Diese Gedanken verflüchtigten sich jedoch sofort, als sich bereits beim gemütlichen Ausfahren des Zuges nicht nur mechanisch die ersehnte Entschleunigung einstellte.

Auch als ich im Ort meiner Jugend ankam, an dem meine Eltern immer noch wohnten, präsentierte sich das gewohnte Bild. Hier war noch alles so, wie es immer gewesen war. Alles versteckte sich unter dem Schleier der Vergangenheit, der jegliche Veränderung abschirmte. Nach den ganzen Reisen und Aufregungen war das Vertraute wie Balsam für meine Seele. Ich umarmte meine Eltern, die mich besorgt musterten. Von dem Beziehungsproblem mit Sarah hatte ich bereits telefonisch berichtet. Sobald wir ins Auto eingestiegen waren, wurde es thematisiert. Meine Eltern saßen vorne, ich hinten. Das Kind saß immer hinten.

»Mensch, Junge!«, lautete der Kommentar meines Vaters. »Dass ihr euch im Urlaub immer in die Haare kriegen müsst.«

»Warum fahrt ihr denn auch immer in so exotische Länder?«, fragte meine Mutter. »Dänemark ist doch auch schön. Wir sind da über fünfzehn Jahre mit dir hingefahren!«

Dieser Seitenhieb durfte natürlich nicht fehlen. Der Urlaub, der sich wie ein roter Faden durch meine Jugend gezogen hatte. Gleicher Ort, gleiches Ferienhaus, kein Stress, keine Überraschung. Wo es mit der Fähre übers Wasser ging und nicht mit einem Elefanten.

»Sarah liebt halt das Abenteuer«, entgegnete ich.

»Abenteuer?«, fragte meine Mutter empört. »Schau dich doch an, Junge, wie gut dir das ›Abenteuer‹ bekommt. Du siehst ganz krank und dünn aus.«

So fühlte ich mich auch. Ich lehnte mich im Sitz zurück. Mein Vater manövrierte das alte Auto gemächlich durch die Kleinstadt, und ich schaute aus dem Fenster. Die Schauplätze meiner Jugend zogen an uns vorbei. Plötzlich musste ich an Südafrika denken, an den Golf 1, mit dem wir durch die Wüste gerast waren. Alles kam mir vor wie aus einem anderen, einem entfernten Leben.

Bei meinen Eltern angekommen gab es, wie erwartet, ein opulentes Abendessen. Dazu wurde der Hauswein gereicht. Mit dem Wein war es wie mit Dänemark, vor Jahren hatten sich meine Eltern eine Lieblingssorte ausgesucht, und der waren sie treu geblieben. Für Sarah war das unverständlich gewesen, ich hingegen hatte den Wein immer gemocht. Als ich den ersten Schluck nahm, schmeckte er vertraut, aber dennoch anders. Ich hatte mit Sarah in den letzten Jahren auf den Reisen so viele Weine probiert, dass ich den Geschmack nun differenzierter beurteilen konnte. Je mehr man erlebte, desto mehr veränderte sich auch der Blick auf die bestehenden Dinge. Der Wein war derselbe, aber ich nicht. Plötzlich wurde ich abrupt aus meinen pseudo-philosophischen Gedanken gerissen.

»Nun erzähl doch mal genauer, Junge«, unterbrach mich meine Mutter.

Ich wusste erst gar nicht, wo ich anfangen sollte, dann kam nach und nach die ganze Geschichte zusammen. Ich berichtete von der Kajaktour, dem Ritt auf dem Elefanten, dem Dschungeltrek, bis hin zur Übernachtung in dem kleinen Bergdorf: »Und dann biss der Laote den Kopf des Vogels ab und erzählte uns, wie durch das Verspeisen des Gehirns die Intelligenz auf ihn übergehen würde.«

Meine Eltern starrten mich mit offenen Mündern an. Für sie musste sich das alles so fantasievoll anhören, als ob Jules Verne direkt aus seinem U-Boot heraus kommentierte. Keiner wusste, was er sagen sollte. Dann räusperte sich mein Vater: »Dass du so etwas nie wieder erleben willst, kann ich gut verstehen«, sagte er. »Dann lieber einen schönen Hotdog in Dänemark.«

Ich lächelte meinem Vater bestätigend zu, musste mir aber eingestehen, dass ich das Erzählen dieser Abenteuergeschichte irgendwie genossen hatte. Mir gefiel es, dass ich etwas erlebt hatte, das aufregender war als der immer gleiche Strand in Dänemark. Sosehr ich die Regelmäßigkeit schätzte, auch ihr Bruch hatte eine gewisse Faszination. Natürlich nur mit dem richtigen Sicherheitsabstand. In Laos vor Ort hatte sich das noch ganz anders angefühlt.

»Ich hole dann mal die Windbeutel«, sagte meine Mutter.

Wie froh ich war, dass es einige Dinge gab, die sich niemals änderten.

Aus den paar Tagen bei meinen Eltern wurden fast zwei Wochen. Es war eine schöne, wenn auch zunehmend gewöhnungsbedürftige Zeit. Zu Hause blieb man immer Kind, und als ein solches wurde man auch behandelt. Das fand ich so lange gut, bis es mir wieder besser ging und ich die Hätschelei und Bevormundung als eher lästig zu empfinden begann. Außerdem fing ich an, Sarah zu vermissen. Ich hatte seit der Reise nicht mehr mit ihr gesprochen. Wie es ihr wohl ging? Hatte sie mich wirklich abgeschrieben? Im Nachhinein konnte ich sogar nachvollziehen, dass es auch mit mir nicht immer ganz einfach gewesen war. Den Mut, sie anzurufen, hatte ich dennoch nicht. Daran änderte auch der Rat meines Vaters nichts, den er mir eines Abends mit auf den Weg gab.

Mein Vater tat sich in emotionalen Dingen eher schwer, und so war es auch diesmal. Er hatte zwei Flaschen Bier dabei. Erst mal wurde angestoßen.

»Prost, Junge!«, sagte mein Vater.

»Prost, Papa!«, sagte ich.

Dann war Stille. Wir tranken beide wortlos unser Bier.

»Du weißt ja, wie das mit den Frauen so ist«, versuchte mein Vater das Gespräch mit einer rhetorischen Frage in Gang zu bringen.

»Nein«, erwiderte ich herausfordernd, »wie ist es denn?«

»Mal so, mal so«, antwortete er und nahm wieder einen Schluck.

»Aha«, sagte ich.

Wieder kehrte Stille ein. Wir tranken beide unser Bier leer. Nach dem letzten Schluck drehte sich mein Vater zu mir. »Das Leben ist wie eine Stulle«, sprach er andächtig. »Nur eine Seite ist süß wie Marmelade, die andere trocken wie Brot.«

Bedeutungsschwanger nickte er mir zu, stand auf und klopfte mir auf die Schulter. Dann ließ er mich mit seiner kryptischen Lebensweisheit allein. Was sollte das nun wieder bedeuten? Was in Gottes Namen hatte ein Marmeladenbrot mit meiner Beziehung zu tun? Und warum ausgerechnet Marmelade, die ich sowieso hasste? Obwohl es absurd klang, dachte ich darüber nach. Ich überlegte, was an der Beziehung zu Sarah wohl das Brot und was die Marmelade war. Sicherlich war ihre Abenteuerlust etwas, womit ich schwer zu kämpfen hatte. Aber sie war auch ein Teil ihrer dynamischen Persönlichkeit, die ich eigentlich liebte. Ihr Charme und Humor waren zuckersüß wie Marmelade, an der man aber auch kleben bleiben konnte, wenn man sich nicht vorsah. Und im Handumdrehen fand man sich auf der nächsten Adventuretour wieder. Wie man es drehte und wendete, das eine schien einfach nicht ohne das andere zu gehen. Eine Sache war auf jeden Fall sicher: Je länger ich darüber nachdachte, desto mehr vermisste ich meine Frau.

Die Tage vergingen. Das träge Tempo, das in meinem Elternhaus herrschte, hatte bereits von mir Besitz ergriffen und die fortschreitende Assimilierung eingesetzt. Es war gegen Abend, als ich in meinem Jugendzimmer in Jogginghose auf dem Bett lag und Fernsehen schaute. Dazu aß ich die von Muttern geschmierte Leberwurststulle mit Gewürzgurke. Plötzlich klingelte mein Telefon. Ich sah auf dem Display, dass es Sarah war, und bekam Herzklopfen. Insgeheim hatte ich gehofft, dass sie sich melden würde, selber hatte ich mich immer noch nicht getraut, sie anzurufen. Ich ging ran.

»Hallo, Sarah!«, sagte ich.

»Hallo, du«, sagte Sarah. »Also ich sag's, wie es ist. Ich kann mir zwar nicht erklären warum, aber ich vermisse dich.«

Das war meine Sarah, schonungslos direkt und ehrlich. Mein Herz machte einen Sprung, und ich spürte, wie sich ein großer Knoten in meiner Brust löste.

»Du kannst wiederkommen, aber nur unter einer Bedingung«, verkündete sie. »Das Reisethema bleibt erst einmal tabu.«

»Damit kann ich leben«, sagte ich.

»Ich weiß«, entgegnete Sarah. »Das ist ja das Problem. Aber wie dem auch sei … Also, bis später?«

»Bis später!«, sagte ich.

Ich zog die Jogginghose aus und hängte sie zurück in die elterliche Garderobe. Ich hoffte, diesmal für immer.

VIII.

Der verlorene Zahn
oder: Europa für Abenteurer

Die ersten Sonnenstrahlen kündigten den Sommer an. Sarah schaute aus dem Küchenfenster, und ein Lächeln huschte über ihr Gesicht. Sie sah zu mir herüber. Zwischen uns der Küchentisch, auf dem noch die Reste des gemeinsamen Sonntagsfrühstücks standen. Wie immer waren wir bei einer Tasse Kaffee sitzen geblieben und hatten in Ruhe Zeitung gelesen. Ich das Feuilleton, Sarah den Reise-Teil. Ihre Blicke verrieten sie. Ohne es auszusprechen, wusste ich, was als Nächstes kommen würde.

Wie verabredet, war das Thema Urlaub seit Laos verbotenes Terrain. Keiner hatte während des letzten halben Jahres gewagt, darüber zu sprechen. Unsere Beziehung war einfach zu fragil gewesen, und es hatte viel Zeit und Ruhe gekostet, sie wieder halbwegs in Ordnung zu bringen. Doch nach dem harten Winter konnte den ersten warmen Sonnenstrahlen einfach keiner widerstehen, am wenigsten Sarah.

»Wäre es nicht schön …«, dachte sie laut und schaute erwartungsvoll zu mir herüber.

Sie hatte recht. Es war eine ganze Zeit vergangen, und wir hatten uns beide einen Urlaub redlich verdient. Und nicht nur das, auch ich hatte Lust, aus dem Trott des Alltags herauszukommen und was Neues zu erleben.

»Wäre es nicht schön, mal wieder in den Urlaub zu fahren?«, vollendete ich ihren Satz und beantwortete ihn mit: »Ja! Wäre es.«

Sarah klatschte in die Hände und jauchzte. Bevor sie aber wieder die wildesten und exotischsten Ziele auf den Plan rufen konnte, fügte ich schnell hinzu: »Aber lass uns mal etwas Entspanntes machen, Europa mit dem VW-Bus oder so.«

»Egal. Hauptsache Urlaub!«, sagte Sarah, nahm mir die Zeitung aus den Händen und setzte sich auf meinen Schoß. »Auch Europa hat ja schöne Ecken.«

Es klang zu perfekt, um wahr zu sein. Würden wir wirklich den ersten gemeinsamen Urlaub verbringen, bei dem nicht die Anreise schon eine unvergleichliche Strapaze war und der uns beiden gleichermaßen gefiel?

Als ich ein paar Tage später nach Hause kam, lag bereits der erste Reiseführer auf dem Wohnzimmertisch. Ich sah ihn schon beim Reinkommen aus den Augenwinkeln. Allein am Format und seinem bunten Einband erkannte ich sofort, um was für ein Buch es sich handelte. Ich machte intuitiv einen großen Bogen darum. Gegen diese Art von Lektüre hegte ich eine besondere Aversion. Reiseführer waren wie Funktionskleidung: grell, aktionistisch und aufdringliches Erkennungszeichen des Reisenden an sich.

Ich ging in die Küche und machte mir eine Tasse Tee. Als ich ins Wohnzimmer zurückkehrte, lag das Büchlein immer noch am selben Platz. Und nicht nur das, jetzt entdeckte ich einen gelben Post-it-Zettel, der mir provozierend aus der Mitte des Buches ins Auge sprang. Das nervte mich besonders. Ein jungfräuliches, ungeöffnetes Büchlein suggerierte lediglich eine Option, ein bereits gekennzeichnetes wirkte wie ein ausgefeilter Plan.

Ich trat an den Tisch, nahm das Buch und hielt »Slowenien für Aktivurlauber« in den Händen. Slowenien? Ich hatte bei »Urlaub in Europa« natürlich als Erstes an Dänemark gedacht und dann an Spanien oder Italien. Slowenien war mir nicht im Entferntesten in den Sinn gekommen. Ich öffnete das Buch an der markierten Stelle und las: »In Slowenien findet man den letzten Urwald Europas. In dem dicht bewachsenen und menschenleeren Gebiet sind Bären, Wölfe und Luchse zu Hause.«

Beinahe wäre mir vor Schreck die Teetasse aus der Hand gefallen. Das konnte ich gerade noch verhindern. Ob ich die nächste Tour zu den Bären ebenso erfolgreich verhindern konnte, würde sich zeigen.

Später am Abend war auch die angehende »Aktivurlauberin« aus der Klinik zurück. Ich saß mit verschränkten Armen auf der Couch, bereit, die Übeltäterin zur Rede zu stellen. Vor mir Beweisstück A: der Reiseführer.

»Was sagst du zu deiner Verteidigung?«, empfing ich sie mit gespielter Strenge.

»Verteidigung?«, antwortete meine Frau und setzte sich lächelnd zu mir. »Was meinst du?«

Sie spielte die Unschuldige. Aber so leicht kam sie mir nicht davon.

»Nun tu doch nicht so!«, entgegnete ich und stupste sie dabei neckisch in die Seite. ›Slowenien für Aktivurlauber‹? Das ist vielleicht nicht gerade das Erste, was einem beim Stichwort Europa in den Sinn kommt.«

»Ach komm. Slowenien soll total vielseitig sein. Das ist doch super!«, sagte sie gut gelaunt. »Wo wolltest du denn hin, nach Dänemark oder was?«

Sarah konnte kontern, das musste man ihr lassen. Und recht behielt sie natürlich auch mal wieder. Als der Langweiler, der unbedingt nach Dänemark wollte, würde ich mich jetzt auf keinen Fall outen.

»Hatten wir nicht abgemacht, dass wir das Ziel gemeinsam

aussuchen? Das sieht mir nicht danach aus!« Ich hielt den Reiseführer hoch und zeigte fragend auf den verräterischen Post-it-Zettel.

»Ja ja, der Urwald«, sagte Sarah. »Den gibt's da auch. Von mir aus müssen wir da nicht hin. Aber können wir uns ja aussuchen, wir sind ja flexibel.«

»Flexibel?«, fragte ich verwundert nach. »Wie meinst du das?«

»Na, das war doch deine Idee«, entgegnete Sarah, »mit dem VW-Bus durch Europa.«

»Ja, aber …«, sagte ich.

»Kein Aber«, sagte Sarah. »Den Bus hab ich sogar schon …«

»W… W… Was?« Ich war perplex und sah sie mit offenem Mund an. Ich fühlte mich überrumpelt, versuchte aber einigermaßen cool zu bleiben. Das war schwieriger als gedacht, insbesondere als Sarah ihren Satz zu Ende sprach.

»… von Papa!«

Aus »Entspannt durch Europa« war nun also »Aktivurlaub in Wolf Hartmanns VW-Bulli« geworden. Aber ich fasste mir ein Herz. Dies war die erste Reise nach der Eskalation in Laos, daher stellte sie eine besondere Beziehungsprobe dar: Würde uns ein gemeinsamer Urlaub wieder näher zusammenbringen oder uns endgültig entzweien?

Die Zugfahrt nach Frankfurt, wo der Bus auf uns wartete, verlief jedenfalls harmonisch, und wir kamen gut gelaunt an. Ich hatte den Wolf lange nicht mehr gesehen. Bei jedem Treffen schämte ich mich erneut für die halb nackte Umarmung am chinesischen Frühstücksbuffet. Aber diesmal war selbst das Wiedersehen mit Wolf nett, auch wenn meine Finger nach seinem festen Händedruck schmerzten. Jetzt standen der Wolf, seine Tochter und ich auf dem Hof seines Hauses vor dem besagten VW-Bus.

»Des is aan ganz besonneres Kerlsche!«, sagte der Wolf und blickte stolz auf seinen feuerroten Bus.

Diese spezielle Besonderheit sah ich sofort. Das Gefährt war nämlich ganz besonders alt. Er machte nicht den Eindruck, als würde er den langen Weg über die Alpen bis an die Adria meistern.

»Mensch, Wolfgang, der hat aber schon ein paar Kilometer hinter sich, was?«, fragte ich vorsichtig.

Zu meiner Überraschung fasste der Wolf es als Kompliment auf. »Isch sag's eusch!«, antwortete er. »Mir habbe so mansch Abenteuer erlebt, der Bulli un isch.«

»Nicht zu übersehen«, rutschte es mir raus. Sofort spürte ich Sarahs Ellenbogen in der Seite.

Wolf zog die berüchtigte Hartmann-Braue hoch. »Kerle, da bischte doch noch gar net uff de Welt gewese«, sagte er, »da bin ich mit meine Kumpels un dem Bulli schoo in de Türkei rumgekurvt. Da sinn mir junge Kerle auf so nen Berg gestiege. Und ob du's glaabst oder net, da habbe die uns doch glatt eingelocht. Richtisch tief innen Türkenkerker enei. Da tut dir schoo de Bobbes auf Grundeis gehe.«

Ich kannte die Geschichte von Wolfs Inhaftierung bereits. Sarah hatte sie mir erzählt. Für mich hatte das nie wie ein Abenteuer geklungen, sondern immer wie die ultimative Horrorstory. Auch diesmal merkte ich, wie mir die Geschichte ein flaues Gefühl in der Magengegend bescherte. Wolf hingegen erzählte sie mit Hingabe und hatte in seiner Tochter eine stolze Zuhörerin gefunden.

»Danach ist der Bus benannt!«, sagte sie ehrfürchtig und zeigte auf den Bus.

»Ja. Seiddem hadder sein Spitznam«, ergänzte Wolf.

»Der Bus hat einen Spitznamen?«, fragte ich skeptisch.

»Des is der ›Knacki‹, entgegnete der Wolf.

Ich stand da und wartete, bis jemand über den offensichtlichen Witz lachte. Aber es lachte keiner. Der Bus hieß wirklich »Knacki«. Wolf hatte ihn nach seinem Gefängnisaufenthalt in der Türkei so benannt. Das klang nicht nach einem guten Omen für die anstehende Reise. Und bei dieser einen Schreckensgeschichte blieb es natürlich nicht. Denn »Knacki« hatte nicht nur einen gewöhnungsbedürftigen Namen, sondern auch noch andere Eigenheiten. Im Schnelldurchgang erklärte uns Wolf alles, was wir wissen mussten: das Wassersystem, den Gasanschluss und sonstige Funktionalitäten bis hin zum Motor, der für mich bereits beim Anblick wie ein Buch mit sieben Siegeln wirkte. Ausgerechnet ich war es natürlich, den Wolf für die Probefahrt auswählte.

»Da kommste ma mit rin und tust ordenlisch Gummi gebe!«, sagte Wolf und überreichte mir den Schlüssel.

Ich kletterte in die Fahrerkabine und landete schwungvoll auf dem stark gefederten Bullisitz. Neben mir ragte ein langer Schaltknüppel empor, und ich wusste sofort, dass Gangschaltungen in so alten Fahrzeugen tückisch sein konnten. Ich steckte den Schlüssel ein und versuchte zu starten. Der Motor gab zwar komische Geräusche von sich, nur anspringen wollte er nicht. Ich sah aus dem Fenster. Wolf und Sarah blickten erwartungsvoll zu mir hoch. Zweiter Versuch. Wieder nichts. Ich hörte Wolf draußen rufen.

»Menschenskiddä nochemal!«

Ich versuchte es erneut. Als nichts passierte, wurde ich wütend und drehte den Schlüssel mit Schwung um. Ein kurzes Röcheln und der Bus machte einen kurzen Hüpfer nach vorn. Dann wieder Stillstand. Ich kletterte aus der Fahrerkabine und warf Wolf den Schlüssel entgegen.

»Dein Knacki hat 'ne Macki«, sagte ich und fügte sarkastisch hinzu: »Ich glaub, der hat den Abenteuergeist aufgegeben.«

Der Wolf ließ sich auf keine Diskussion ein, stapfte an mir

vorbei, zog sich mit einer Hand am Führerhaus hoch und landete federnd auf dem Sitz.

»Geh mi vo de Gass!«, rief er zu mir rüber. Ich verstand kein Wort. Was wollte er jetzt? Der Bus gab wieder nur röchelnde Geräusche von sich.

»Komm von der Straße runter«, übersetzte Sarah die Ansage ihres Vaters und zog mich im letzten Moment zu sich. Plötzlich brauste »Knacki« mit Wolfgang »Wolf« Hartmann im Führerhaus an uns vorbei. Dessen Lachen donnerte dabei so laut wie der Auspuff, aus dem dicke dunkle Schwaden aufstiegen.

Später erklärte mir der Wolf, dass der Bus immer schlecht ansprang, wenn er lange nicht bewegt wurde. Ich sollte es in diesem Fall mal mit dem dritten Gang versuchen. Ich hingegen hätte es am liebsten ganz ohne diese alte Dreckschleuder versucht. Die abenteuerlichsten Pannenszenarien schienen in meiner Fantasie nicht wild genug für den Bus einer Familie, bei der aufregende Zwischenfälle erst das Salz in der Urlaubssuppe waren. Aber so waren sie nun mal, die Hartmanns. Es half alles nichts, ich konnte entweder einen Streit provozieren oder mich meinem Schicksal fügen. Ich tat Letzteres, und so machten Sarah und ich uns am nächsten Tag auf den Weg. Gemächlich steuerte ich den Bus gen Slowenien, denn der alte »Knacki« knatterte gerade mal mit 70 Stundenkilometern über die Autobahn.

»So richtig zieht der aber nicht«, sagte ich zu Sarah. »Vielleicht hat der wirklich eine Macke?«

Die langsame Fahrt in dem alten Bulli machte mich unruhig. Die Alpen lagen mittlerweile vor uns, und ich fragte mich, wie dieses alte Klapperteil die Serpentinen bezwingen wollte. Schon jetzt sah man den Chiemsee unverhältnismäßig lange an uns vorbeiziehen.

»Ach was«, sagte Sarah, »der Knacki hat uns schon in meiner Jugend durch ganz Europa gefahren. Da waren wir überall: Spanien, Italien, Portu…«

»Wie schön für dich«, unterbrach ich sie. »Und in Dänemark, da wart ihr wohl auch?«

»Ja, in Dänemark waren wir auch«, antwortete Sarah irritiert. »Aber lass uns bitte nicht schon wieder über Dänemark diskutieren. Der Knacki bringt uns jetzt erst einmal nach Slowenien.«

»Knacki, Knacki, Knacki«, wiederholte ich zickig. »Sag mal, musst du den immer so nennen? Das macht mich ganz nervös.«

»Wieso denn?«, fragte Sarah. »Der heißt halt nun mal so.«

»Ja. Schon klar. Aber irgendwie muss ich dann immer an deinen Vater und die Geschichte mit dem Gefängnis denken«, sagte ich.

»Die hat dich wohl beeindruckt, was?«, sagte Sarah lachend.

»Beeindruckt?«, gab ich entgeistert zurück und fügte leise hinzu: »Das ist wohl kaum das treffende Wort.«

Sarah lachte nur. Ich war einmal mehr erstaunt, wie wenig sie imstande war, meine Gefühlslage zu reflektieren.

»Was wäre denn das treffende Wort?«, fragte Sarah.

Bescheuert!, dachte ich und sagte dann: »Besonders!«

»Besonders?«, fragte sie.

»Dein Vater ist schon ein ganz besonderer Typ!«, sagte ich.

»Stimmt!«, erwiderte Sarah, die ganz offensichtlich meine ironische Note überhört hatte. Ich sagte danach nichts mehr, sondern schaute nach draußen: Auf Sarahs Seite funkelte der Chiemsee in der Sonne, auf meiner erhoben sich bedrohlich die Alpen, deren hohe Gipfel in dichten Wolken verschwanden.

Mit Handbremse. Mit HANDBREMSE!«, rief Sarah laut und fuchtelte mit den Armen. »Du musst mit Handbremse anfahren!«

Sarah stand neben dem Bus auf der Straße, die schon seit Kilometern nur einen Weg kannte: nach oben. Die Serpentinen der Juli'schen Alpen, in denen wir uns befanden, hatten sich schlimmer erwiesen als gedacht. Die enge Straße schlängelte sich mit

halsbrecherischen Kurven durch das Gebirge. Knacki hatte erst noch mit großer Mühe mitgehalten, war dann aber bei der vor uns liegenden fünfzehnprozentigen Steigung unter lautem Ächzen in die Knie gegangen.

Ausgerechnet ich saß in dieser Situation hinter dem Steuer und musste nun an der Steigung anfahren. Ich schwitzte mir die Seele aus dem Leib. Meine klebrige Hand umfasste die Handbremse, und mein Fuß lag zittrig auf dem Gaspedal. Anfahren am Berg war mir schon unter normalen Umständen ein Gräuel, von dieser Extrembedingung ganz zu schweigen. Nervös versuchte ich, den Bus erneut zu starten. Das Röcheln, das ich so oft auf Wolfs Hinterhof gehört hatte, ertönte. Dann soff der Motor wieder ab. Verzweifelt schaute ich auf den Tacho. Ein bekanntes Gefühl kroch mir den Nacken hoch: Angst. Den Panikmotor hielten keine Serpentinen auf. Ich atmete tief ein und versuchte es erneut. Drehte den Schlüssel, gab Gas. Jetzt hörte ich was. Ich löste die Handbremse. Aber Fehlalarm! Der Bus soff wieder ab und rollte leicht nach hinten. Quietschend zog ich die Handbremse.

»Du sollst hochfahren«, rief Sarah, »nicht runter!«

»Hoch, runter, hoch, runter!«, schrie ich zurück. »Das ist doch alles Mist. Das ist doch kein Urlaub! Warum müssen wir überhaupt wieder den beschwerlichsten Weg von allen nehmen?«

»Über die Alpen muss man nun mal rüber«, sagte Sarah und kam zum Führerhaus. »Ich glaube, der braucht ein bisschen Schwung von hinten. Lass mich mal versuchen, und du schiebst an.«

Ich schieb an?, dachte ich panisch. Wir befanden uns auf einer krassen Steigung, und der Bus wog bestimmt über eine Tonne. Den konnte ich unmöglich alleine »anschieben«. Das war die reinste Selbstmordmission.

»Nun stell dich nicht so an«, sagte Sarah zu mir, als ich aus der

Fahrerkabine stieg. Sie sprang ähnlich dynamisch in den Bus, wie es einen Tag zuvor ihr Vater getan hatte. Von Panik war bei ihr nichts zu spüren. Ganz im Gegenteil: Die Aussicht darauf, ein Problem zu lösen, schien sie erst anzustacheln.

»Bereit?«, rief sie.

Mit weichen Knien und zitternden Armen stand ich hinter dem Bus und stemmte mich dagegen. Wieder mal setzte ich für diese Frau mein Leben aufs Spiel.

»Bereit«, antwortete ich kleinlaut.

Ich drückte wie ein Weltmeister. Schloss die Augen und sah ein helles Licht. Dann lief mein Leben im Zeitraffer vor mir ab. Ich sah mein Elternhaus, die sorgenlose Jugend, die Urlaube: erst Dänemark, dann Dänemark, dann wieder Dänemark, dann: Dänemark, Dänemark, Dänemark. Dänemark, Dänemark, Dänemark, Dänemark. Dänemark, Dänemark, Dänemark, Dänemark. Dänemark.

Fünfzehn Jahre Dänemark. Immer der gleiche Ort, der gleiche Strand, die gleichen … Lautes Motorengeheul riss mich aus meinem Tagtraum. Ich spürte, wie der Druck zunahm. Diesmal allerdings nicht der psychische, sondern der physische: Der Bus geriet rückwärts ins Rollen und drückte gegen meine Hände. Jetzt war es aus! Dann machte er einen Ruck nach vorne … und fuhr! Sarah hatte es geschafft! Knacki lief wieder. In Schrittgeschwindigkeit setzten wir unsere Reise fort.

Als wir den höchsten Punkt, den Vršič-Pass, erreichten, machten wir eine Pause. Knacki und auch ich hatten sie uns redlich verdient. Der kurze Moment der Ruhe tat gut. Erschöpft schaute ich über das Panorama. Die mächtigen Berge, die über 2600 Meter in die Höhe ragten, flößten mir große Ehrfurcht ein. Wie klein und zerbrechlich wir doch inmitten der Gipfel und Täler der prächtigen slowenischen Alpen wirkten.

»Puh!«, sagte Sarah und hakte sich bei mir ein. »Das war schon ein erstes kleines Abenteuer, was? Aber hat sich doch gelohnt für die Aussicht, oder?«

Ich nickte nur und sagte: »Aber der Rest des Urlaubs darf auch gerne etwas entspannter ablaufen.«

»Klaro!«, sagte sie. »Abgemacht ist abgemacht.«

Ihre Hand suchte meine. Händchen haltend standen wir einige Minuten dicht beieinander und genossen den Moment. Im Grunde bin ich doch wahnsinnig froh, dass ich sie habe, dachte ich. Langweilig wird es auf jeden Fall nicht.

Dann drehte sie sich zu mir. Ich dachte, sie wollte mich küssen, also schloss ich die Augen und spitzte die Lippen. Aber ich hörte nur, wie sie sagte: »Bevor die Entspannung kommt, müssen erst mal die Bremsen den Weg nach unten mitmachen.«

Als ich die Augen öffnete, war Sarah schon mit festen Schritten auf dem Rückweg zum Bus.

In der Tiefe der Nacht fuhren wir mit dem Bus auf unbeleuchteten Straßen in das Soča-Tal ein. Nur mit Mühe fanden wir den Campingplatz, den Sarahs Reiseführer für Aktivurlauber als besonders entlegenen Geheimtipp ausgewiesen hatte. Der Geruch nach verbranntem Gummi hatte wieder nachgelassen und somit meine Hoffnung genährt, dass möglicherweise ein Hauch Bremsbelag von unserer Talfahrt übrig geblieben war. Als wir die Schotterpiste zu unserem Ziel hinauffuhren, sah ich selbst im Dunkeln, dass es sich nicht um einen Campingplatz im herkömmlichen Sinne handelte, sondern lediglich um einen großen Rasen, der zum Zelten gedacht war. Daneben stand eine kleine Holzhütte, die aller Vermutung nach Duschen, Toiletten und fließend Wasser enthielt. Das hoffte ich zumindest, denn ansonsten war außer dem weitläufigen Feld nichts zu sehen. Wir suchten uns ein Plätzchen und schliefen schnell ein.

Am nächsten Tag wurden wir mit einem herrlichen Bergpanorama belohnt. Das Rasenfeld, auf dem unser Bus stand, lag auf einem Plateau und war von einer wunderschönen Karstlandschaft mit dichten Wäldern umgeben. Die Wolkendecke war komplett verschwunden, und uns begrüßte ein strahlend blauer Himmel. Wir befanden uns inmitten des Triglav-Nationalparks im Herzen der Juli'schen Alpen. Weit und breit keine Menschenseele, es war herrlich. Es schien, als seien wir nicht nur die einzigen Menschen auf dem Campingplatz, sondern die Einzigen in der unberührten Natur. Dieser Ort strahlte eine wunderbare Ruhe aus, die mich vom ersten Moment an ergriff.

Wir verbrachten den Tag mit einer kleinen Wanderung entlang einsamer Pfade und kristallklarer Bergbäche. Am Abend saßen wir allein auf dem großen Campingplatz und genossen unsere mit dem Gaskocher zubereitete einfache Mahlzeit: Nudeln mit Tomatensoße. Nach dem Essen lehnte ich mich im Campingstuhl zurück und sog die frische Bergluft tief ein. Beim Ausatmen bemerkte ich ein Gefühl, das mir sehr gefiel, mir auf Reisen mit Sarah aber bisher leider völlig fremd gewesen war: Entspannung.

Als ich am zweiten Tag morgens aus dem Bus schaute, sah ich zwei einsame kleine Zelte auf dem ansonsten leeren Campingplatz. Offenbar handelte es sich um Ein-Mann-Konstrukte, die jetzt sichtlich verloren auf dem großen Rasen standen. Sarah bemerkte unsere neuen Nachbarn ebenfalls, als wir wenig später vor dem Bus unseren Frühstückstisch eindeckten.

»Wir kriegen Gesellschaft«, sagte sie. »Komisch, dass die mit zwei Zelten unterwegs sind.«

»Vielleicht reisen die beiden allein und haben sich unterwegs getroffen«, vermutete ich.

Meine Vermutung sollte sich wenig später jedoch als falsch herausstellen. Wir waren gerade mit dem Frühstück fertig und saßen noch gemütlich herum, als sich der Reißverschluss des ersten Zeltes bewegte. Ein blasser, leicht gebeugter Mann um die vierzig schälte sich heraus. Seine Oberlippe zierte ein leichter Bartflaum. Er trug nichts außer zu großen Boxershorts.

»Good morning!«, sagte der Mann in brüchigem Englisch mit starkem deutschen Akzent.

»Du kannst ruhig Deutsch sprechen«, rief Sarah in ihrer typischen offenen Art zu ihm hinüber.

Der Mann fühlte sich ertappt. Dass wir ihn sofort als Landsmann identifiziert hatten, war ihm offensichtlich maßlos peinlich. Er machte auf dem Absatz kehrt und verschwand wortlos im Zelt.

Nun begann sich die zweite Ein-Mann-Konstruktion zu regen.

Dieses Zelt war allerdings kein Iglu wie die Unterhosen-Unterkunft, sondern hatte eine längliche Bauweise. Dadurch war es flacher und offenbar auch enger, denn es zeichneten sich ständig Ausbeulungen an den Außenwänden ab. Der Bewegungsradius im Inneren schien extrem begrenzt. Auch hier bewegte sich nun der Reißverschluss nach unten. Sarah und ich beobachteten das Schauspiel komfortabel von unserem Campingtisch aus. Zeltplatz war besser als Frühstücksfernsehen.

Zum Vorschein kam nun ein zweiter Mann im selben Alter wie der erste. Er war ähnlich blass, aber optisch auffälliger, da er die Haare zu einem Pferdeschwanz gebunden trug und bereits vollkommen angekleidet war. Dadurch erklärten sich uns auch die hektischen Ausbeulungen an den Zeltwänden. Jetzt stand der Mann in Karohemd und Funktionshose in Dreiviertellänge vor uns.

»Guten Morgen!«, sagte er. Offensichtlich hatte er durch das Gespräch mitbekommen, dass wir ebenfalls Deutsche waren. »Ich grüße euch! Ich bin der Siggi.«

Der Siggi kam zu uns herüber und schüttelte uns förmlich die Hände. Sarah schob ihm einen Stuhl rüber.

»Kannst gerne noch etwas mitessen, Siggi!«, bot Sarah ihm an. »Bedien dich!«

»Danke! Gern«, sagte der Siggi und setzte sich zu uns.

Er saß genau neben mir, sodass ich ihn in aller Ruhe studieren konnte. Mir stieg sofort der Geruch eines typischen Männerduschgels in die Nase. Irgendein Produkt, mit dem man Haare und Körper gleichzeitig waschen konnte und das garantiert den Zusatz »Sport« im Namen trug. Seine Füße steckten in Gesundheitslatschen. Und obwohl er keine Handygürteltasche besaß, hätte ich wetten können, dass Siggi mit ziemlicher Sicherheit *Star-Wars*-Fan war. Er sah aus wie der typische verschrobene Junggeselle.

Unser neuer Bekannter sah Sarah erwartungsvoll an.

»Was ist denn?«, fragte Sarah und beantwortete sich die Frage gleich selbst: »Ach so, na klar. Das Geschirr!«

Siggi signalisierte seine Zustimmung durch ein Nicken.

»Kannst meins haben!«, sagte meine Frau pragmatisch und schob ihm ihren benutzten Teller und Becher rüber.

Neugierig sah ich zu Siggi rüber. Wäre ich an seiner Stelle gewesen, hätte ich mich natürlich unheimlich schwergetan. Wer wusste schon, was für Keime und Bakterien am Geschirr anderer Leute lauerten. Gespannt wartete ich auf seine Reaktion. Und siehe da, auch Siggis Mundwinkel zuckten, und er schaute missmutig auf den Teller.

»Vielleicht hol ich besser mein eigenes Besteck?«, druckste er rum.

»Ich hab schon kein Herpes, keine Sorge!«, antwortete Sarah lachend.

Siggi lachte nicht. Erst blieb er sitzen, dann stand er ohne ein Wort auf und ging zu seinem kleinen Zelt. Während Siggis Hinterteil aus dem Eingang lugte, lehnte sich Sarah zu mir rüber und sagte: »Was für eine arme Wurst. Dass der wegen einem benutzten Messer jetzt so einen Aufstand macht!«

Das gab mir zu denken. Denn ich wusste, dass Sarah auch bei mir immer eine eindeutige Meinung vertrat, wenn ich mal wieder übervorsichtig war. War ich vielleicht in ihren Augen auch eine »arme Wurst«? Siggi kam mit einer kleinen Box Reisebesteck zurück. Ich schaute genauer hin. Irgendwie sah er bei diesem gebeugten Gang wirklich ein bisschen aus wie ein Wiener Würstchen.

Nach dem Frühstück lernten wir auch den anderen wortkargen Mann kennen, der sich als Uwe vorstellte. Wir erfuhren, dass Uwe und Siggi in der Tat zusammen reisten. Uwe mit dem Schnurr-

bartflaum stand vor uns und lüftete das Rätsel der Ein-Mann-Zelte.

»Wir haben uns ganz bewusst für zwei Zelte entschieden«, sagte er, »dann hat jeder seinen abgetrennten Bereich. Privatsphäre statt Streitherde!«

»Genau! Jeder hat so sein eigenes kleines Reich«, fügte der Siggi albern kichernd hinzu.

»Der Siggi hat zum Beispiel einen kleinen Ventilator, den er mit der USB-Buchse seines Handys betreibt. Gegen die Mücken und die Hitze«, erläuterte Uwe, obwohl ihn gar niemand danach gefragt hatte. »Das wäre mir viel zu windig da drinnen.«

»Und der Uwe hat so einen kleinen Besen, womit er den Sand rauskehren kann«, erklärte uns der Siggi. »Der Saubermann! Und dabei ist doch Urlaub!«

»Urlaub hin oder her«, verkündete Uwe, »Sauberkeit ist in der Wildnis wichtig. Was krabbelt da denn sonst für ein Getier durchs

Zelt. Und ständig dieser Sand. Ohne meine Reisebürste fahr ich gar nicht erst los.«

Sarah und ich hörten den beiden sprachlos zu. Es war schon verwunderlich, dass zwei so unterschiedliche Gesellen überhaupt zusammen in den Campingurlaub fuhren. Selbst für mich war die geballte Ladung an Schrulligkeiten schwer zu ertragen. Als die beiden zu ihrer Wandertour aufgebrochen waren und wir alleine zurückblieben, sagte ich zu Sarah: »Meine Güte, sind das zwei Spinner!«

Ihre Antwort war vielleicht nicht ganz ernst gemeint, traf mich aber mitten ins Herz: »Stimmt! Die sind ja fast schlimmer als du!«

Im Gegensatz zu meiner Frau fand ich natürlich nicht mal ansatzweise, dass ich unseren neuen schrägen Nachbarn auch nur im Entferntesten ähnelte. Auch wenn ich zugeben musste, dass ich anfänglich eine neurotische Wellenlänge wahrgenommen hatte, ging selbst mir die pedantische Art der beiden gehörig auf den Zeiger. Ich musste Sarah beweisen, dass ihr Mann anders war. Und ich hatte auch schon eine Idee.

Als ich am Abend aus der nächstgelegenen Stadt vom Einkaufen zurückkehrte, saßen die anderen am großen Campingtisch und vertrieben sich die Zeit mit einem Ratespiel. Alle hatten Zettel auf der Stirn kleben, und jeder musste herausfinden, welcher Name auf der eigenen Stirn stand. Wer als Erster das Rätsel lüftete, hatte das Spiel gewonnen.

»Schön, dass du wieder da bist!«, rief Sarah zu mir herüber. Auf ihrer Stirn prangte der Name »Chuck Norris«. Ich musste lachen. So hart war sie nun auch wieder nicht.

Ich stellte mich an den Tisch, um meine Neuigkeit zu verkünden. »Leute, ich habe eine Überraschung für euch!«, sagte ich, und alle drehten sich verwundert zu mir um. Sarahs Augenbraue hob sich in Hartmann-Manier nach oben. Ich spürte aber, wie ihre Neugier die Skepsis überwog. Unter Uwes Zettel, auf dem »Yoda« stand, konnte ich hingegen einen ziemlich misstrauischen Blick erkennen.

»Morgen geht's zum Wildwater-Rafting«, erklärte ich feierlich. »Ich habe uns alle angemeldet. Um acht geht's los.«

Uwes Gesicht verfinsterte sich. Sarah hingegen sprang auf und klatschte laut in die Hände. »Rafting!«, rief sie, »das ist doch super. Endlich mal was los hier.«

Beim Aufspringen hatte sich der Zettel von ihrer Stirn gelöst und war auf dem Tisch gelandet.

»Chuck Norris?«, sagte sie, als sie ihn sah. »Na, das passt jetzt wohl eher zu dir.«

Sie kam zu mir rüber, klebte mir den Zettel auf die Stirn und gab mir einen Kuss. Mir schwoll die Brust. Stolz sah ich zu Uwe und Siggi hinüber, die mit verblüfften Gesichtern am Tisch saßen.

»Fragt uns auch mal einer?«, erkundigte sich Siggi kleinlaut. »Das ist mir eigentlich viel zu gefährlich!«

Sarah und ich hörten ihn nicht. Wir gingen gut gelaunt zum Bus, um die Einkäufe zu entladen. Siggi und Uwe sahen sich an. Sie verdrängten das vor ihnen liegende Abenteuer kurzerhand, und so setzten »Yoda« und »Mork vom Ork« das Spiel in kindlichem Eifer fort.

Am nächsten Morgen sollten wir in aller Herrgottsfrühe am Campingplatz abgeholt werden. Der Nebel lag noch über den Bergen, und die Luft war kühl und feucht. Wir warteten abfahrbereit an der Campingplatzzufahrt, als Uwe einen letzten Versuch unternahm, die Grundsatzfrage zu stellen.

»Also, muss das denn wirklich sein?«, fragte er. »Das ist doch echt gefährlich auf so einem reißenden Fluss!«

»Was da alles passieren kann!«, pflichtete sein Busenkumpel ihm sofort bei.

Die beiden vierzigjährigen Mimosen sahen mich an. Was sollte ich jetzt bloß sagen? Inzwischen hatte ich doch selber die Hose voll. Ich sagte einfach das Erste, was mir durch den Kopf ging.

»Das Leben ist wie eine Stulle«, zitierte ich meinen Vater. »Nur eine Seite ist süß wie Marmelade, die andere trocken wie Brot.«

»Häh?«, entgegnete Siggi verwundert.

»Was denn für eine Stulle?«, fragte Uwe perplex.

»Da müssen wir jetzt durch, Männer!«, fügte ich schnell hinzu.

Für weitere Erklärungen blieb keine Zeit, denn in diesem Moment bog bereits ein schwarzer Jeep um die Ecke. Die Typen, die drinsaßen, bestätigten Uwes Vorahnung: Rafting schien wirklich eine gefährliche Angelegenheit zu sein. Die finsteren Gestalten, die uns zur Tour begrüßten, sahen aus, als kämen sie direkt aus der Strafanstalt. Später erfuhr ich vom Veranstalter, dass es sich tatsächlich um ehemalige Strafgefangene handelte, die sich in einer Resozialisierungsmaßnahme befanden.

Jetzt standen diese beiden bulligen Kerle mit ihren großporigen und von Narben überzogenen Gesichtern vor uns. Sowohl der eine als auch der andere hatte einen rasierten Schädel und flächendeckend tätowierte Arme.

»Good morning, everybody!«, sagte der mit den schiefen Zähnen. »Are you ready to have some fun?«

Ein fast lautloses »Mmh« war als Antwort kaum wahrnehmbar. Die beiden Exknackis musterten uns abfällig. Ihre Blicke sprachen Bände. Sie würden einen Heidenspaß daran haben, uns ängstliche Städter so richtig ranzunehmen.

»Don't be overexcited!«, rief der andere, der überhaupt keine Zähne zu haben schien, wie sein derbes Lachen offenbarte. »Let's get going!«

Unsere beiden neuen Bootsführer packten unser Zeug und verfrachteten es – und uns – in den Jeep. Die Sträflinge saßen vorne, die Kameradschaft der Mimosen nahm im hinteren Teil Platz. Als die letzte Tür geschlossen war, wurden wir mit ohrenbetäubendem Heavy Metal beschallt. Schon bevor das Rafting überhaupt gestartet war, geriet der Tag zu einer nervlichen Belastungsprobe. Der Motor heulte auf, und der Jeep schoss mit durchdrehenden Reifen vom Campingplatz.

Der Frühnebel legte sich, und das Soča-Tal präsentierte sich uns in seiner ganzen Schönheit. Als wir an der Soča hielten, lag vor uns ein Fluss, eingebettet und durchzogen von Tausenden kleinen Karstfelsen, die das Wasser in Millionen von Jahren aus den Juli'schen Alpen herausgeschält hatte.

»Lucky you are«, sagte Schief-Zahn, als die Vierertruppe aus dem Fahrzeug kletterte. »We've had a hard winter, so there's been a huge ice melt.«

Wir sahen auf den Fluss, der mit starker Strömung an uns vorbeirauschte.

»Perfect condition for maximum adventure!«, fügte er hinzu.

Ich sah in die Runde und spürte eher maximales Unbehagen. Langsam bekam ich Angst vor meiner eigenen Courage. Sarah war wie immer die Erste, die mit guter Laune die Auswahl an Neoprenanzügen nach ihrer Größe durchforstete.

»Boah, ist das a…kalt!«, sagte Siggi, der seinen Fuß schreckhaft aus dem Wasser zog und wieder in die Gesundheitssandale flüchtete.

»Put this on«, rief Kapitän Zahnlos und teilte die Neoprenanzüge aus. Mit klappernden Zähnen zwängten wir uns in die zweite Gummihaut, die uns vor der Kälte schützen sollte.

»Temperature of eight degrees!«, sagte der Zahnlose mit Blick auf das Wasser. »You wouldn't survive for long.«

In den schwarzen Anzügen wirkten Uwe und Siggi noch blasser. Wir zogen Schwimmwesten und Helme fest und gingen allesamt runter zum Wasser, um das Boot zu bemannen. Unsere zwielichtigen Begleiter saßen jeweils vorne und hinten. In der Mitte wir, die Paddel fest umklammert. Mit einem Ruck legten wir ab. Die Kraft der Soča riss das kleine Gummiboot mit sich, und die Gischt des reißenden Wassers spritzte an den Seiten hoch.

»Let's go crazy!«, schrie Schief-Zahn und stieß dazu einen lauten, animalischen Schrei aus.

Wir waren seit etwa einer Stunde unterwegs und schossen flussabwärts. Es fühlte sich länger an, denn das runde Boot drehte sich im wilden Strudel des Wassers, und die Landschaft um uns herum drehte sich mit. Nicht nur die Zeit hatten wir aus den Augen verloren, man wusste weder, wo links, rechts, oben oder unten war. Achterbahnfahren war im Vergleich zu dieser Wildwasserprüfung ein Spaziergang. Der maximale Schleudergang bereitete auch den anderen sichtlich Probleme. Siggis ungesunde

Blässe war mittlerweile einer verdächtigen grün-bläulichen Farbe gewichen, einem optischen Mix aus Brechreiz und Unterkühlung. Mit Mühe steuerten wir um die Karstfelsen herum, die die Strecke in einen Hindernis-Parcours verwandelten. Unser Paddeln schien dabei nur geringfügigen Einfluss zu haben. Es schien, als mache der Fluss mit uns, was er wollte.

Das Boot drehte sich wieder. Jetzt konnte ich für einen kurzen Moment einen Blick in Fahrtrichtung werfen. Und was sah ich am Horizont? Einen übergroßen Karstfelsen, der sich fast über den ganzen Fluss erstreckte. Nur links führte ein recht klein wirkender Weg vorbei.

»Make a move«, schrie der Zahnlose uns an, »turn left!«

Wir paddelten wie bescheuert, aber das Boot zeigte sich unbeeindruckt. Das tosende Wasser drückte es in die entgegengesetzte Richtung. Voll auf den Felsen zu.

»Left!«, schrie der Zahnlose wieder.

Mittlerweile kämpfte ich um mein Leben. Mit aller Kraft versuchte ich gegenzusteuern. Für einen kurzen Moment sah ich noch einmal zu Siggi hinüber. Die blanke Panik stand ihm ins ungesund verfärbte Gesicht geschrieben. Gelähmt vor Angst schien er nur noch mit halber Power am Werk zu sein. Uwe wirkte ebenfalls gespenstisch abwesend. Vielleicht hatte er sich bereits mit seinem Schicksal abgefunden? Sarah hingegen arbeitete hart mit dem Paddel gegen die Wellen. Voll konzentriert paddelte sie synchron mit unseren Bootsführern, die jetzt auch dagegenhielten, um das Boot auf Kurs zu bringen.

Der Karstfelsen rückte bedrohlich näher. Wir fuhren jetzt in einer Art Kanal. Links und rechts erhoben sich massive Felswände. Immer noch befanden wir uns zu weit rechts, das Boot trieb auf eine Wand zu. Als wir nur noch eine Handbreit davon entfernt waren, nahm einer der Bootsführer das Paddel aus dem Wasser und stieß es mit Gewalt gegen das Gestein. Das Boot machte einen Ruck nach links. Dabei rammte es mit voller Wucht einen kleinen Felsen und bäumte sich auf. Durch den unerwarteten Schubs ging mein Paddel flöten. Panisch versuchte ich mich festzuhalten. Dummerweise verlor ich aber das Gleichgewicht und plumpste ins tosende Wasser. Ich konnte gerade noch die Hand des Zahnlosen greifen, der schnell reagiert und sie mir mit den Worten »Man overboard!« entgegengestreckt hatte.

Unermüdlich trieb das Boot weiter auf den Karstfelsen zu. Bemannt von einem unfähigen Paddelteam, das einen Überbordgegangenen hinterherzog, der wahlweise zu ertrinken oder zu erfrieren drohte.

Ich hielt krampfhaft an der Hand des Zahnlosen fest – mochte ich ihm auch den Arm rausreißen, es war mir egal. In meiner Panik spürte ich das eisige Wasser kaum, das meinen Körper umschloss, denn das Adrenalin schoss durch meine Adern. Ich nahm nichts und niemanden wahr außer mir selbst, es ging um nichts Geringeres als Leben und Tod. Mit letzter Kraft versuchte ich mich hochzuziehen.

Plötzlich ein Knall. Das Boot hatte den Weg vorbei am Felsen knapp verfehlt und war mit Wucht seitlich dagegengeprallt. Ich verlor die Hand des Zahnlosen und tauchte im Strudel des eisigen Wassers unter. Für Sekunden sah ich das Boot von unten, wie es jetzt doch den schmalen Weg neben dem Felsen passierte.

Mein Herz raste. Doch obwohl die Eiseskälte mich lähmte, schaffte ich es, ungeahnte Energiereserven zu mobilisieren. Ich tauchte auf und schnappte lauthals nach Luft. Auch ich wurde nun am Felsen vorbeigespült. Dahinter öffnete sich der Fluss wieder, sodass das Wasser etwas ruhiger wurde.

Der Zahnlose streckte den tätowierten Arm erneut aus, und ich ergriff seine Hand. Die Seiten des Gummibootes waren hoch, feucht und glitschig. Man konnte sich schlecht festhalten, und als ich halb oben war, geschah es. Das Boot schrammte vorne über einen weiteren kleinen Karstfelsen, sackte hinten ab und schnappte zurück. Die volle Hartgummiseite schlug mir mitten ins Gesicht.

Sterne tanzten vor meinen Augen. Doch diesmal ließ ich nicht locker. Obwohl meine Reserven ausgeschöpft waren, schaffte ich es, über die Seite hineinzukrabbeln. Ich fiel fix und fertig ins Boot, welches jetzt deutlich gemächlicher über die Soča glitt. Dann bemerkte ich das Blut.

»Schatz!«, rief Sarah, »dich hat es voll erwischt. Lass mal sehen.« Sie kroch zu mir rüber und begutachtete meine Verletzung mit fachmännischem Blick. Mein Neoprenanzug und meine Lippe waren mit Blut verschmiert.

»Deine Lippe ist aufgeplatzt!«, sagte Sarah. »Mach mal den Mund auf.«

Ich tat wie geheißen.

»Oh je!«, diagnostizierte Sarah, »und dir ist ein Zahn abgebrochen.«

Ich spürte das fehlende Stück Zahn, als ich mit der Zunge drüberfuhr. Das Adrenalin ließ nach. Mit der Erschöpfung stellte sich eine gewisse Gleichgültigkeit ein. Mir war der Zahn egal, ich war nur froh, dass ich am Leben war. Ich betrachtete Siggi und Uwe, die leichenblass in der einen Ecke des Bootes kauerten. Man sah ihnen deutlich an, dass es das Wort »Adventure« in ihrem Leben zukünftig nur noch im Zusammenhang mit Computerspielen geben würde. In diesem Moment wurde mir klar: Mein Plan war aufgegangen. Mit Uwe und Siggi würde mich meine Frau auf jeden Fall nicht mehr in einen Topf werfen.

»Wie geht es dir?«, fragte sie besorgt.

Das Boot trieb jetzt deutlich friedlicher den Flusslauf hinunter. Eingeschlossen von dem satten Grün der Wälder, die zur Rechten und Linken lagen. Ich nahm diese wunderbare Aussicht wie benebelt wahr. Der Schock saß tief, hatte aber eine einzigartige Ruhe in meinem Inneren hinterlassen.

»Alles in Ordnung«, sagte ich ruhig. »Ein Zahn legt mich nicht lahm.«

Ich atmete tief durch und ergriff mit immer noch zittriger Hand das Paddel von Uwe. Dabei lächelte ich Sarah an. Sie musste über meine halbe Zahnlücke lachen, dennoch lag wohltuendes Mitgefühl in ihrem Blick. Ich sah bestimmt schrecklich aus. Komischerweise gab mir die innere Ruhe auch neue Kraft, und so konnte ich schnell wieder mit vollem Einsatz paddeln. Siggi und Uwe hingegen waren bedient. Sie schauten nur fassungslos in der

Gegend umher und waren froh, irgendwann wieder an Land zu gehen. Als wir aus den Booten stiegen, sah ich noch einmal zu dem zahnlosen Bootsführer hinüber, der mir anerkennend zunickte.

Noch Tage später spürte ich, dass ich nicht nur ein Stück Zahn, sondern auch ein Stück meiner selbst verloren hatte. Irgendetwas hatte sich tief in mir verändert. Und diesmal lag es nicht nur an der neuen Nahtoderfahrung, die ich mir selber eingebrockt hatte. Nein, diesmal war es etwas anderes. Denn zum ersten Mal auf unseren Reisen hatte ich am eigenen Leib erleben müssen, wie es sich anfühlte, mit Schissern unterwegs zu sein. Bei dieser Erkenntnis wurde mir noch stärker als bisher bewusst, was Sarah mit mir hatte ertragen müssen.

Aber ich würde es nicht nur für sie tun, sondern vor allem für mich selbst: Auf der langen Bustour zurück nach Deutschland beschloss ich, dass es ein für alle Mal an der Zeit war, sich den Ängsten zu stellen. Ich konnte mich nicht länger davor drücken. Denn auf gar keinen Fall wollte ich so sein wie Siggi und Uwe. Dieser Wunsch hatte mich bis jetzt einen halben Zahn und einen Mordsschreck gekostet, aber ich war bereit, noch mehr in Kauf zu nehmen. Als mich Sarah ein halbes Jahr später fragte, ob ich wieder bereit für eine Fernreise war, sagte ich deshalb zu.

IX.

In Sri Lanka geht es bergauf
oder: durch den Höllenschlund des Löwenfelsens

Sag mal, muss das sein?«, fragte mich Sarah, aber ich ging nicht darauf ein. Kam gar nicht infrage, dass ich mich durch ihren Einwand beirren lassen würde, schließlich hatten wir eine Abmachung! Wenn es schon gemeinsam in die Gefahrenzone ging, dann sollte sich auch jeder darauf einstellen können.

»Hier gibt es keine Moskitos, und außerdem ist das Hotelzimmer voll klimatisiert«, fügte sie hinzu. »Also selbst wenn es Moskitos geben würde, wäre denen das hier tendenziell zu kal...«

»Das haben wir doch alles VORHER besprochen«, unterbrach ich sie. Dabei versuchte ich, im Schweiße meines Angesichts vergeblich mein mitgebrachtes Moskitonetz am Deckengiebel zu befestigen.

»Ist ja gut«, sagte meine Frau. »Tu, was du nicht lassen kannst.«

»Hier geht es nicht um lassen oder nicht lassen«, entgegnete ich und bastelte verzweifelt an der Aufhängung des Netzes. »Hier geht es ums Prinzip!«, fuhr ich fort. »Wir haben eine Abmachung!«

»Ja, ja. Abmachung, schon klar ...«, sagte Sarah und sah zu, wie ich auf dem wackeligen Stuhl verdächtig hin und her kippte, während ich mich mit dem Netz abmühte. »Aber dass du dir das Genick brichst, haben wir nicht abgemacht.«

»Mach dich nur lustig. Aber mir ist es ernst«, antwortete ich. »Nur deshalb bin ich mitgekommen. Weil du den Eid geschworen hast!«

Sarah zog die Hartmann-Augenbraue hoch und fragte: »Eid? Was denn für ein Eid?«

In diesem Moment hielt meine Konstruktion. »Hah!«, rief ich triumphierend aus, stieg vom Stuhl und kroch unter das aufgespannte Moskitonetz. Ich lag in Sicherheit. Allerdings alleine. Durch das feinmaschige Netz sah ich Sarah, die neben mir im Bett unseres voll klimatisierten Hotelzimmers lag und mich fragend anschaute.

Es war unsere erste Übernachtung auf Sri Lanka, südlich von Indien im Indischen Ozean gelegen. Der Reise war zwar meine innerliche Hoffnung auf Besserung vorangegangen, aber eine längere Diskussion im Vorfeld hatte sich trotzdem nicht vermeiden lassen. Denn ganz aus meiner Haut konnte ich natürlich nicht. Sarah wollte Fernreisen, ich wollte Sicherheit. Der Kompromiss hieß daher: Jeder war für seinen Gefahrenschutz selbst verantwortlich. Eine Einmischung des anderen war nicht erlaubt. Ein Zugeständnis, das mir sehr viel bedeutete.

»Du hast den Urlaubseid geschworen!«, beantwortete ich ihre Frage und sah nach oben, um stolz die perfekte Installation meines mobilen Ein-Mann-Moskitonetzes zu begutachten.

Für die ersten zwei Nächte hatten wir uns in einem komfortablen Hotel in Unawatuna an der Südspitze der Insel eingemietet. Auch das war ein Kompromiss gewesen. Ich hatte diese, unsere erste Bleibe ausgewählt, das kommende »Homestay« ging auf Sarahs Konto. Bevor es also wieder unter Einheimische ging, blieb mir einige Zeit zum Akklimatisieren. Die Zimmer waren sauber und die Betten in Ordnung. Ich schlief trotzdem schlecht. Schuld daran war mein selbst installiertes Moskitonetz, das mich derart einengte, dass ich bei jeder Drehung an seine Seiten stieß und davon regelmäßig aufwachte. Sarah hingegen hatte neben ihrem abgeschirmten Gatten hervorragend genächtigt, mein Ächzen und Stöhnen konnte sie offenbar ganz gut ausblenden. Fit und erholt saß sie mir am nächsten Morgen beim Frühstück gegenüber. Von der Terrasse unseres Hotels hatte man einen schönen Blick über den weißen, sichelförmigen Strand. Er zog sich wie ein schmaler heller Streifen am Wassersaum der tropischen Bucht entlang. Zur Rechten befanden sich einige Bars und Restaurants, die teilweise direkt am Strand lagen. Zur Linken schauten wir über den recht ruhigen Ozean, dessen Wellen dank eines Korallenriffs schon vor der Bucht brachen, sodass der Strand zum Baden einlud. Ich konnte mich allerdings wenig daran erfreuen. Übernächtigt und schlecht gelaunt rutschte ich auf meinem Stuhl hin und her und versuchte, ein schattiges Plätzchen zu erhaschen. Die Sonne brannte schon vormittags ohne Gnade vom Himmel.

»Boah, ist das heiß hier!«, nörgelte ich.

»Klasse, oder?«, erwiderte Sarah. »So stellt man sich doch den Traumurlaub vor.«

Dabei warf sie mir einen vielsagenden Blick zu. Ich fühlte mich sofort ertappt. Ich hatte mir fest vorgenommen, mich bei dieser Reise zusammenzureißen, und rang mir nun ein gespieltes Lächeln ab. Der Kellner kam, um die Bestellung des Frühstücks aufzunehmen.

»Good morning!«, sagte er mit einem strahlenden Lächeln. »We have Western style eggs, toast and jam«, offerierte er erst die bekannte Touristenvariante und fügte dann hinzu: »Or I can recommend the traditional Sri Lankan breakfast, the spicy choice!«

»Na, du Morgenmuffel?«, fragte mich Sarah neckisch, »traust du dich? Oder doch lieber Marmeladenbrot?«

Da war es wieder. Das Marmeladenbrot schien mich zu verfolgen. Ich musste an den Spruch meines Vaters denken, den ich auch Siggi und Uwe mit auf den Weg gegeben hatte. So kryptisch der väterliche Rat auch geklungen hatte, er beschäftigte mich immer noch. Das eine gab es nicht ohne das andere. Gewinnen tat man nichts, wenn man nichts wagte.

»Hallo, Schlafmütze!«, unterbrach Sarah meine Gedanken. »Welches Frühstück soll es denn nun sein?«

»The traditional breakfast, please. And make it two!«, versuchte ich Sarahs Provokation den Wind aus den Segeln zu nehmen. Zu meinem Missfallen lächelte sie nur zustimmend.

»Perfect!«, entgegnete der Kellner. »String Hoppers it is.«

Für einen kurzen Moment hielt ich inne. »String Hoppers« klang spezieller als gedacht. Aber zu spät, die Bestellung war bereits in Bearbeitung und das Wagnis auf dem Weg. Kurze Zeit später kam der Kellner mit zwei Tellern des besagten Gerichts zurück. Dazu brachte er zwei Gläser Wasser.

»To wash your hands«, erklärte er. Sarah säuberte ihre rechte Hand und hielt sie hoch. Dann sagte sie kichernd zu mir: »Unser Besteck! Wie in Laos.«

Mir war nicht nach Lachen zumute. Bei dem Gedanken an Laos schon gar nicht. Lange hatte ich gebraucht, um das Trauma der abgebissenen Vogelköpfe zu verarbeiten. Zugegebenermaßen zählte die Geschichte aus dem laotischen Bergdorf inzwischen zu den besten in meinem Reise-Repertoire. Das ärgerte Sarah am meisten. Auf den Reisen veranstaltete ich ein riesiges Drama, und kaum waren wir zu Hause, überspielte ich meine wahre Natur immer damit, dass ich großspurig von unseren Abenteuern berichtete.

Abenteuerlich ging es jetzt auch auf meinem Teller zu. Das typische sri-lankische Frühstück bestand aus speziellen Reisnudeln, »Strings« genannt, die zu kleinen Fladen gepresst wurden. Man nahm sie mit der rechten Hand und formte daraus eine kleine Schaufel, mit der dann der dazugehörige warme Linsencurry-Brei gegessen wurde. Dazu wurden frische Kokosnuss-Chili-Raspeln gereicht. Ich nahm einen Bissen, das Chili brannte auf der Zunge. Das Gericht schmeckte erst mal gewöhnungsbedürftig, besonders zum Frühstück. Geschmacklich war es aber den anderen Frühstücks-Reiseunfällen der Vergangenheit weitaus überlegen.

Sowohl das balinesische Bubur Ayam oder auch das japanische Nattō hatten mir mehr abverlangt.

»Und?«, fragte Sarah, »ist doch ganz lecker, oder?«

Ich nickte nur, schob mir wortlos die kleinen Fladen in den Mund und spürte die Schärfe, die mir die letzte Müdigkeit aus den Knochen trieb.

Nach einem ausgedehnten Frühstück gingen wir zurück in unser Zimmer. Als wir an der Lobby des Hotels ankamen, sah ich ihn zum ersten Mal. Den Felsen! Im Gang hing eine Fotografie, die mich magisch anzog. Ein riesiger Monolith ragte inmitten eines weitläufigen Dschungels in die Höhe. Aber das Faszinierendste war, dass man auf dem Berg Ruinen erkannte, die Tausende von Jahren alt sein mussten. Wie es die Menschen damals geschafft hatten, eine Stadt auf diesem Berg zu errichten, war mir ein Rätsel. Denn der Brocken von Fels wirkte unbezwingbar.

»Kommst du?«, fragte Sarah, die schon gen Hotelzimmer vorangegangen war. Wie hypnotisiert schaute ich noch einen Moment auf das Foto und folgte ihr dann.

Wir packten unsere Badesachen und machten uns auf den Weg zum Strand. Der Sand war bereits so heiß, dass wir mit schnellen Schritten gehen mussten, um uns nicht die Füße zu verbrennen. Wir schafften es dennoch bis ans Wasser und schlenderten am Spülsaum entlang.

»Sollen wir nicht später wiederkommen, wenn die Sonne ein bisschen tiefer steht?«, fragte ich vorsichtig mit dem Blick über den Strand, der wegen der Mittagshitze fast menschenleer war.

»Ach was!«, sagte Sarah. »Guck mal dort. Da gibt es Sonnenschirme.«

Immerhin etwas, dachte ich, als wir uns mit den Schirmen ein schönes Plätzchen suchten. Die Hautkrebsdebatte hatten wir schon oft genug geführt. Jedes Mal hatte ich sie angezettelt, obwohl *ich* der weniger gefährdete, dunklere Hauttyp war und Sarah die Ärztin. Aber auch hier zeigte sich mal wieder die perfekt antrainierte ärztliche Verdrängungsstrategie.

»Meine Güte!«, rief mir Sarah nun von ihrer Liege zu, »lass doch mal ein bisschen Luft an deinen Körper.«

Im Rahmen meiner ausgetüftelten Gefahrenschutzstrategie war ich natürlich auch hier systematisch vorgegangen. Erst hatte ich durch eine penible Schirmjustierung den richtigen schattenspendenden Winkel finden müssen. Danach arrangierte ich Hemd und Handtuch so, dass auch die Körperteile im Schatten lagen, die trotz des Schirms noch Sonne abbekommen würden. Zu guter Letzt blieben die Füße, die zu meinem Missfallen immer noch aus dem schattigen Bereich herausragten. Ich entschied mich für Socken.

»Wenn du dich sehen könntest!«, nahm Sarah den Faden wieder auf, nachdem sie mich kritisch gemustert hatte. »Mit Wollsocken am Strand. Da fehlen einem echt die Worte.«

»Bitte keine Diskussion. Denk an den Urlaubseid!«, sagte ich. »Und statt rumzumeckern, solltest du dich lieber eincremen! Die UV-Strahlung ist hier wirklich brutal.«

Sarah verdrehte die Augen und griff zur Sonnencreme mit Lichtschutzfaktor 15. Mein Kommentar, dass sie lieber Faktor 50 nehmen sollte, wurde nur abfällig belächelt. Dabei wusste ich es besser. Im Zuge meiner Reisevorbereitung hatte ich natürlich auch diesen Aspekt nicht vergessen. Eine Internetrecherche zum Suchbegriff »UV-Strahlung Weltkarte« hatte verheerende Ergebnisse zutage gefördert. Ganz Sri Lanka lag im Extrembereich und wurde auf einer weltweiten Skala von 1 bis 11 als 11+ ausgewiesen. Es war irre, sich hier in die Sonne zu legen. Aber Sonnenbaden war für mich sowieso immer ein Rätsel gewesen. Warum den Körper wochenlang der Bräunungstortur unterwerfen, um am Ende das Ganze im Arbeitsalltag sowieso wieder in Kleider zu hüllen? Ich für meinen Teil hatte beschlossen, meinen bleichen Bürokörper besser ganzheitlich vor Sonne zu schützen, um eine kontinuierliche Niedrig-Lux-Einstrahlung zu gewährleisten. Ich schob meinen Hut tiefer in die Stirn und griff nach dem Reiseführer, der oben auf dem Stapel Bücher neben meiner Liege lag.

Ich fand sofort, was ich suchte. Aufgeregt überflog ich die Kurzbeschreibung. Der über 200 Meter hohe Felsen aus Vulkangestein, der aus dem Dschungel ragte und nur über die Außenwand begehbar war, wurde auch »Himmelsburg« genannt. Auf dem Weg nach oben konnte man die weltberühmten »Fresken der Wolkenmädchen« bestaunen, die vor über tausend Jahren entstanden sind. Auf dem Gipfel der Himmelsburg thronte eine eindrucksvolle Ruinenstadt. Die letzte und auch steilste Etappe dorthin war nur durch eine provisorische Konstruktion zu erreichen, die auf den Überresten der ehemaligen steinernen Treppe angebracht war. Sie hatte durch den Rachen eines gigantischen Löwenkopfes geführt, von dem nur noch die mächtigen Tatzen standen. Daher rührte auch der Name des Felsplateaus: Sigiriya, von »Siha Giri«, dem »Löwenfelsen«. Sofort ging meine Fantasie mit mir durch. Ich war schon immer ein großer Fan der *Indiana Jones*-Filme gewesen, jetzt fühlte ich mich, als wäre ich Teil eines seiner Abenteuer.

»Der Höllenschlund des Löwenfelsens«, malte ich mir den Titel des Kinostreifens aus. Mit Harrison Ford im Dschungel klang doch deutlich besser als mit Tom Hanks auf der einsamen Insel, die Schreckensvorstellung meiner ersten gemeinsamen Reise mit Sarah. Mein Hollywood-Traumcasting wurde aber von meiner Frau jäh unterbrochen.

»Komm, Schatz, wir gehen schwimmen!«, rief Sarah mir zu.

Über den heißen Sand liefen wir zum Wasser. Während Sarah sofort hineinstürmte, zögerte ich. Ich brauchte meine Zeit. Das Wasser war kalt. Sehr, sehr kalt. Um mögliche Schockzustände, Herzinfarkte oder andere Unbehaglichkeiten zu umgehen, würde ich erst meine Füße und dann meinen restlichen Körper gemächlich dem kühlen Nass zuführen. In meiner bewährten Schichteintauch-Technik drang ich langsam, aber bestimmt ins Wasser vor.

»Nun komm schon!«, rief Sarah, die bereits nach Herzenslust herumplantschte. »Die Temperatur ist herrlich.«

»Bin gleich da!«, rief ich zurück und biss die Zähne zusammen, als das Wasser langsam bis zum Bauchansatz stieg.

»Beeil dich«, sagte Sarah, »ich geh gleich schon wieder raus.«

Ich ließ mich fallen. Die Kälte umschloss mich. Wie in Slowenien hatte ich das Gefühl, mein Herz würde jede Sekunde stehen bleiben. Um mich aufzuwärmen, machte ich ein paar hektische

Schwimmbewegungen vorwärts. Und obwohl ich fest davon überzeugt gewesen war, mich niemals zu überwinden, hatte ich mich bereits nach mehreren Minuten an die Wassertemperatur gewöhnt. Ich schwamm zu Sarah hinüber, und wir umarmten uns. Sie gab mir einen Kuss und sagte: »Komm, entspann dich, das wird dir guttun.«

Und das tat ich. Ich ließ mich im salzigen Wasser treiben und schloss die Augen. Für den Moment fühlte ich mich frei und unbeschwert. Frei von Ängsten und Neurosen, frei von Zwängen und lähmenden Gedanken. Es war herrlich. Besserung schien in Sicht. Zufrieden öffnete ich die Augen und blickte in den blauen wolkenlosen Himmel. Unwissend darüber, dass mir die größte Prüfung erst noch bevorstand.

Am nächsten Tag hatte Sarah Sonnenbrand und schlechte Laune. Ich sagte dazu nichts. Insgeheim fühlte ich mich natürlich bestätigt. Ein weiterer Nachmittag in der Sonne fiel damit aus. Was nicht weiter schlimm war, denn der gesamte Urlaub lag noch vor uns, und für diesen Nachmittag hatte Sarah bereits einen anderen Plan.

»Einen Kochkurs?«, fragte ich noch mal nach, obwohl ich sie sehr wohl verstanden hatte. Ich wollte ganz sichergehen, schließlich hatte das Frühstück ja bereits eine recht eigenwillige kulturelle Kulinarik zutage gefördert.

»Ja«, sagte Sarah, »ist doch super. Passt mir heute, ehrlich gesagt, auch ganz gut. Hätte mal gestern besser auf dich hören sollen, dann wäre mir der Sonnenbrand vielleicht erspart geblieben.«

Hörte ich richtig? Hatte Sarah wirklich zugegeben, dass ich ihr den richtigen Rat gegeben hatte? Ich war so überrascht, dass ich mein Zögern in Hinblick auf den Kochkurs verwarf. So brachen wir am Mittag auf. Der Kurs fand in einer kleinen Hütte mit offener Küche im Dorf statt. Gelegenheiten, mich an fehlende Brandschutzbestimmungen zu gewöhnen, hatte ich ja auf unseren Reisen reichlich gehabt, deshalb ließ ich mich hier nicht aus der Ruhe bringen. Wir wurden freundlich von der rundlichen Köchin und einer Gruppe von weiteren Touristen in Empfang genommen. Bevor allerdings das Kochen startete, so erklärte uns die Frau, würden wir als Erstes frische Zutaten kaufen. Es warteten schon vier Tuk-Tuks, die uns zum großen Markt in der Nachbarstadt bringen würden. Die Fahrt war holprig, der Staub blies durch die offenen Seiten. Da ich Tuk-Tuks bereits aus Thailand kannte, beunruhigte mich die halsbrecherische Tour kaum noch. Mich erstaunte eher, wie die motorisierten Dreiräder sich in dem Verkehrswirrwarr aus Autos, Ochsenkarren, Fahrrädern und Fußgängern zurechtfanden.

Wir kamen an. Der Markt war riesig und wimmelte nur so von Menschen. Überall wurde geschäftig Obst, Gemüse, Fleisch und viele andere Speisen dargeboten und lautstark angepriesen. Wir waren die einzigen westlichen Gäste und wurden mit aufmerksamen, aber freundlichen Blicken begutachtet. Ich ließ mich durch das Gewusel treiben. Wie bei der Fahrt im Tuk-Tuk merkte ich, dass mich der Marktbesuch nicht nervös machte. Früher wäre das bei so vielen neuen Eindrücken sicherlich der Fall gewesen, aber inzwischen hatte ich in China und Laos weitaus exotischere Märkte kennengelernt, sodass ich keine Berührungsangst verspürte. Ganz im Gegenteil, ich ertappte mich dabei, wie ich das bunte Treiben genoss. Es ging bergauf! Ich konnte deutlich spüren, dass auf dieser Reise etwas anders war. Die Erfahrung hielt die Angst in Schach. Das hatte etwas Befreiendes.

Wenig später waren wir zur Küche zurückgekehrt und präparierten in fröhlicher Runde die Speisen. Für das berühmte »Knoblauch-Curry« sollte ich den Knoblauch schälen, mühte mich aber ziemlich mit der festsitzenden Haut ab. Die Köchin sah zu mir rüber und lächelte. Sie gesellte sich zu mir und nahm mir das Messer aus der Hand.

»Do it like this«, sagte sie, nahm die Knoblauchzehe und legte sie auf das Schneidebrett. Mit der Hand auf dem Messer zerdrückte sie sanft den Knoblauch. Die Haut fiel wie von ganz alleine ab! Ich stand fasziniert daneben. Eine Frau, die solche Tricks auf Lager hat, dachte ich, kann mir mit Sicherheit auch einiges über Sigiriya erzählen! Ich nutzte also die Gelegenheit, um sie zu fragen.

»The castle of the crazy king!«, sagte sie grinsend und erzählte die Geschichte von Kassapa, der seinen eigenen Vater als König entmachtete und ihn lebendig einmauern ließ. Dann aber kalte Füße bekam und aus Angst vor dem rechtmäßigen Thronfolger, seinem Halbbruder Moggallana, dieses irrsinnige Bauwerk auf dem Gipfel des Felsens schuf. Kassapa errichtete damit nicht nur eine uneinnehmbare Festung, sondern soll in seinem Größenwahn wohl versucht haben, den heiligen Berg der asiatischen Mythologie nachzubilden, den »Weltenberg im Zentrum des Universums«. Ich hörte ihr ungläubig zu. Meine Faszination für den Felsen wuchs mit jedem Wort, das die Köchin sprach. Als wir später zusammensaßen und unsere selbst zubereiteten Köstlichkeiten genossen, sagte ich zu Sarah: »Wir müssen unbedingt nach Sigiriya, zu dem Löwenfelsen!«

»Ja. Davon habe ich auch gelesen. Klingt super«, antwortete sie. »Aber ich hatte das extra noch nicht angesprochen. Wegen deiner Höhenangst.«

Stimmt!, dachte ich, da war ja noch was. Ich erinnerte mich an das Empire State Building. Höhenangst hatte ich damals vehement abgestritten. Im Nachhinein betrachtet war vielleicht doch etwas dran gewesen. Aber das half jetzt nichts. Auch wenn Sigiriya eine andere Liga war: Verglichen mit einem zweihundert Meter hohen freistehenden Felsplateau war jedes Hochhaus in New York ein Witz. Doch ich hatte keine Wahl: Wenn ich das Löwentor und die Ruinenstadt sehen wollte, musste ich meine Angst überwinden.

»Das können wir uns doch nicht entgehen lassen. Höhenangst hin oder her«, hörte ich mich zu meiner eigenen Verwunderung laut sagen. Sarah zog die Hartmannbraue hoch und nickte mir skeptisch zu.

»Super«, entgegnete sie zögerlich.

Jetzt gab es kein Zurück mehr. Ich hatte in Slowenien endgültig Besserung gelobt, nun war es an der Zeit, den Worten Taten folgen zu lassen. Ich musste mich meinen Ängsten stellen. Ich war bereit für Sigiriya, den Löwenfelsen, den Monolith des Dschungels, die Heimat des geisteskranken Königs, das mystische Zentrum des Universums … meinen persönlichen Schicksalsberg.

Erst kam der Regenwald. Wir hatten Unawatuna verlassen und waren nach Norden weitergereist, um eine Seite von Sri Lanka kennenzulernen, die den meisten Touristen eher verborgen blieb. Als ich mit Sarah und unserem Dschungelführer vor dem verwunschenen Eingang zum Sinharaja Rain Forest, dem letzten Urwald der Insel, stand, wusste ich, warum. Aus dem dichten Gestrüpp aus Palmen, Nadelbäumen und Farnen drangen erdrückende Hitze und Feuchtigkeit.

Schon kurz nachdem wir den Regenwald betreten hatten, waren wir schweißgebadet. Die Luftfeuchtigkeit musste an die hundert Prozent reichen. Die Sonne trocknete uns nicht, denn die hohen Bäume überschatteten den schmalen Weg und tauchten die Szenerie in ein magisches Licht. Dazu kamen ein Dutzend verschiedener Geräusche aus allen Poren dieses pulsierenden Organismus. Die Natur schenkte uns wenig Beachtung. Wir waren stille Teilnehmer an diesem Spektakel und drangen unter schwerer Anstrengung immer weiter in den Dschungel vor.

Die Hosenbeine hatten wir in die Socken stecken müssen und danach mit grobem Salz eingerieben. Unser Dschungelführer hatte eindringlich vor Blutegeln gewarnt. Trotz der Vorsicht schafften es einige von den Parasiten an unsere Beine. Wir pausierten an einem glasklaren Bergfluss und befreiten unsere Waden von den blutigen Tierchen. Ich musste an die Szene in Laos denken und an meine Panik von damals. Obwohl ich jetzt auch Ekel empfand, war ich von einer Angstattacke weit entfernt. Wir strichen die Blutegel mit Salz ab und wuschen die Beine im klaren Wasser. Ich schaute zu Sarah hinüber. Überraschenderweise wirkte sie unentspannter als ich. Die Luftfeuchtigkeit und Hitze setzten ihr offensichtlich zu.

»Boah, Blutegel«, sagte sie, »ist das widerlich.«

Ihre Reaktion verwunderte mich, hatte sie mich doch in Laos mit chirurgischer Präzision und gewohnter Coolness verarztet. Davon war jetzt nichts zu spüren.

»Keine Sorge!«, sagte ich, um sie zu beruhigen. »Die tun doch nichts.«

»Ja ja, schon klar. Weiß ich ja alles«, antwortete Sarah, »eklig sind sie trotzdem.« Sie wischte sich den Schweiß von der Stirn, und wir setzten unsere Wanderung fort.

»Komm, ich trag deinen Rucksack!«, bot ich ihr an. »Du wirkst echt fertig.«

»Danke!«, sagte sie und gab mir den Rucksack. Sie sah wirklich kaputt aus. Der Sonnenbrand der letzten Tage, die ständige Hitze und jetzt die Wanderung durch den Regenwald. Hier gelangten selbst die Kräfte meiner Frau an ihre Grenzen. Ich hingegen hielt mich ausnahmsweise ganz tapfer. Der Gedanke an den »Weltenberg« trieb mich an. Ich beschloss, unseren Guide danach zu fragen. Wer so gut den Dschungel und seine Heimat kannte, wusste sicherlich auch einiges auf dem Gebiet der Sagen und Mythologien zu berichten. Ich war mir sicher, er kannte auch die Geschichte von Sigiriya oder dessen Ursprung, dem Weltenberg »Mount Meru«.

»Please tell me about Mount Meru«, bat ich ihn.

Überrascht schaute er mich an und wiederholte: »Mount Meru?«

»Yes, please!«, hakte ich freundlich nach.

»Ok«, sagte er, dann fing er an zu erzählen: »Meru is the ancient mountain, the center of the universe. 80.000 miles high above the water and the same length under the water, where the mountain sits on the giant turtle.«

»Turtle?«, fragte ich nach, verwundert darüber, welche Rolle wohl eine Schildkröte spielte.

Dann erzählte unser Guide die ganze sagenumwobene Geschichte. Der indischen Entstehungslehre nach wurde die Welt im Kampf der Götter gegen die Dämonen erschaffen. Der Weltenberg spielte dabei eine wesentliche Rolle. Denn sowohl die Dämonen als auch die Götter waren auf der Suche nach dem Unsterblichkeitstrank, der sich jedoch versteckt in den Tiefen des Milchozeans befand. Dämonen und Götter taten sich darum zusammen, um aus dem Weltenberg einen riesigen Quirl zu machen, indem sie eine Schlange um den Berg wickelten. Die Dämonen zogen am Kopf, die Götter am Schwanz. So setzten sie den Berg in Bewegung. Das Ganze dauerte über tausend Götterjahre und drohte fast zu scheitern. Aber bevor der Berg im Meer versank, verwandelte sich der Gott Vishnu in eine Schildkröte, um ihn von unten zu stützen. Durch diese Stabilisierung wurde das Unternehmen zum Erfolg. Aus dem Milchozean, so die Sage, traten Sonne, Mond und Sterne sowie kostbare Gegenstände hervor, unter ihnen der Krug mit dem gesuchten Elixier: der Unsterblichkeitstrank.

Dämonen, Götter, Milchozean, Zaubertrank? In der mystischen Umgebung des Regenwaldes klang die Geschichte fantastisch, aber irgendwie auch passend. Während Sarah nur müde den Kopf schüttelte, hörte ich aufmerksam zu. Jetzt wusste ich, warum der Berg Sigiriya mich magisch anzog. Der verrückte König Kassapa hatte ihn als Inkarnation des Weltenbergs auserwählt. Die Geschichte bekräftigte mich einmal mehr in meinem Vorhaben, den Berg zu bezwingen. In diesem Moment riss uns unser Dschungelführer mit einem Aufschrei aus der Welt der Sagen zurück in die Realität.

»Look! There's a snake!«, rief er laut. Ich sprang zurück. Mit einem Handgriff hatte er die lange, dünne, neongrüne Schlange gefangen. Er hielt sie hoch in die Luft. Leicht erschrocken, aber auch mit einer gewissen Neugier schaute ich sie an. In Sarahs ermattetem Blick war keine Regung zu erkennen. Sie war froh, dass nicht nur das Märchen ein Ende hatte, sondern auch unsere Wanderung. Als wir aus dem Urwald traten, war ihr einziger erschöpfter Kommentar: »Puh!«

Nach den Anstrengungen des Tages ließen wir uns entkräftet in den Bus fallen, den wir für die Weiterfahrt organisiert hatten. Die Sonne stand tief am Himmel, als wir das Sinharaja Rain Forest Reserve verließen und unsere Reise gen Norden fortsetzten.

Gemächlich glitt der Kleinbus durch die Dunkelheit. Als ich aufwachte, musste ich mich erst einmal an das gedimmte Licht gewöhnen. Draußen sah es kaum anders aus. Da es so gut wie keine Straßenbeleuchtung gab, war nicht viel zu sehen. Ich drehte mich um und beobachtete Sarah, wie sie an meiner Schulter schlummerte. Ihre Gesichtszüge wirkten weich und entspannt. Am Ende unserer Dschungel-Wanderung war das noch anders gewesen. Selten hatte ich sie so erschöpft erlebt. Nur einmal war ein ermattetes Lächeln über ihre Lippen gehuscht, als endlich der Bus zur Weiterfahrt ins Teehochland um die Ecke gebogen war. Dieser brachte uns nun zum »Homestay«. Sarah hatte es ausgesucht und sich eigentlich darauf gefreut. Es war wohl ein Geheimtipp gewesen, denn »Amal's Escape« lag tief versteckt zwischen den Teeplantagen des Berglandes und versprach dank absoluter Abgeschiedenheit absolut authentische sri-lankische Lebensart.

»Oh Mann«, sagte Sarah, nachdem sie aufgewacht war, und gähnte laut. »Ich bin immer noch total müde. Ich hoffe, das Homestay hat ein richtiges Bett.«

»Und das aus deinem Mund«, sagte ich. »Normalerweise kann's doch nicht abenteuerlich genug sein.«

Sarah ignorierte meinen Kommentar und drehte sich zur Seite. Der Bus ruckelte durch die Nacht und steuerte »Amal's Escape« entgegen. Aber so einfach war es nicht, denn die Unterkunft hielt ihr Versprechen. Sie war so abgeschieden gelegen, dass sie praktisch unauffindbar schien. Nachdem der Bus die Ortschaft Haputale durchquert hatte, bog er auf eine Schotterpiste ab, die in ein schwarzes Nichts zu führen schien, der sandige Weg wurde nur vom Lichtkegel des Busses beleuchtet. Immer tiefer führte uns die Piste ins Teehochland, auf Wegen, auf denen sonst nur die Karren für die Plantagen unterwegs waren. Zu unserem Glück standen an einer Kreuzung auf der Teehochebene zwei Männer, die unser Ziel kannten und dem Fahrer den Weg beschrieben. Wir fuhren und fuhren. Plötzlich erschien im Scheinwerferlicht des Busses ein kleines Schild mit einem Pfeil drauf. Schnörklige Lettern wiesen den Weg nach rechts zu »Amal's Escape«.

Der Bus bog in die sehr schmale Straße ab, die steil nach unten ging. Mit angezogener Handbremse tastete sich der Fahrer vor. Erst zeigten die Scheinwerfer des Busses noch auf den Schotter, dann auf nichts mehr. Vor einem klaffenden Abgrund kam der Bus quietschend zum Stehen. Wir kletterten hinaus. Hinter uns der Bus, vor uns das schwarze Loch, das nahtlos an die Finsternis anschloss, die sich dahinter ausbreitete. Mir rutschte das Herz in die Hose. Auch in Sarahs Blick konnte ich Furcht erkennen. Dem Busfahrer schien das egal zu sein, er signalisierte, dass er abfahrbereit war. Schließlich hatte er uns an das vermeintliche Ziel gebracht und wollte nun schnellstmöglich umkehren. Von »Amal's Escape« war weit und breit nichts zu sehen. Gerade als ich Sarah vorschlagen wollte, mit dem Bus in die Stadt zurückzukehren, tat sich etwas. Ein kleiner Lichtkegel leuchtete aus der Tiefe der Schlucht in die Nacht. Nach und nach erkannte ich eine sehr steile steinerne Treppe, die an der Seite nach unten führte. Auf dieser Treppe kam uns nun ein immer größer werdender Lichtkegel entgegen, der sich als Taschenlampe entpuppte. Amal stieg lachend aus dem Abgrund.

»Welcome, my friends!«, begrüßte er uns.

Ich schaute den kleinen, freundlichen Mann im langen, weißen Gewand ungläubig an. Hinter mir hörte ich, wie der Kleinbus im Rückwärtsgang die Schotterpiste hochfuhr. Jetzt erhellte die Nacht nur noch Amals kleine Taschenlampe. Ich blickte zu Sarah, die nur fragend die Schultern hochzog. Dann stiegen wir hinab. Mit Vorsicht tasteten wir uns auf der schmalen Steintreppe vor. Schritt für Schritt ging es tiefer ins Ungewisse. Amal ging voran, ich folgte ihm. Hinter mir kam Sarah, die meine Hand hielt. Ihr Händedruck war stärker als sonst, ich spürte ihre Anspannung. Wir kamen um eine Kurve, und ein spärlich beleuchtetes Haus erschien. Amal blickte sich lächelnd um und sagte: »This is my house. Be my guest!«

Wir betraten das Haus. Zu unserer Ankunft stand das Willkommenskomitee schon bereit. Ich war beeindruckt, wie viele Personen in den schmalen Raum passten, es mussten mehr als fünfzehn Leute sein. Amals ganze Großfamilie war gekommen, um uns zu begrüßen. Von der zahnlosen Oma bis zum ebenso zahnlosen Baby schienen alle Altersklassen vertreten. Sie bildeten einen schmalen Gang in der Mitte, an dessen Ende ein kleiner Holztisch stand.

»We have prepared dinner for you!«, sagte Amal und ging in Richtung Tisch voraus.

Sarah und ich folgten ihm, dabei flüsterte meine Frau mir zu: »Können wir nicht direkt ins Bett? Ich bin echt kaputt.«

»Das ist unhöflich, das weißt du genau!«, gab ich leise zurück. »Versuch durchzuhalten. Eine warme Mahlzeit wird dir guttun.«

Wir stellten unsere Rucksäcke in die Ecke und nahmen an dem wackeligen Holztisch Platz. Die Familie rückte näher. Alle standen um uns herum und sahen uns erwartungsvoll an. Dann brachte Amal einen großen Topf aus der Küche. Das Essen blieb zunächst unter einem Deckel verborgen. Nach dem Tag im Dschungel hatte ich mächtig Kohldampf, Sarah hingegen sah man an, dass ihr nicht nach Essen zumute war. Sie saß schlaff auf ihrem Holzstuhl und starrte abwesend auf den Topf. Mit einer schwungvollen Bewegung lüftete Amal das Geheimnis und hielt den Deckel in der Luft. Dampf stieg aus dem heißen Topf. Als sich dieser legte, sahen wir … Bratreis!

Zur Abwechslung mal keine kulinarische Herausforderung. Bratreis würde nach so einem Tag genau das Richtige sein. Nachdem Amal meinen Teller gefüllt hatte, fing ich an zu essen. Die umstehende Familie würdigte jeden Bissen lächelnd mit einem Nicken. Es fühlte sich schon recht komisch an. Wir saßen hier wie auf dem Präsentierteller, und jede Bewegung wurde registriert. Ich versuchte den Blicken auszuweichen und schaute auf den Boden. In dem Moment sah ich eine fette Kröte durchs Wohnzimmer hoppeln. Irritiert schaute ich wieder nach oben, aber keines der Familienmitglieder nahm von dem kleinen Gast Notiz. Auch Sarah nicht. Sie zuckte nur mit den Schultern. Dann fiel mir wieder ein, wie sie auf dem Weg gesagt hatte: »ganz abgeschieden, im Einklang mit der Natur«. Klanglos verschwand die Natur in Form der dicken Kröte hinter den runzeligen Beinen von Amals Oma.

Nach dem zweiten Nachschlag war ich satt, Sarahs Teller hingegen immer noch mit Reis gefüllt. Offensichtlich hatte sie keinen Appetit, sie stocherte apathisch in ihrem Essen herum. Um dem Gruppenzwang der Amal'schen Sippe gerecht zu werden, aß ich auch noch ihre Portion. Zufriedene Blicke unserer Zuschauer waren der verdiente Dank.

»Thank you so much«, sagte Sarah nach dem Essen. »I am very tired. Can you please show us the room?«

Amal nickte, bat uns aufzustehen und die Rucksäcke aufzusetzen. Sarahs Rucksack trug er. Allerdings ging er nicht weiter ins Haus hinein, sondern geradewegs zu Tür hinaus. Als Sarah mich erstaunt anschaute, war diesmal ich es, der mit den Schultern zuckte.

Wir folgten unserem Gastgeber. Erneut ging es nach draußen in die Finsternis. Mit einem Klick nahm Amal die Taschenlampe in Betrieb und zeigte abermals auf die schmale Steintreppe. Im Kegel der Lampe sah sie alt und brüchig aus. Steil führte sie weiter in den Abgrund. Vorsichtig stiegen wir erneut hinab. Ich hielt Sarahs Hand, sie zitterte. Aus der Nacht trug der Wind unheimliche Geräusche zu uns herüber, die aus nächster Nähe zu kommen schienen.

Die Treppe endete, und im Lichtkegel der Lampe erschien eine kleine Holzhütte. Amal öffnete die Tür, und wir traten ein. Vor uns lag ein etwa fünfzehn Quadratmeter großer Raum, in dem sich ein Doppelbett und ein Schrank befanden. Amal stellte Sarahs Rucksack in der Ecke ab und verabschiedete sich mit einem Lächeln. »Enjoy your stay!«, sagte er und schloss die Tür hinter sich. Sarah ließ sich aufs Bett fallen, während ich mich unserem Gepäck widmete. Als ich gerade in die Tiefen meines Rucksackes abgetaucht war, hörte ich Sarahs Schrei: »Iiiieeeehhhh!«

Ich fuhr herum und sah gerade noch, wie eine fette Kakerlake unter dem Schrank verschwand.

»Die war unter meinem Kissen!«, schrie Sarah völlig aufgebracht.

»Die hat doch schon das Weite gesucht«, versuchte ich meine Frau zu beruhigen. »Wahrscheinlich hat sie sich mehr erschrocken als du dich.«

Sarah sprang vom Bett auf und fuchtelte mit ihren Armen in der Luft. »Da schlaf ich nicht!«, rief sie aufgelöst, »kannst du vergessen!«

So hatte ich Sarah noch nie erlebt. Dass sie sich von einer kleinen Kakerlake einschüchtern ließ, passte überhaupt nicht zu ihr. Aber die Strapazen des Tages hatten ihr scheinbar wirklich schwer zugesetzt. Wie ein Häufchen Elend stand sie da, und plötzlich fing sie an zu weinen. Ich ging zu ihr hinüber und nahm sie in den Arm.

»Mein Schatz«, sagte ich und strich behutsam über ihr Haar, »alles halb so schlimm.«

»Ach, das ist doch alles doof hier«, sagte sie schluchzend und fügte dann zu meiner großen Überraschung hinzu: »Kann ich mit unter deinem Moskitonetz schlafen?«

Ich antwortete nicht sofort. Genau genommen war mein Ein-Personen-Moskitonetz ja nur für eine Person gemacht. Ich fragte mich, ob ich eine Konstruktion hinbekäme, die zwei Schlafplätze ermöglichte. Doch als Sarah erneut schluchzte, war mir klar, dass dies nicht der richtige Zeitpunkt für planerische Höchstleistungen war. Dieser Moment erforderte sofortiges emotionales Handeln.

»Neben mir ist immer Platz für dich«, sagte ich und drückte Sarah an mich.

Eine Stunde später lagen Sarah und ich eng umschlungen unter dem Moskitonetz. Sie schlief sofort ein. Ich blieb noch einen Moment liegen und lauschte den ungewohnten Geräuschen, die von draußen in die Hütte drangen. Irgendwann übermannte auch mich der Schlaf.

Der Traum

Sarah und ich wandern durch ein Gebirge. Es ist imposant und weitläufig. Im Tal erkenne ich eine Bahnstation. Sarah geht mit schnellen Schritten voraus. Ihre schwungvollen Armbewegungen verleihen ihr zusätzlich Dynamik. Ich bin direkt hinter ihr, aber mir gelingt es nicht, das Tempo zu halten. Meine Beine werden schwer, ich falle zurück. Sarah ist jetzt schon ein ganzes Stück vor mir. Sie dreht sich um und spricht. Ich höre: »Ich gehe ohne dich.« Mich ergreift die Panik. Ich versuche schneller zu laufen, um ihr zu folgen. Meine Beine fühlen sich an, als seien sie mit Blei gefüllt. Ich trete auf der Stelle. Dann sehe ich, dass Sarah bereits an der Bahnstation angekommen ist. Sie steigt in den Zug. Ich bin aus der Puste, bleibe stehen und halte einen Moment inne. Sarah schaut mich aus dem Fenster des Zuges an. Sie lächelt. Erst jetzt erkenne ich, dass es ein ermutigendes Lächeln ist. Ihre Lippen formen einen Satz. Nun begreife ich, was sie wirklich sagt: »Ich gehe nie ohne dich … aber diese Prüfung musst du alleine bestehen.«

Ich höre das Signal, der Zug verlässt den Bahnhof. Sarahs Lächeln zieht vorbei. Ich sehe ihr nach. Dann richte ich meinen Blick vorwärts. Aus der Gebirgskette ragt er heraus, thront über den Gipfeln: der Berg der Berge, Mount Meru, der gigantische Fels in der Brandung des Milchozeans. Ungebeugt schaut er auf mich herab. Er fordert mich heraus. Ich gehe auf ihn zu. Meine Schritte werden fester. Ich werde ihn bezwingen und meine Ängste besiegen. Ich muss es alleine schaffen. Jetzt gibt es nur noch mich und den »Weltenberg«.

Ich wachte auf, als die ersten Lichtstrahlen in unsere dunkle Hütte drangen. Sarah lag an mich geschmiegt, wir beide dicht eingezwängt unter dem engmaschigen Moskitonetz. Ich schob das Netz beiseite und mich durch das entstandene kleine Loch, ging zur Tür und öffnete sie. Dann trat ich nach draußen. Es war noch etwas frisch und feucht durch den Morgennebel. Doch die Nebelschwaden hatten sich bereits gelichtet, und ich staunte in die Tiefe des Abgrundes. Dieser musste um die tausend Meter steil abfallen. Dahinter breitete sich vor mir ein traumhafter Ausblick auf den südlichen Teil der Insel aus. Mein Blick schweifte über das kilometerlange saftig grüne Teehochland und die braunen Berge am Horizont, hinter denen sich die Küste erahnen ließ. Über dem großen Berg »Eagle Rock« ging gerade die Sonne auf. Plötzlich spürte ich, wie mich Sarahs Arme von hinten umschlossen. Sie war mir aus der Hütte nach draußen gefolgt. Ich zog sie näher an mich und gab ihr einen Kuss. Eng umschlungen standen wir da und genossen den Sonnenaufgang.

»Weißt du«, brach Sarah irgendwann behutsam das Schweigen, »gestern habe ich das erste Mal gespürt, wie das so ist.«

»Wie was ist?«, fragte ich leise zurück.

»Wenn man wo sein muss, wo man nicht sein will«, sagte sie. »Und wenn man dabei Angst hat.«

»Und wie fühlt sich das an?«, fragte ich vorsichtig, denn es kam selten vor, dass Sarah sich so öffnete.

»Beschissen!«, sagte sie hart. Ich zuckte zusammen.

»Schisser sein ist beschissen«, wiederholte sie und musste darüber kichern. Auch ich stimmte ein. Das Lachen tat gut. Es entkrampfte das Thema. Nach einer kleinen Pause sagte ich: »Stimmt. Auch ich wäre froh, wenn ich öfters über meinen Schatten springen könnte.«

»Ich wünsch es dir«, sagte Sarah und legte ihren Kopf an meine Schulter, »von ganzem Herzen.«

Die restlichen Tage bei Amal verbrachten wir mit Wanderungen rund um das Teehochland. Der Besuch einer alten Teefabrik hatte sogar ein bisschen was von »klassischem« Touristenprogramm. Aber besonders die Steilwand und Aussicht vom »Eagle Rock« notierte ich im LOGBUCH DES TODES als ähnlich atemberaubend wie die weitaus bekanntere Sehenswürdigkeit »World's End«. Von hier aus konnte man das Hochland in seiner Gänze bestaunen: Berge, Teeplantagen, weitläufige Wälder, und am Himmel kreisten in nächster Nähe die Adler, die dem Berg seinen Namen gaben. Nach einigen Tagen trennten wir uns schweren Herzens von Amal und seinem Kleinod in den Teebergen, um unsere Tour fortzusetzen. Diesmal mit der Bahn.

Wir hatten von der alten Bahnstrecke gelesen, die quer durchs Land führte. Auf ihrem Weg vom hoch gelegenen Teeanbaugebiet bis hin zur Küste überwand die Strecke sage und schreibe 1.900 Höhenmeter. Im Reiseführer las ich, dass die Bahn die steilen Bergpässe so eng umfuhr, als wolle sie ihr eigenes Ende wieder einholen. Für uns galt es jetzt erst mal, sie überhaupt einzuholen, denn wir kamen etwas spät am Bahnhof von Haputale an. Mit dem Betreten des Bahnhofs war jedoch jede Hektik verflogen. Kein Zug war in Sicht, dafür aber ein Bahnsteig aus einer anderen, längst vergessenen Zeit. Er war reich mit Blumen geschmückt, der Geruch von Räucherstäbchen und gebrannten Nüssen, die an kleinen Ständen auf dem Bahnhof verkauft wurden, lag in der Luft. Wir nahmen die Rucksäcke ab und setzten uns, um diese Zeitreise zu genießen. Nach einer halben Stunde schaute ich dann doch mal auf die Uhr. Kein Zug weit und breit. Ich sah mich um. Von der Hektik und Genauigkeit der deutschen oder gar japanischen Bahnhöfe war hier allerdings nichts zu spüren. Es gab nur diesen einen Bahnsteig und ein einziges Gleis. Der Zug kam halt, wenn er kam. So schön es hier auch war, ich hoffte, dass wir hier nicht ewig sitzen würden. Denn wir hatten noch einen weiten Weg vor uns. Die »nur« hundertvierzig Kilometer nach Kandy, der ehemaligen Hauptstadt des letzten singhalesischen Königreiches, sollten ganze sechs Stunden dauern. Sarah hatte ihre kleine Krise mittlerweile überwunden und machte sich wie immer keinen Stress. Sie befand sich gerade inmitten einer Schar Kinder, an die sie extra mitgebrachte bunte Luftballons und Buntstifte verteilte. In solchen Situationen sah ich immer ganz deutlich, was für ein toller Mensch sie doch war. Es waren Momente wie diese, in denen ich mich überglücklich schätzte, dass wir uns gefunden hatten.

Nach einer insgesamt zweistündigen Verspätung fuhr dann doch der Zug ein. Man sah ihn schon von Weitem: Langsam, ächzend und unter Ausstoß mehrerer großer schwarzer Wolken näherte sich die museumsreife Lok. Auf dem Bahnhof, auf dem sich inzwischen eine Menschenmenge versammelt hatte, stieg die Stimmung, und ein reges Treiben setzte ein. Der Lokführer ließ sich dadurch nicht beirren, in schneckenartigem Tempo und unter immer lauter werdendem Schnaufen steuerte er seinen Zug gemütlich auf die Plattform zu. Während die Lok noch in den Bahnhof schlich, ging es schon los. Die wartenden Passagiere liefen ihr entgegen und schmissen ihr Reisegepäck durch die Fenster. Erst war mir nicht klar, was geschah. Dann begriff ich: So reservierten sie sich die Plätze! Ich war baff. Wie die Deutschen mit den Handtüchern am Pool, dachte ich, bis mir auffiel, dass der Zug bereits komplett überfüllt war. Und das, obwohl er noch nicht mal zum Halten gekommen war! Würden wir etwa die nächsten Stunden stehen müssen? Mir blieb nichts anderes übrig, als zur Tat zu schreiten, und so sprang ich auf. Sarah schaute mir überrascht hinterher, als ich ebenfalls im Laufschritt neben dem Zug herlief und mit großem Schwung einen unserer Rucksäcke in ein Abteil warf. Kopfschüttelnd stand sie auf und kam hinter mir her. Als wir dann aber eine halbe Stunde später auf unsere »reservierten« Plätze sanken, schien Sarah doch dankbar über mein gelungenes Manöver, welches ihr für die nächsten sechs Stunden einen Sitzplatz sicherte.

»Wow!«, sagte sie, »gut reagiert.«

Verschwitzt saß ich ihr gegenüber und nickte lachend. Der Zug verließ derweil den Bahnhof und tuckerte mit aller Seelenruhe direkt durch den Gemüsemarkt, der rechts und links vom Gleis abgehalten wurde. Sarah lehnte sich durchs Fenster und kaufte eine kleine Staude Bananen von einem der fliegenden Händler.

»Hier«, sagte sie und reichte mir eine Banane. »Eine kleine Stärkung hast du dir nach der Aktion wirklich verdient.«

Wir aßen die sonnengereiften, süßen Früchte und machten es uns für die nächsten Stunden bequem. Kilometer um Kilometer breitete sich die Landschaft aus: Es ging vorbei an endlos grünen Teeplantagen, Reisfeldern sowie Farn- und tropischen Wäldern. Wir konnten uns nicht sattsehen an der Farbenpracht und an allem, was es zu entdecken gab. Weit in der Ferne bildeten wir uns ein, sogar den Indischen Ozean zu sehen. Zur inländischen Seite, immer im Hintergrund, die Berge. Mächtig wachte Sri Lankas heiligster Berg über dem Panorama: Adam's Peak, Pilgerstätte vieler Gläubiger, die ihn bestiegen, um zum Sonnenaufgang zu beten und Buddhas Fußabdruck zu finden. Mir kam natürlich sofort der »Weltenberg« in den Sinn. Diese Prüfung stand mir bald bevor. Sigiriya war das nächste Ziel nach Kandy. Doch da musste uns der alte, klapprige Zug erst einmal hinbringen. Das konnte dauern. Das monotone Klappern und Schnaufen des Zuges, der in Schrittgeschwindigkeit die Berge bezwang, beruhigte mich. Ich lehnte mich im Sitz zurück und genoss den Ausblick.

Kandy empfing uns mit dem Trubel einer Großstadt. Vom Bahnhof ging es im Tuk-Tuk rein in den halsbrecherischen Verkehr der zweitgrößten Stadt Sri Lankas. Nach den ruhigen Tagen im Teehochland und der gemächlichen Fahrt hierher war das Gewusel Stress pur. Ertragen mussten wir es dennoch, waren wir doch für eine der größten Attraktionen des Landes gekommen: den heiligen Zahn. Da wir uns inzwischen einigermaßen an die schräge Mythologie des Landes gewöhnt hatten, wunderte uns auch diese Geschichte nicht besonders. Das größte Heiligtum der Insel war der nach einer Reliquie benannte »Zahntempel«. Dieser beherbergte den Zahn Buddhas, der auch politisch von Bedeutung war. Wer ihn besaß, so die Überlieferung, konnte sich den legitimen Herrscher der Insel nennen. Mich hatte ein anderer Aspekt über Kandy mehr interessiert. Auf dem Weg zum Zahnpalast erzählte ich Sarah davon. Wir gingen gerade entlang des großen Kandy-Sees.

»Der letzte König von Kandy hat diesen See angelegt«, sagte ich zu Sarah. »Und nun rate mal, wie der den genannt hat?«

»Keine Ahnung«, antwortete Sarah. »Heißt der nicht einfach nur Kandy Lake?«

»Ja, ja, heutzutage. Angelegt wurde er aber als Kiri Muhuda«, erklärte ich ihr. »Milchsee!«

»Milchsee?«, fragte Sarah verwirrt. »Was denn für ein Milchsee?«

Ich sah sie enttäuscht an. Hatte sie denn im Dschungel gar nicht zugehört? Sah sie etwa nicht das große Ganze, so wie ich?

»Na, der Milchsee, in dem der Weltenberg steht«, startete ich einen Erklärungsversuch, »der von der Schildkröte gehalten wird.«

»Häh?«, fragte Sarah. »Was redest du denn für einen Quatsch?«

Es war hoffnungslos. Sarah hatte die ganze fantastische Geschichte, die uns unser Dschungelführer erzählt hatte, bereits vergessen. Der Schöpfungsmythos der Buddhisten schien nur noch mich zu begleiten. Damit war es nun endgültig besiegelt: Ich war in der Bezwingung des monumentalen Berges, dessen Existenz meiner Frau nicht einmal bewusst war, auf mich allein gestellt.

Im Zahntempel hatten wir dann Glück, wir kamen genau rechtzeitig zur religiösen Zeremonie, der »Puja«, bei der es den Gläubigen gestattet wird, einen kurzen Blick in die aufwendig geschmückte Reliquienkammer zu werfen, die als Aufbewahrungsort des Zahnes galt. Die Vorhalle war prall gefüllt mit Pilgern, im dichten Gedrängel bekam man regelrecht Platzangst. Ich konnte mich aber beherrschen und ließ mich mit der Menge treiben. Leider verlor ich Sarah aus den Augen, entdeckte sie aber ein paar Meter hinter mir in der Schlange. Wir wurden nach vorne geschoben. Als ich mich umschaute, beobachtete ich, wie Sarah hektisch an ihrem Fotoapparat herumfummelte, um im richtigen Moment ein Foto des Heiligtums zu schießen. Ich blickte wieder nach vorn. Der Schrein rückte näher und näher. Beim Thema Zahn tastete ich automatisch mit meiner Zunge nach der Lücke, die Slowenien in meinem Mund hinterlassen hatte. Die Geschichte um den Zahn Buddhas war ähnlich abenteuerlich. Der Sage nach wurde er bei Buddhas Einäscherung gerettet und im Haar einer Prinzessin zurück nach Sri Lanka gebracht. Im Haar? Das muss ja ein kleiner Zahn gewesen sein, dachte ich noch, und plötzlich stand ich schon mitten vor dem heiligen Schrein. Ich konnte direkt hineinschauen und blickte in ein helles Meer aus strahlendem Gold, Saphiren und Elfenbein. In der Mitte lag eine kleine Schatulle mit Smaragden und Perlen besetzt. Dann war es schon wieder vorbei. Ich wurde weitergeschoben und hörte ein lautes »Mist!« hinter mir. Sarah hatte den richtigen Moment verpasst, und das Innere des Schreins war ohne Blick und Foto an ihr vorbeigezogen. Die Masse schob sie vorwärts, an ein Umdrehen war nicht zu denken.

»Boah!«, rief sie mir über drei Köpfe hinweg zu, »ist das eine

Hektik hier. Also, diese ganzen sagenhaften Sachen wie Weltenberg und Milchzahn sind nix für mich.«

»Milchsee!«, antwortete ich, »nicht Milchzahn.«

»Egal!«, rief sie zurück, »lass uns abhauen!«

Das taten wir. Auch ohne Foto ließen wir den Eckzahn Buddhas hinter uns und stürzten uns in die ebenso quirlige Stadt. Doch bereits am nächsten Tag konnten wir der Hektik entfliehen. In einem gemieteten Kleinbus samt Fahrer verließen wir Kandy. Das ultimative Ziel rückte damit wieder ein Stück weit näher. Nur noch einmal stoppten wir bei den Höhlen von Dambulla, die uns mit ihren einzigartigen Fresken und Buddha-Statuen beeindruckten. Hunderte von Figuren konnte man in den Höhlentempeln entdecken, und das Abtauchen in diese vergessene spirituelle Welt kam einem letzten Luftholen gleich. Denn schon bald begaben wir uns auf den entscheidenden Teil der Reise. Ich folgte dem Ruf des »Weltenbergs«. Sigiriya lag vor uns, und die große Prüfung stand nun unausweichlich bevor.

Schon von Weitem streckte sich der atemberaubende Monolith gen Himmel. Je näher man kam, desto imposanter ragte er aus der grünen Flachebene: golden glänzend in der Sonne, umgeben nur vom leuchtenden Grün des Dschungels. Mit offenem Mund schaute ich aus dem Fenster des Kleinbusses. Ich fuhr meinem Schicksal entgegen. Vor mir lag er, der Berg, auf dem der verrückte König Kassapa vor über 1.500 Jahren seine Festung errichtet hatte: den Palast im Himmel. Erbaut auf dem Felsen, den er für die Inkarnation des heiligen Bergs hielt und von dem er herrschen wollte. Nicht nur über das Weltliche, sondern direkt über den gesamten Kosmos.

»Mund zu!«, sagte Sarah, die amüsiert bemerkt hatte, wie mir vor lauter Faszination mein Kiefer heruntergeklappt war.

Kurze Zeit später kam der Kleinbus zum Stehen, wir hatten unser Ziel erreicht. Wir betraten das ausschweifende Areal, das den Felsen umgab. Zur rechten und linken Seite erstreckte sich der ehemalige Lustgarten des geisteskranken Königs. Bestehend aus geometrisch angelegten Wasser- sowie Steingärten, die wohl zu den ersten Landschaftsgärten dieser Art in Asien gehörten. Aber hier bildeten sie lediglich unbedeutende Flanken. Wie mit dem Lineal gezeichnet führte der mittlere Sandweg direkt auf den gigantischen versteinerten Magmablock zu, der jedem Betrachter den Atem verschlug. Nun lag er vor mir, der »Weltenberg«. Ich schaute demütig an ihm hoch und fühlte mich klein und bedeutungslos. Laut Historikern war der Anblick zu Zeiten von König Kassapa wohl noch beeindruckender gewesen. Angeblich war die gesamte Front des Felsens weiß verputzt und reichhaltig bemalt und verziert. Jeder Besucher sollte erstaunen im Angesicht der überwältigenden Größe und Pracht des Himmelspalastes.

»Wow!«, sagte Sarah, »das ist ja mal echt ein krasses Teil! Und guck mal, die Menschen, die an der Außenwand hochklettern, die sehen ja aus wie Ameisen.«

Ameisen? Ich zuckte zusammen. Ich hatte den Felsen so ehrfürchtig in seiner Gänze betrachtet, dass mir die Touristen gar nicht aufgefallen waren. Jetzt sah auch ich die Ameisenstraße, die den kolossalen Berg an der schlecht gesicherten Außenseite durchzog. Ich schluckte trocken.

»O.k. Lass es uns wagen!«, sagte ich zögerlich. Dann griff ich Sarahs Hand, und wir gingen auf den Felsen zu. Mit jedem Schritt wurde mein Gang fester.

Der steile Aufstieg begann über eine massive Steintreppe, die zu meinem Missfallen relativ schnell von einer offenen Wendeltreppe aus Gitterstahl abgelöst wurde. Hier geriet jeder Blick auf die Füße zu einem Blick in den Abgrund. Durch die luftige Stahlkonstruktion sah man direkt in die Tiefe. Ich beschloss, nicht nach unten zu schauen. Verkrampft zog ich mich am Geländer nach oben. Zurück ging es auf der engen Wendeltreppe sowieso nicht mehr, dicht gedrängt folgte der unversiegbare Strom an Touristen. Ich sah zur Seite. Die akkurate Geometrie der Wassergärten, die wir gerade durchquert hatten, breitete sich weit unter mir aus. Mir wurde direkt ein bisschen schlecht.

Mit wackligen Knien betrat ich das erste Plateau, das ungefähr auf halber Höhe lag. Sarah ging unmittelbar vor mir und sagte, ohne sich umzudrehen: »Jetzt bin ich aber mal gespannt! Die Fresken sind weltberühmt.«

»So so«, murmelte ich. Mir war immer noch speiübel. Der leichte Wind auf dem Vorsprung tat mir aber gut und trocknete die Schweißperlen, die sich auf meiner Stirn gebildet hatten. Ich atmete tief durch. Jetzt kam es drauf an durchzuhalten, denn ich konnte ja unmöglich schon auf der Hälfte schlappmachen. Dann zog mich die Ameisenstraße mit sich unter den Felsüberhang. Und da waren sie, die »Fresken der Wolkenmädchen«. Geschützt vor der Witterung hatten sie hier eine kleine Ewigkeit überdauert. Ehemals hatten die Malereien wohl den ganzen Felsen geziert, jetzt war nur noch eine Auswahl zu bestaunen. Vor uns lagen die gut erhaltenen Zeichnungen der barbusigen Nymphen, mit denen der selbst ernannte Gottkönig Kassapa seine Felsenfestung geschmückt hatte. Ich betrachtete die sagenumwobenen Wesen, deren Körper aus Wolken herauszuwachsen schienen. Sie stellten Halbgötter dar: Apsaras, halb menschliche, halb göttliche Frauen, bekannt auch als Geister der Wolken. Bei ihrem Anblick musste ich an die verwunschenen Bauwerke der Khmer in Kambodscha denken, die ebenfalls reichlich mit solchen Fresken geschmückt waren. Allen voran Angkor Wat, der einst größte Tempelkomplex der Welt, bei dessen Besichtigung ich mich damals noch darüber aufgeregt hatte, dass er keine Absperrungen besaß. Ich hatte ernsthaft befürchtet, dass dieses alte marode Gemäuer, welches die Jahrhunderte überdauert hatte, auf mich gewartet hatte, um über mir zusammenzustürzen. Jetzt musste ich darüber schmunzeln.

»Hallo, du Träumer!«, sagte Sarah, »weiter geht's. Bisher machst du dich ja ganz gut.«

Ich löste meinen Blick und folgte Sarah ein paar Stufen nach unten. Für einen kurzen Moment hatte ich in der Tat ganz vergessen, dass ich mich in schwindelerregender Höhe auf einem Felsvorsprung befand. Aber auf den Panikmotor war bekanntlich Verlass. Sarahs kleine Erinnerung genügte, um ihn wieder anzuwerfen. Wir stiegen eine Treppe unterhalb der Felsnische hinab und gelangten in eine Art Galerie, die bekannte Spiegelwand. Eine Mauer, deren Putz zu Ehren des Königs auf Hochglanz poliert wurde. So konnte sich der eitle König selber inmitten der Wolkenmädchen sehen, die ursprünglich auf der gegenüberliegenden Seite angemalt gewesen waren.

Ich trat an die Mauer. Es war kein König zu sehen, nur mein angespanntes Pfannkuchengesicht, auf dem eine große Sorgenfalte prangte. Glücklicherweise verschwand der Pfannkuchen hinter den zahlreichen historischen Inschriften, die die Wand bedeckten. Die antiken Graffiti beflügelten meine Fantasie. Ich stellte mir vor, dass sie die Geschichte des Weltenbergs erzählten. Von dem Kampf zwischen Göttern und Dämonen und wie auch sie sich überwunden hatten, um gemeinsam erfolgreich zu sein. Mir wurde wieder bewusst, warum ich hier war. Auch ich hatte eine schier unlösbare Aufgabe zu meistern. Auch ich musste mich überwinden, den Aufstieg schaffen und Panikmotor sowie Höhenangst bezwingen. Ich würde vom Schisser zu einem Mann werden. Ein letztes Mal schaute ich in die Spiegelwand und nahm die Sorgenfalte ins Visier. Ich blinzelte dem Pfannkuchen zu, fasste mir ein Herz und begann die nächste Etappe.

Es ging steil bergauf. 1.200 Stufen zählte die Treppen bis an die Spitze. Immer an den Außenkanten lang, teilweise über Treppen, teilweise über rampenartige Aufbauten. Alle hatten eins gemeinsam: eine meiner Meinung nach unzureichende Sicherung durch ein wackeliges Stahlgerüst. Hochzukraxeln war aber nicht nur gefährlich, sondern vor allem beschwerlich. Zudem setzte uns auch die Tropenhitze zu. Schweiß tropfte mir von der Stirn, und mein Hemd klebte an meinem Rücken. Sarah erging es nicht anders. Von hinten konnte ich ihr ebenfalls nass geschwitztes Shirt sehen. Trotz Erschöpfung schlug mir bei jedem Schritt das Herz bis zum Hals. Ich spürte die Nähe des Abgrunds. Ich versuchte, mich auf meine Schritte zu konzentrieren und wagte es nur einmal, hinunterzuschauen. Mein Blick schweifte über den weiten Dschungel hinweg, der in bedrohlicher Tiefe zu unserer Linken lag. Begleitet von dem Gefühl gleich einsetzender Ohnmacht konnte ich mich gerade noch rechtzeitig abwenden, um die restlichen Stufen zum zweiten Vorsprung zu erklimmen.

Wir erreichten die »Löwenterrasse«, die ich schon einmal auf dem Bild im Reiseführer gesehen hatte. Die Wirklichkeit war weitaus beeindruckender. Hier zeigte sich deutlich, wie wahnsinnig König Kassapa wirklich gewesen sein musste. Für den letzten Aufstieg zum Gipfelplateau hatte er die irrsinnige Idee umgesetzt, einen riesigen liegenden Löwen als Tor zu wählen. Nur durch dessen Rachen sollte man nach oben gelangen. Von dem gigantischen Löwen waren zwar nur noch die monströsen Tatzen übrig, als Wächter des Plateaus flößten sie ungebetenen Besuchern Respekt vor dem halsbrecherischen letzten Abschnitt ein.

Wir gönnten uns eine kurze Verschnaufpause, und ich wischte mir den Schweiß von der Stirn, um auf das letzte Stück schau-

en zu können, das vor uns lag. Der finale Teil begann mit einer Steintreppe, die direkt zwischen den gewaltigen Pranken hindurchführte. Danach folgte die echte Herausforderung. Es wiederholte sich das wackelige Stahlgerüst, aber diesmal führte es die Ameisenstraße auf luftiger Höhe dicht am Felsen entlang. Helfer standen bereit, um selbst geübten und schwindelfreien Touristen ihre Unterstützung anzubieten. Ich wandte meinen Blick ab und nahm einen Schluck aus unserer Wasserflasche. Dabei merkte ich, wie meine Hand zitterte. Ich schaute zu Sarah. Sie hatte es nicht mitbekommen. Denn auch sie schaute gebannt auf die letzte Strecke.

»Krass!«, sagte sie. »Das sieht wirklich ganz schön abenteuerlich aus.«

Dann traten wir durch die Tatzen. Mit weichen Knien stieg ich die Treppe empor und folgte Sarah. Ich war erstaunt, wie agil sie nach dieser beschwerlichen Wanderung noch war. Auch von dem wackligen Stahlgerüst, was folgte, ließ sie sich nicht einschüchtern. Dort angekommen ging sie einfach festen Schrittes weiter. Ich tat mich schwerer. Der Weg wirkte schmaler als gedacht. Weniger als einen halben Meter breit schlängelte er sich eng am Berg entlang, eingezäunt nur von dem lockeren Stahlprovisorium. Vorsichtig tastete ich mich vorwärts. Ein Fuß nach dem anderen. Ich versuchte, ruhig zu atmen, aber ich fühlte, wie in mir die Panik aufstieg. Obwohl ich gerade etwas getrunken hatte, spürte ich den trockenen Mund, das flaue Gefühl in der Magengegend, und ich hatte den Eindruck, dass meine Beine langsam nachgeben würden. Sarah hingegen war schon ein ganzes Stück vorausgegangen. Die Situation kam mir irgendwie bekannt vor. Plötzlich fiel es mir ein: All das erinnerte mich an den immer wiederkehrenden Traum. Dies war also der Moment. Hier entschied es sich. Würde ich es schaffen, Sarah bis auf den Gipfel zu folgen und dabei meine Ängste hinter mir zu lassen?

Momentan fühlte es sich nicht so an. Die Panik wurde stärker. Ich schloss die Augen, musste mich dringend wieder etwas beruhigen. Ein Zurück gab es nicht, denn wie die ganze restliche Strecke war auch dieser Abschnitt nur in eine Richtung ausgelegt. Also öffnete ich wieder die Augen und schaute mich um. Dicht hinter mir drängelte sich die Ameisenstraße nach oben. Ich blickte wieder zurück, dabei sah ich aus den Augenwinkeln die Aussicht über den Dschungel und den klaffenden Abgrund. Mir wurde sofort schlecht. Ich merkte, wie ein Flimmern vor meinen Augen einzusetzen begann. Plötzlich spürte ich einen festen Griff an meinem Arm. Ich erschrak. Neben mir war wie aus dem Nichts einer der Helfer aufgetaucht. Schon wurde ich zum nächsten Helfer weitergeschoben, der es seinem Kollegen gleichtat. Ich wurde weiter- und weitergeschoben. Jetzt blieb mir überhaupt keine Zeit mehr, um mich in meine Panik hineinzusteigern. Ehe ich in Ohnmacht fallen konnte, stand ich schon vor der letzten Treppe, an deren Ende die Ruinen des Himmelspalastes warteten. Mein Atem ging schneller. Während Sarah federleicht die Stufen nahm, stand ich wie angewurzelt da. Ich zitterte am ganzen Körper. Meine Frau war jetzt oben angekommen, drehte sich zu mir und lächelte. Es war das gleiche Lächeln wie aus dem Traum, kurz bevor der Zug den Bahnhof verließ. Dieses Bild rief mir auch ihren Satz in Erinnerung:

»Ich gehe nie ohne dich … aber diese Prüfung musst du alleine bestehen.«

Es war Zeit zu handeln. Mit zittriger Hand griff ich nach dem Geländer und konzentrierte mich auf meine Füße. Schritt für Schritt bezwang ich so die letzte Hürde. Oben angekommen schloss mich Sarah in die Arme.

»War doch nicht so schlimm, oder?«, sagte sie.

Ich zog sie dicht an mich und gab ihr einen intensiven Kuss. Sie sollte nicht merken, wie schlimm es für mich wirklich gewesen war. Als ich sie losließ, konnte ich hinter ihr das Felsplateau erkennen. Die Grundmauern von Kassapas ehemaliger Residenz lagen vor uns. Das eigentlich Spektakuläre an dem Plateau war aber der Ausblick, der mir beim Aufstieg noch Angst eingejagt hatte. Diese Furcht war wie verflogen, als wir den Rundumblick über den endlosen Monsunwald bestaunten. Ich atmete ruhig und merkte, wie der Stress von mir abfiel. Auch wenn entgegen der Mythologie hier oben nichts Übersinnliches auf mich wartete, so war es doch die Erkenntnis, die mich entspannte: Es war mir gelungen, Herr über meine Ängste zu werden. Ich hatte den Berg erklommen.

Da stand ich nun, auf einem Felsplateau mitten im Dschungel von Sri Lanka. Vor mir die historischen Überreste des wahnsinnigen Unterfangens eines Verrückten, der glaubte, den Weltenberg bebaut zu haben, um dem Himmel nah zu sein. Damit hatte er recht behalten. Wir konnten den Himmel über uns wirklich fast berühren. Und dass ich hier stand, das war für mich das eigentlich Verrückte. Früher wäre ich niemals nur auf die Idee gekommen, mich auf so eine Reise einzulassen. Und jetzt befand ich mich in schwindelerregender Höhe unter blauem Himmel, nur umgeben vom weitläufigen, leuchtenden Grün eines verwunschenen Monsunwaldes, und genoss den Moment.

Wir erkundeten das Plateau. Vom prunkvollen Himmelspalast waren nur noch die Grundmauern und einige Poolanlagen übrig geblieben. Die Weitläufigkeit der Anlage ließ aber erahnen, wie König Kassapa von hier aus geherrscht und sein Reich überblickt hatte. Vom Rand des Felsens sah man die perfekte Symmetrie der Lustgärten am Eingang. Ich versuchte mir vorzustellen, wie pompös das alles zu Zeiten Kassapas ausgesehen haben musste. Als ich so gedankenverloren durch die Ruinen schlenderte, entdeckte ich auf einer Anhöhe den alten, in Granit gehauenen Thron des verrückten Königs. Ich nahm Platz und musste an den gefürchteten Herrscher denken, der von diesem wunderschönen Ort aus Angst und Schrecken verbreitet hatte. Irgendwie stellte ich ihn mir wie einen kleinen Giftzwerg vor, dem die unehrenhaft erbeutete väterliche Krone zehn Nummern zu groß war.

Letztendlich wurde ihm sein Übermut zum Verhängnis. Laut Überlieferung war sein Bruder, der rechtmäßige Thronfolger, aus dem Exil nach Sri Lanka zurückgekehrt und hatte König Kassapa herausgefordert. Daraufhin hatte der seine Felsenfestung verlassen, um dem Bruder auf dem Schlachtfeld zu begegnen. Im entscheidenden Moment jedoch wurde Kassapa durch seinen eigenen Kriegselefanten ausgetrickst, der vor einem Sumpfloch zurückschreckte. Kassapas Armee deutete diese Ausweichbewegung ihres Chefs als Zeichen zum Rückzug und ließ ihn allein auf dem Schlachtfeld zurück. Bevor der Bruder ihn erwischen konnte,

schnitt sich der cholerische Kassapa selber die Kehle durch. Nach Sigiriya kehrte er nie wieder zurück.

Auch wir verabschiedeten uns schon bald von der Felsenfestung und begannen den Abstieg. Ich merkte, wie erneut die Anspannung in mir wuchs. Doch irgendwie fühlte es sich diesmal anders an: distanzierter. Das war ungewohnt. Bis jetzt war ich immer Gefangener meiner Gefühle gewesen, nun schien ein gewisser innerer Abstand möglich. Ich spürte den Panikmotor klar und deutlich, aber ich war ihm nicht mehr hilflos ausgeliefert. Mit derselben Vorsicht, mit der ich mich nun nach unten tastete, begutachtete ich auch dieses neue, fremde Gefühl. Ich wusste intuitiv, dass ich es behutsam behandeln musste, wenn ich wollte, dass es wuchs und gedieh wie die Lustgärten Kassapas, die wir beim Verlassen von Sigiriya noch einmal passierten.

Die restliche Reise stand unter einem guten Stern. Vielleicht meinten es die sagenhaften Götter der Insel gut mit mir, nachdem ich mir ihre Geschichte so zu eigen gemacht hatte. Vielleicht hatte mich aber auch einfach diese intensive Erfahrung ein bisschen ruhiger und reflektierter werden lassen. Der Rest unseres Trips geriet auf jeden Fall zu einem außergewöhnlich unbeschwerten Urlaub.

»Irgendwie wirkst du entspannter als sonst«, sagte Sarah.

Wir befanden uns in den Tempelanlagen der alten Königsstadt und betrachteten die in Stein gehauenen Buddha-Statuen des Gal-Vihara-Tempels. Die überdimensionalen Figuren strahlten trotz ihrer Größe eine bedächtige Sanftmütigkeit und Ruhe aus.

»Findest du?«, fragte ich verwundert. Obwohl ich wusste, was sie meinte, ich es sogar selber fühlen konnte, war so eine Aussage aus Sarahs Mund so selten wie ungewohnt.

»Ja, finde ich«, sagte sie. »Ich habe das Gefühl, so langsam weißt du unsere Fernreisen zu schätzen und kannst sie endlich genießen. Schön, dass du ein bisschen lockerer wirst.«

Sarahs Feststellung gab mir zu denken. Im Grunde blieb eigentlich nichts hinzuzufügen. Irgendwie hatte sie, wie so oft, knappe, aber passende Worte gefunden. Denn es stimmte, die Reiseaversion, die ich mein bisheriges Leben kultiviert hatte, ließ nach. Und nicht nur das, gleichzeitig merkte ich auch, wie ich zunehmend selbstbewusster wurde. Von Bali bis hierher war es ein langer und steiniger Weg gewesen, der mich durch die halbe Welt geführt hatte. Neben Sarah war immer die Angst mitgereist. Endlich hatte ich mich diesem unerwünschten Begleiter gestellt.

»Fernreisen-Fan vielleicht noch nicht ganz«, antwortete ich. »Höchstens Abenteurer-Aspirant.«

Sarah sah mich von der Seite an und rollte albern mit den

Augen. »Aspirant?«, sagte sie mit halb hochgezogener Hartmann-Braue. »Na komm, jetzt stellst du dein Licht aber unter den Scheffel.«

Darauf antwortete ich nichts, sondern ließ das Kompliment auf mich wirken. Und so schauten wir beide schweigend auf die Skulptur vor uns, die einen Buddha zeigte, der im Lotussitz meditierte. Ruhig und gelassen saß er da und sah dabei zufrieden aus.

X.

Das Ende
oder: Australiens Fauna, Traum oder Trauma?

Dänemark. Ich traute meinen Ohren nicht. Hatte sie das wirklich gesagt? Nach all den Reisen der letzten Jahre, die unter dem Motto gestanden hatten: höher, schneller, weiter. Vor allem Letzteres. »Weiter weg« war es fast immer gegangen. Und jetzt Dänemark? Ungläubig hakte ich nach.

»Bist du dir sicher?«, fragte ich Sarah, die mir beim Frühstück gegenübersaß. Wie jeden Sonntag hatten wir ausgiebig gefrühstückt, saßen noch mit der letzten Tasse Kaffee am Tisch und lasen in der Sonntagszeitung. Sarah kam hinter dem Reise-Teil der Zeitung zum Vorschein.

»Ich dachte, du freust dich?«, fragte sie und sah mich verwundert an.

»Ja, ja«, gab ich zögerlich zurück. »Damit hätte ich nur nicht gerechnet, dass du …«

»Hier ist ein toller Artikel in der Zeitung über Bornholm«, sagte sie. »Bist du da nicht immer mit deinen Eltern hingefahren?«

»Stimmt«, antwortete ich knapp.

Es war komisch. Eigentlich hätte ich Luftsprünge machen müssen. Das war es doch, was ich immer gewollt hatte, mit Sarah nach Dänemark. Wie früher: fünfzehn Jahre dasselbe Land, derselbe Ort, dasselbe Hotel. Ohne Stress, ohne Angst, ohne …

»Na, aus dir wird man auch nicht schlau«, unterbrach Sarah meine Gedanken. »Seit Jahren liegst du mir damit in den Ohren, und jetzt, wo ich es vorschlage, interessiert es dich nicht.«

»Doch, klar«, antwortete ich in einem wenig überzeugenden Tonfall. »Hast mich nur etwas überrascht.«

»Überrascht?«, sagte meine Frau lachend. »Na, das musst du doch inzwischen wissen. Eins wird's mit mir bestimmt nicht: langweilig!«

»Langweilig«, wiederholte ich nachdenklich. »Nein. Alles, nur das nicht.«

Am Nachmittag fuhren wir zum Kaffeetrinken zu meinen Eltern. Meine Verwirrung fuhr mit. Obwohl das gelobte Land der Dänen in greifbarer Nähe lag, stellte sich die erwartete Begeisterung nicht ein.

Als wir ankamen, präsentierte sich das gewohnte Bild: eine überschwängliche Begrüßung mit feuchten Backenküssen, der Duft von frischem, aber entkoffeiniertem Kaffee und dazu das imposante Kuchenbüfett, welches den spitzengedeckten Holztisch in die Knie zwang. Wir nahmen Platz. Wirbel für Wirbel gaben unsere Körper nach, als wir in der Tiefe des Sofas versanken.

»Wie schön, dass ihr endlich mal wieder bei uns seid!«, rief meine Mutter und drapierte die mächtigen Tortenstücke auf die kleinen Teller. Ich erkannte die Marke des Porzellans sofort: »Königlich Kopenhagen«. Dänemark. Da war es wieder.

»Für mich bitte nur ein kleines Stück«, sagte Sarah.

»Für mich auch!«, fügte ich schnell hinzu.

»Gerne!«, antwortete meine Mutter und reichte meiner Frau das Gewünschte und mir ganz selbstverständlich ein Stück, das die Ausmaße einer eigenen kleinen Torte hatte.

»Ich wollte auch nur ein kleines!«, protestierte ich kurz und versuchte den Teller zurückzustellen. Was mir aber kaum gelang, da ich zu tief im Sofa feststeckte, um mich koordiniert bewegen zu können.

»Was?«, reagierte meine Mutter sofort mit schriller Stimme. »Magst du meine Torte etwa nicht?«

Bevor ich antworten konnte, intervenierte mein Vater: »Junge, reiß dich zusammen!«, sprach er in strengem Ton. »Außerdem bist du doch ein ›Süßer‹.«

Ich war baff, wie wenig selbst meine Eltern über mich wussten. Ich hasste Marmeladenbrot und hatte auch kein Faible für Kuchen. Ein »Süßer« war ich ganz bestimmt nicht. Ich schaute in die Runde. Meine Mutter guckte traurig, mein Vater streng und Sarah erwartungsvoll. Wenn ich nicht in der ersten halben Stunde unseres Besuches einen Eklat auslösen wollte, musste ich mal wieder klein beigeben. Genervt wiederholte ich den Satz.

»Ich wollte auch nur ein kleines … Portiönchen Schlagsahne.«

Die Stimmung war fürs Erste gerettet.

»Ach so«, flötete meine Mutter und klatschte mir mit der großen Kelle die Sahne auf meinen Tortenturm, der dadurch bedrohlich instabil wirkte.

»Pass mit deinem Teller auf, Junge«, sagte mein Vater sofort, der schon das Unheil kommen sah. »Nicht aufs Sofa kleckern.«

Sarah merkte, dass ich innerlich bereits kochte, gab mir aber mit einem Blick zu verstehen, dass ich mich zurückhalten sollte.

»Und?«, fragte sie, um das Thema zu wechseln. »Wo geht es bei euch dieses Jahr in den Urlaub hin?«

»Wir fahren doch immer nach Dänemark!«, antwortete meine Mutter.

»Ja, wunderbar. Seit über fünfzehn Jahren«, ergänzte mein Vater.

Gleiche Insel, gleicher Ort, gleiches Hotel, dachte ich.

»Gleiche Insel, gleicher Ort, gleiches Hotel«, sagte mein Vater.

»Und ihr?«, fragte er. »Welches exotische Ziel hat sich meine abenteuerliche Schwiegertochter diesmal wieder ausgewählt?«

»Du wirst es nicht glauben«, antwortete Sarah, »wir …«

»… fliegen nach, ah, ah«, unterbrach ich sie. Die Runde blickte mich fragend an.

»Ah, ah, ah«, stotterte ich und nannte einfach das erste Land, das mir mit »A« einfiel. »Australien!«, sagte ich.

»Australien?«, wiederholte Sarah.

»Australien«, sagte ich noch einmal, allerdings ebenso zögerlich.

»Australien?«, fragte nun auch mein Vater skeptisch.

Jetzt würde gleich eine lange Liste folgen, warum auch Australien dem Vergleich mit Dänemark nicht standhielt und daher als Reiseziel völlig ungeeignet war. Alles Ausreden aus Angst vor dem Ungewissen, dachte ich und spann meine Lügengeschichte aus Trotz weiter: »Über Dänemark haben wir auch nachgedacht. Aber das ist doch langweilig. Da waren wir ja so oft!«

»Das ist doch gerade das Schöne!«, brachte sich meine Mutter ein. »Da muss man sich nicht jedes Mal auf etwas Neues einstellen.«

»Genau! Junge«, fügte mein Vater hinzu. »Da sticht dich auch kein tödliches Getier. Weißt du eigentlich, dass Australien das Land mit den giftigsten Tieren der Welt ist?«

Nein, das wusste ich nicht. Ich wusste ehrlich gesagt gar nichts über Ausrede-Australien, welches einzig und allein dazu gedient hatte, mich vor dem langweiligen Dänemark zu verschonen.

»Ja ja, alles schlechter als dein Dänemark, schon klar«, konterte ich energisch. »Wundert mich aber eigentlich, dass du das sagst. Wo du mir doch den Rat gegeben hast.«

»Welchen Rat?«, fragte mein Vater erstaunt.

»Das Leben ist wie eine Stulle. Nur eine Seite ist süß wie Marmelade, die andere trocken wie Brot«, antwortete ich und redete mich in Rage. »Das eine gibt es nicht ohne das andere. Wenn man rumkommen will, muss man Risiken in Kauf nehmen. Ist ja o. k., wenn ihr euer ganzes Leben lang nach Dänemark fahrt, aber wir wollen gerne den Rest der Welt sehen.«

Stille am Tisch. Mein Vater, meine Mutter und Sarah sahen mich mit großen Augen an. Keiner hatte diese energischen Worte aus meinem Mund erwartet. Meine Mutter brach das Schweigen. Sie stand auf, klatschte in die Hände und sagte: »Na, ich tau jetzt mal die Windbeutel auf. Die gibt's weder in Dänemark noch in Australien. Die gibt's nur … daheim.«

Was war denn mit dir los?«, fragte Sarah, als wir wieder im Auto zurück in die Stadt saßen. Ich fuhr, und sie schaute mich vom Nachbarsitz fragend an. »Und von Australien hast du mir ja gar nichts erzählt.«

»Muss denn immer jeder alles wissen?«, gab ich gereizt zurück.

Den restlichen Besuch über hatte ich mich geärgert und war dementsprechend immer noch geladen.

»Ach, komm«, sagte Sarah, »sei nicht so. Tut mir leid, dass ich dir die Überraschung versaut habe.«

»Überraschung?«, fragte ich. »Was denn für eine Überraschung?«

»Na, mit Australien«, sagte meine Frau. »Ich hatte mich schon gewundert, dass du auf Dänemark so komisch reagierst. Hätte ich doch nicht ahnen können, dass du heimlich eine Australienreise planst.«

»Was?«, fragte ich erst verwirrt, dann begriff ich. Auch Sarah hatte nicht verstanden, dass Australien nur eine Ausrede war. Sie glaubte wirklich, ich wäre von selbst auf die Idee gekommen, die Reise zu buchen. Kurz bevor ich ansetzte, das Missverständnis aufzuklären, schrie Sarah auf.

»Vorsicht!«, rief sie. »Es ist Rot.«

Ich schaute nach vorne, sah die rote Ampel noch rechtzeitig und kam mit quietschenden Reifen zum Stehen.

»Danke!«, sagte ich zu Sarah. »Hätte ich glatt übersehen.«

»Na, ich guck schon mal mit«, entgegnete sie verständnisvoll. »In Australien kommt die Herausforderung ja erst noch. Da ist nämlich Linksverkehr.«

A-A-A-Australien … jetzt hatte ich den Salat! Was war bloß in mich gefahren? Das lange überfällige Aufbegehren im Elternhaus hatte zwar gutgetan, aber musste der Preis dafür wirklich Australien sein? Hätte es nicht noch andere Länder mit »A« gegeben? Ich grübelte: Albanien, Afghanistan, Äthiopien klangen irgendwie auch nicht besser. Dann lieber Australien. Es blieb mir ja auch gar nichts anderes übrig. Die Blöße, das Urlaubsziel jetzt noch zu ändern, konnte ich mir weder vor Sarah noch vor meinen Eltern geben. Aber vielleicht hatte ich ja auch gar nichts zu befürchten. Schließlich war der letzte Urlaub in Sri Lanka einigermaßen gut verlaufen. Sogar mehr als das. Trotz Anstrengungen hatte es mir teilweise gefallen. Warum sollte sich das in Australien nicht wiederholen lassen? Ich war gespannt. Nach einigen Nachforschungen im Internet bestätigten sich allerdings die Befürchtungen meines Vaters.

Australien war tatsächlich das Land mit den giftigsten Tieren der Welt. Hier schien es alles zu geben und das in Extremform: meterlange Krokodile, Haie, Quallen mit Nesselzellententakeln, die schwerste Verbrennungen auslösten. Dazu die giftigsten Schlangen, Skorpione, Schnecken und Spinnen. Selbst in Großstädten wie Sydney schien man nicht davor gefeit. Der Biss der kosmopolitischen und hochgiftigen Trichternetzspinne konnte innerhalb von fünfzehn Minuten zum Tode führen. Jetzt hieß es Ruhe bewahren! Ich atmete tief durch und googelte zum Vergleich »Dänemark + Fauna«. Die Webseite »Laender-Lexikon.de« hatte eine Antwort parat:

»In den wenigen noch naturbelassenen Waldflächen sind abgesehen von Rotwild kaum frei lebende größere Wildtiere vorhanden. Vereinzelt finden sich Rotfüchse, Hasen und Eichhörnchen …«

Rotfüchse, Hasen und Eichhörnchen ... das klang in der Tat vertrauenserweckender als Rotrückenspinnen, Seewespen und Todesottern. Doch auch wenn mein Vater in dieser Hinsicht recht behielt, konnte ich mich so schnell nicht abbringen lassen. Ich ging zum Schrank und zog meinen engsten Begleiter der letzten Jahre hervor. Dem Einband des Buches sah man die vielen Reisen an. Auf dem stark strapazierten Leder war verblichen, aber noch deutlich meine Handschrift zu lesen: »LOGBUCH DES TODES«. Ich blätterte die Seiten durch und sah die bunten Zeichnungen des balinesischen Waran-Drachens, der südafrikanischen Otter, unserer Ritte auf Pferden und Elefanten, meines Kampfes mit dem tödlichen Moskito im Dschungel von Laos und die Illustration des riesigen Löwentors, das wir auf dem Gipfel der Felsenfestung Sigiriya durchschritten hatten. Ich wusste, wenn ich das alles überstanden hatte, würde ich auch Australien meistern. Ich musste einfach versuchen, auf alle Eventualitäten vorbereitet zu sein. »Vorsorge ist die beste Medizin«, sagte Sarah immer. Und wer kannte sich mit Medizin wohl besser aus als Dr. Hansen-Jansen? Ich beschloss, ihn ein letztes Mal aufzusuchen.

Ich betrat die Praxis mit einem komischen Gefühl. Sofort erinnerte ich mich an meinen letzten Besuch. Ich war kurz nach unserem missglückten Laos-Urlaub zuletzt hier gewesen. Meine instabile Seelenlage war damals vollends gekippt, und ich hatte den Doktor auf eine harte Geduldsprobe gestellt, da ich fest an die Infektion mit Japanischer Enzephalitis geglaubt hatte. Diese hatte sich nach aufwendigen Tests natürlich als Hirngespinst erwiesen, aber die angespannte Beziehung zu meinem engsten medizinischen Berater weiter verschärft. Die Gedanken daran und an die Reise, die bald bevorstand, machten mich nervös. Ich betrat das Behandlungszimmer.

»Ah, der liebe Herr Sympathikus!«, begrüßte mich der Doktor freundlich.

»Hallo, Herr Doktor!«, grüßte ich zurück. »Schön zu hören, dass Sie mich immer noch sympathisch finden trotz meiner vielen Besuche …«

»Keine Sorge. Ich bin Arzt, da ist erst einmal jeder Patient willkommen«, antwortete der Doktor nüchtern. »Aber verstehen Sie mich nicht falsch, ›sympathisch‹ hat nur indirekt etwas mit dem ›Sympathikus‹ zu tun.«

Ich setzte mich hin und sah den Doktor mit großen Augen an. Ich hatte keinen blassen Schimmer, worauf er hinauswollte und war auch viel zu hibbelig, um nachzufragen. Deshalb kam ich direkt zur Sache.

»Na ja, wie dem auch sei«, sagte ich, »ich komme wegen der nächsten Reise. Und ich sag Ihnen gleich, wie es ist: Die habe ich mir zwar selber eingebrockt, aber ich habe trotzdem die Hosen voll. Und zwar randvoll!«

Der Mediziner sah mich prüfend an.

»Gucken Sie mal, wie meine Hände zittern!«, sagte ich mit aufgeregter Schnappatmung und hielt eine Hand hoch.

»Sympathikus. Sage ich doch!«, erwiderte Dr. Hansen-Jansen und fuhr dann fort: »Junger Mann. Schließen Sie mal die Augen, und atmen Sie ruhig ein und aus.«

Ich guckte erst irritiert und tat dann, was der Doc verlangte.

»Und jetzt zählen Sie bei jedem Einatmen bis drei, dann noch mal beim Luft anhalten bis drei und beim ruhigen Ausatmen bis fünf.«

Ich atmete ein. »Eins – zwei – drei«, zählte ich in Gedanken und dann beim Ausatmen bis fünf. Die sonore Stimme des Human-Sedativums Hansen-Jansen zählte mit. Ich merkte, wie ich ruhiger wurde und mich langsam entspannte. Ich wiederholte diese Atemübung einige Male und öffnete dann die Augen.

»Der Sympathikus ist Teil Ihres vegetativen Nervensystems«, erklärte mir der Doktor mit ruhiger Stimme. »Es ist der Teil, der Ihren Körper in Alarmbereitschaft versetzt, wenn Sie Stress und Angst empfinden. In so einem Zustand können Sie besser die Flucht ergreifen oder sich zu Wehr setzen.«

»Das ist doch gut!«, sagte ich. »Unter uns Pantoffelhelden muss man sich doch manchmal zur Wehr setzen, oder?« Ich zwinkerte dem Doktor vertraulich zu. Er ging weder darauf ein, noch ließ er sich dadurch beirren. Er fuhr einfach fort.

»Das ist nur gut, wenn wirklich Gefahr droht«, antwortete er. »Denn der Körper braucht auch den Ruhezustand, damit der Parasympathikus aktiviert wird, der für die Entspannung sorgt. Und den brauchen Sie ganz besonders!«

»Parasympathikus klingt wie Paragliding«, sagte ich.

»Gewissermaßen ist es das genaue Gegenteil«, entgegnete der Doktor. »Sie sollen sich nicht auf Dinge konzentrieren, die Ihr Adrenalin nach oben schießen lassen, sondern auch mal lockerlassen! Kommen Sie zur Ruhe!«

»Wie denn? Bei der Frau!«, entfuhr es mir plötzlich. Im gleichen Moment schämte ich mich, denn ich wusste, es war unfair gegenüber Sarah.

»Schieben Sie es nicht auf andere«, sagte Hansen-Jansen. »Ihre Ängste können nur Sie selbst bewältigen.«

Er hatte recht. Ich wusste es ja selbst. Zu dieser Erkenntnis war ich bei all unseren Reisen auch gelangt und hatte ja sogar mit der Bezwingung von Sigiriya den ersten Schritt gewagt.

»Gehen Sie ruhig wieder mit Ihrer Frau auf Reisen. Aber nehmen Sie die kleine Atem-Meditation, die ich Ihnen gezeigt habe, in Gedanken mit«, fügte der Doktor hinzu.

»Keine Pillen?«, fragte ich.

»Meditation ist Ihre Medikation«, beendete er das Gespräch.

»Hmm. Na gut, trotzdem danke!«, antwortete ich, schüttelte dem Doktor die Hand und verließ das Behandlungszimmer mit gemischten Gefühlen.

Irgendwie hatte ich mehr erwartet, irgendwie auch nicht. Immerhin hatte ich Sarah nichts von dem Besuch erzählt und würde es auch nicht tun. Was hätte ich ihr auch schon sagen sollen? Dass mir Hansen-Jansen »Luft« verschrieben hatte?

Dieser Luft war es tatsächlich zu verdanken, dass ich einigermaßen ruhig blieb. Ich atmete mit geschlossenen Augen langsam ein und aus, so wie es mir der Doktor gezeigt hatte. Der Parasympathikus fühlte sich definitiv besser an als die Panik, die mich sonst wieder fest im Griff gehabt hätte. Aber auch der Atem konnte nicht zaubern. Als ich die Augen wieder öffnete, stand er immer noch da, der australische Campingbus mitsamt seinem lädierten Äußeren, das von Kopf bis Fuß mit Graffiti besprüht war.

Sarah und ich befanden uns im Hof von »SuperSurfCrazyCampers« im Ort Cairns in Nord-Australien. Nach einer wunderbaren Woche in Sydney wollten wir von hier aus nun unsere Tour entlang der Ostküste starten. Offenbar hatte ich bei der Buchung den Leitspruch des Unternehmens überlesen, der mir jetzt in großen Lettern am Mietbüro ins Auge sprang: »Lowest prices guaranteed: Stay in the waves not in the car!«

Ich ging um das fahrende Graffiti herum und öffnete die Heckklappe. Zum Vorschein kam eine Kühlbox ohne Stromanschluss und eine modrige Matratze, die offensichtlich schon so manches Surfer-Pärchen beherbergt hatte. Ich musste an »Knacki« denken, den ich damals verflucht hatte. Verglichen mit dem Ding hier erschien mir Wolf Hartmanns Bus als purer Luxus.

Man wächst mit seinen Aufgaben, wusste ich ja bereits, also schwang ich mich auf den Fahrersitz und sagte zu Sarah: »Na, dann wollen wir mal.«

Sie schien der Zustand des Busses wenig zu stören. In bester Laune kletterte sie neben mich auf den Beifahrersitz und lächelte zu mir herüber.

»Jiiipiie!«, rief sie laut, als ich den Motor anließ.

Das eigentlich als Ablenkungsmanöver geplante Australien hatte sich im Grunde als Glücksgriff erwiesen. Insbesondere für unsere Beziehung. Ohne Sarahs Zutun hatte ich die Reise über das Internet gebucht und festgestellt, dass das unkomplizierter ging als gedacht. Meine Frau war von meinem Engagement bei der Reiseorganisation ganz hingerissen gewesen. Und je glücklicher sie war, desto leichter fiel mir wiederum die Planung. Zum ersten Mal hatte ich sogar so etwas wie Vorfreude gespürt.

Diese Vorfreude fuhr jetzt mit. Daran konnte auch der schrottige Bus nichts ändern, mit dem wir nun gen Norden unterwegs waren. Der Blick aus dem Fenster war aber auch nicht zu toppen. Die Küstenstraße führte uns entlang weißer Strände und leuchtend blauem Wasser, auf dem die Sonne glitzerte. Der Highway, auf dem wir uns befanden, war nach James Cook benannt, der um 1770 diesen Teil der Welt erkundet hatte. Unser Ziel war das Cape Tribulation, das Kap des Trübsals, welches Cook so benannt hatte, nachdem er mit seinem Schiff in den Korallen des Great Barrier Reefs gestrandet war und nach dem Landgang Teile seiner Mannschaft an die Naturgewalt des Dschungels verloren hatte. Eines der ältesten Ökosysteme der Welt hatte Cook empfangen. Denn hier oben, im Nordosten Australiens, traf das größte Riff auf den ältesten Regenwald der Welt. Der 135 Million Jahre alte Daintree Rainforest, der in Urzeiten bereits Dinosaurier beheimatet hatte, ging in einen malerischen weißen Sandstrand über, der direkt im Wasser und dann im Great Barrier Reef mündete.

Die natürliche Schranke zu diesem fantastischen Stück unberührter Landschaft bildet der Daintree River. Wir mussten mit unserem Bus anhalten, da der Fluss nur mit einer Seilfähre zu überqueren war und sich diese gerade in der Mitte des Flusses befand. Auf der anderen Seite erstreckte sich bereits das tiefe, saftige Grün des Regenwaldes, über dem der Mount Sorrow, der Berg der Sorgen, thronte. Große Sorgen machte ich mir komischerweise keine. Ich hatte die Reise schließlich akribisch geplant und für den Notfall immer noch Dr. Hansen-Jansens Meditation in der Hinterhand. Als wir kurze Zeit später mit der Fähre den mangrovengesäumten Daintree Fluss überquerten, war mir allerdings doch ein bisschen mulmig zumute. Die Salzwasserkrokodile, die früher aus jedem Eindringling eine leckere Zwischenmahlzeit gemacht hätten, tummelten sich im Wasser, und ich beobachtete sie mit großem Respekt.

Auf der anderen Seite des Flusses entfaltete sich eine gewaltige Natur, die wir sprachlos bestaunten. Die Straße schlängelte sich durch den dichten Urwald, aus dem verwunschene Farne wuchsen und Geräusche kamen, wie wir sie nie zuvor gehört hatten. Obwohl diese Region des riesigen Australiens nur 0,01 Prozent seiner Gesamtfläche ausmachte und gerade mal etwa hundert Menschen hier lebten, beherbergte der Daintree Nationalpark die mit Abstand größte Artenvielfalt des Landes. Nachdem wir auf unseren Reisen ja schon einiges an Getier kennengelernt hatten, war ich gespannt, was uns – neben den Krokodilen – hier begegnen würde. Beim Vorbeifahren fiel mir bereits ein Straßenschild auf, welches ein Tier abbildete, das mir in der Form gänzlich unbekannt war. Es sah aus wie ein Vogel Strauß – trug aber Hut und Krawatte!

Die befestigte Straße endete mitten im Cape Tribulation. Hier gab es einen Campingplatz, und wir parkten den Bus, um uns einzurichten.

»Der Strauß mit der Krawatte geht mir gar nicht aus dem Kopf«, sagte ich zu Sarah, als ich die Campingstühle und den Tisch aus dem Bus holte.

»Klingt aber ehrlich gesagt so, als hättest du dir das eingebildet«, antwortete sie und fügte lachend hinzu: »Ich glaube, weiter weg von Anzug und Krawatte als hier kommen wir nicht.«

Ich schaute mich um und musste daran denken, dass damals schon Bali für mich das andere Ende der Welt bedeutet hatte. Nun schien ich wirklich dort gelandet zu sein.

»Ja, abgefahren«, antwortete ich. »Hätte ich mir nie träumen lassen, dass wir mal in die hinterste Ecke von Australien reisen.«

Sarah holte zwei lauwarme Bier aus der Kühlbox. Das Eis, das wir zur Kühlung verwenden wollten, war in der australischen Hitze bereits beim Einfüllen weggeschmolzen.

Wir setzten uns auf die Stühle vor den Bus und stießen an.

»Auf Cape Trib!«, sagte ich.

»Auf den Reiseleiter!«, sagte Sarah und zwinkerte mir zu.

Vielleicht etwas übermütig durch die Bestätigung meiner neu gewonnenen Reiseleiterqualitäten, hatte ich nach unserer Ankunft noch eine Reittour durch den Dschungel gebucht. Als wir am nächsten Tag durch das Tor des Pferdehofes traten, verließ mich meine Coolness abrupt, als mir die Episode in Südafrika einfiel.

»Alles o. k.?«, fragte Sarah, die merkte, dass etwas nicht stimmte.

»Ich weiß nicht«, sagte ich, »irgendwie geht es mir nicht so gut. Willst du nicht lieber alleine …«

»Alleine?«, unterbrach mich Sarah. »Kommt nicht in die Tüte. Das ist doch so eine schöne Idee. Und dazu auch noch deine!«

Gestern war ich noch der »Reiseleiter«, und jetzt ging mir schon wieder die Muffe. Ich schloss die Augen und zählte »Eins – zwei – drei«, so wie es Dr. Hansen-Jansen mir gezeigt hatte. Als ich die Augen öffnete, fühlte ich mich gleich ein bisschen ruhiger. Vor mir lag der sonnendurchflutete Reiterhof, und Sarah sah mich mit ihren großen strahlenden Augen an.

»Recht hast du«, sagte ich, »satteln wir die Pferde!«

Auf der Tour begleitet uns Madelaine, die sich Maddy nannte. Sie war vor Jahren vor dem Stress der Stadt geflohen und hatte hier im Exil mit Übernahme des Reiterhofes ihren Frieden gefunden. Nun begrüßte sie uns herzlich und machte uns mit den Pferden bekannt. Ihr geübtes Auge für Touristen sah sofort, dass ich wohl etwas ängstlich wirkte. Gezielt führte sie mich zu einem Pferd am Ende der Stallung.

»This is Theo«, stellte Maddy uns vor.

Leo, Theo, dachte ich, diese Gäule heißen doch alle gleich.

»Nice to meet you, Theo!«, sagte ich und streichelte dem Tier über die Nase.

»He is an old chap«, fügte Maddy hinzu. »He is not the fastest anymore but he knows the jungle well.«

Wir gingen aus dem Stall gemeinsam nach draußen. Sarah saß natürlich schon hoch oben auf ihrem Pferd und winkte mir zu.

»Say hello to Cleo!«, sagte sie, und ich musste lachen. Sarah guckte irritiert, stimmte dann aber ein. Ich fühlte mich schon besser.

Über ein kleines Holztreppchen bestieg ich mein Pferd und kam etwas wackelig zum Sitzen. Die Erinnerung an die letzte Reiterfahrung schlich sich prompt wieder in meine Gedanken ein, und ich ging alles noch mal im Schnelldurchlauf durch. Die Hetzjagd mit den Büffeln und meine Panik. Aber war nicht alles gut gegangen? Und so schwer war es auch nicht gewesen, das Pferd zu manövrieren. Die Zügel und meine Beine, mehr hatte ich eigentlich nicht gebraucht.

Dann ging es auch schon los. Theo bewegte sich sehr gemächlich, das gefiel mir gut. Maddy ritt voraus, gefolgt von Sarah, und ich bildete das Schlusslicht. Über ein großes weites Feld näherten wir uns dem Urwald. Unweigerlich fühlte ich mich an Fangorn, den Zauberwald aus *Herr der Ringe*, erinnert.

»This looks like in the movies!«, sagte ich.

Woraufhin mir Maddy erklärte, dass dieser Wald wirklich eine Inspiration für einen Film war. Allerdings nicht für *Herr der Ringe*, sondern für *Avatar*. Angeblich ließ sich James Cameron hier von der prächtigen Natur mit den Riesenfarnen, den fluoreszierenden Moospflanzen und den vielen seltenen Tierarten verzaubern. Und als wir in den Wald ritten, fühlte es sich wirklich ein bisschen so an, als hätte man Camerons fantasievolle Welt *Pandora* zum Leben erweckt.

Wir ritten durch das dichte Grün und kamen aus dem Staunen nicht mehr raus. Mächtig und magisch mutete der Wald an mit

seinen Tausenden Farben, Geräuschen und Gerüchen. Weiße Kakadus flogen durch die Lüfte und wechselten sich mit vielen anderen bunt leuchtenden Vögeln ab, die zwitscherten, krakeelten oder völlig unbekannte Töne von sich gaben. Lianen hingen von uralten Bäumen, die hier die Jahrtausende überdauert hatten. Hätte bloß noch gefehlt, dass tatsächlich ein Dinosaurier um die Ecke gebogen wäre. Als ob sie meine Gedanken lesen könnte, sagte Maddy in diesem Moment: »The jungle has been the same for millions of years. Did you know that there is even one creature from the old ages still around?«

»What do you mean?«, fragte Sarah neugierig nach, »like a dinosaur?«

Ich spitzte meine Ohren. Mit Fabelwesen wie Drachen hatte ich es ja bereits zu tun gehabt, aber Dinosaurier …

»Kind of«, antwortete Maddy. »Actually this species is a bird. Like a giant ostrich with a blue neck and very pretty headpiece.«

»Hut?«, rief ich von hinten, da ich die Unterhaltung vorne nicht so gut verstehen konnte. »Der hat ’nen Hut auf?«

»Ja. Maddy sagt, hier lebt tatsächlich eine Art riesiger Vogel mit einer wunderschönen Kopfbedeckung«, antwortete Sarah und scherzte: »Scheint ihn doch zu geben, deinen Anzugträger mitten im Dschungel.«

»They are called Cassowaries«, erzählte Maddy weiter, »and as in Daintree everything is connected, those birds also play an important part. The Cassowary feeds on a certain kind of fruit, which after digestion is like a fertilizer for the rainforest.«

Der Schiss, der den Dschungel schuf, dachte ich. Jeder soll ja das machen, was er am besten kann.

»But be careful if you ever see one«, fügte Maddy hinzu. »They are very territorial and can be dangerous.«

»Wer wird schon gerne bei seinem stillen Geschäft gestört?«, witzelte ich, doch Maddy verstand mich nicht, und auch Sarah konnte über diesen platten Spruch nicht lachen.

Nach ungefähr zwei Stunden erreichten wir ein Fleckchen Erde, das einzigartig war. Wir verließen den Regenwald und befanden uns direkt an einem endlosen, einsamen Sandstrand. Vor uns nur das türkisgrüne Meer, auf dem die Sonne funkelte. Wir trabten zum Spülsaum und schauten auf die schier unendliche Weite des Ozeans. Für einen Moment schien die Zeit stillzustehen.

Dann rief Maddy: »O. k., let's get those guys running. They love the beach!«

Ehe ich michs versah, waren Maddy und Sarah mit ihren Pferden losgaloppiert. Ich überlegte für einen kurzen Moment, aber dies war ein schlechter Zeitpunkt zum Grübeln. Mit Schwung presste ich die Beine zusammen und schlug sie an Theos Schenkel. In meinen ältlichen Gaul kam Leben. Erst langsam, doch dann drehte er richtig auf. Hatte ich mich in Südafrika noch verkrampft festgehalten, ließ ich mich jetzt auf die Situation ein. Und es fühlte sich gut an. Ich spürte den Wind in den Haaren und das Wasser und den Sand, wie es an uns hochspritzte. Als wir wieder zum Stehen kamen, platzte es aus mir heraus: »Das Ende der Welt ist wunderbar!«

»My husband thinks it's wonderful here«, übersetzte Sarah für Maddy. »And I think so, too.«

»Everybody does«, sagte Maddy und lachte.

Der Rückweg führte uns erneut durch den dicht bewachsenen Dschungel. Wieder ritten Maddy und Sarah voraus. Mein etwas lahmendes Pferd fiel immer mehr zurück. Es schien aber den Weg wie seine Satteltasche zu kennen, und deshalb genoss ich den sanften Trab durch diese uralte, wundersame Welt. Ich kam mir etwas deplatziert vor, schließlich war dies ein Ökosystem, das älter war als die gesamte Menschheit. Ein zeitloser Urwald, der in seiner Abgeschiedenheit einfach alles überdauert hatte – ganz ohne den Stress und die Hektik der modernen Zivilisation. Während ich mich in Gedanken verlor, wurde der Abstand zu den anderen größer. Bald hatte ich das Gefühl, der einzige Mensch weit und breit zu sein. Und während mein Blick umherschweifte, hörte ich es in einiger Entfernung hinter zwei enormen Farnsträuchern rascheln. Ich zog Theos Zügel sanft an mich, und das Pferd kam zum Stehen. Ich schaute hinüber zu dem riesigen Farn, auch dieser steinalt. Irgendwo hatte ich mal gelesen, dass diese Farne über die Jahrmillionen ein unterirdisches System ausgebildet hatten, um ihre Wurzeln vor den hungrigen Dinosauriern zu schützen. Und dann raschelte es wieder! Für einen kurzen Moment konnte ich einen Blick erhaschen. Etwas Bläuliches erhob sich und schimmerte durch die Blätter. Und dann streckte es seinen Kopf über den Busch!

Ich erkannte sofort den leuchtend blauen Hals und den prächtigen Kamm auf dem Kopf. Da war er, der Bewahrer des Dschungels.

Der Kasuar beobachtete mich aus sicherer Entfernung. Ich hielt die Luft an und versuchte, mucksmäuschenstill zu sein. Das urzeitliche Geschöpf, groß und bunt inmitten seiner Fantasiewelt, sah mich fragend an, als würde es denken: Was hat der hier zu suchen? Warum stört der die Ruhe meines Dschungels?

Um meine eigene Ruhe wiederzufinden, gab ich ihm in Gedanken die Antwort.

Plötzlich scharrte Theo mit den Hufen. Ich beugte mich zu ihm runter und flüsterte »Pssst!«. Als ich mich wieder aufrichtete, war der Kasuar bereits verschwunden. Wir ritten vorsichtig weiter, aber ein zweiter Blick blieb uns verwehrt. Das prächtige Fabeltier war bereits in die Tiefen des Dschungels abgetaucht. Als ich zu den anderen aufgeschlossen hatte, rief ich stolz: »I saw it! I saw the cassowary!«

»Ach komm!«, sagte Sarah ungläubig und fragte, sichtlich erstaunt, nach: »Wirklich?«

»You are lucky«, entgegnete Maddy. »They are very shy animals. Often you don't even get a chance.«

»But I did!«, wiederholte ich und ritt stolz mit geschwollener Brust zum Pferdehof zurück.

Als wir uns wieder auf dem James Cook Highway nach Süden befanden, hallten die tollen Tage in Cape Tribulation immer noch in meinem Kopf nach. Insbesondere meine Begegnung mit dem seltenen Kasuar. Ich musste an meinen Vater denken, der so ausgiebig vor der fiesen Fauna Australiens gewarnt hatte. Auch ich hatte höchsten Respekt gehabt, und ob man es glaubte oder nicht: Ausgerechnet im Moment der Zusammenkunft mit diesem Tier in freier Wildbahn hatte ich vor lauter Neugierde meine Angst ganz vergessen.

In einer Sache hatte mein Vater allerdings recht behalten: Es wimmelte nur so von Tieren in Australien. Und das nicht nur im Regenwald, selbst an der Straße sahen wir im Vorbeifahren eine Herde Kängurus einfach so durch die Landschaft hoppeln. Wir sahen Wildpferde in freier Natur und auf Magnetic Island sogar jede Menge Koalabären. Ganz zu schweigen von einer riesigen Vielfalt an prächtigen Vögeln und natürlich auch Insekten und Kleinstgetier. Eines der kleinsten, aber zugleich gefährlichsten Tiere ganz Australiens sollte uns unsere nächste Etappe erschweren: Irukandji, eine potenziell tödliche Würfelqualle von der Größe einer Kontaktlinse. Kontakt mit ihr führte zu schwersten Rücken-, Bauch- und Brustschmerzen, zu Erbrechen, Lungenödemen und, mit etwas Pech, zum Tode. Zu Hause war diese Quallenart, die zu allem Überfluss auch noch durchsichtig war, in den hiesigen Gewässern der Küstenregion, auf die wir jetzt zusteuerten. Gerade hier wollte Sarah nun zu einem Segeltörn mit Schnorcheln aufbrechen.

»Segeltörn?«, fragte ich vorsichtig nach.

Sarah hatte mir während der Fahrt von Magnetic Island gen Süden aus dem Reiseführer vorgelesen und war bei den Whitsunday Inseln hängen geblieben, einer kleinen idyllischen Inselgruppe im Naturschutzgebiet von Queensland, die weiter südlich vor dem Great Barrier Reef lag. Bekannt war dieser Teil, den ebenfalls James Cook entdeckt und auf den Namen Ostersonntag-Inseln getauft hatte, als Segelparadies. Man konnte bequem direkt vom Boot tauchen oder schnorcheln gehen oder sich einen der weißen Sandstrände der vierundsiebzig Inseln für den Landgang aussuchen.

»Klingt doch spitze. Whitehaven Beach gilt mit einem Quarzgehalt von bis zu neunundneunzig Prozent als einer der weißesten Strände der Welt«, las Sarah vor und freute sich bereits.

Bei mir hatte sich in diesem Moment das Panikzentrum aktiviert, welches kurz davor war, alle möglichen Eventualitäten durchzuspielen: Wie konnten wir uns am besten vor der Qualle schützen? Was war im Notfall zu tun? Von so einem Boot kam man ja nicht so einfach weg. Und bei einem Segeltörn könnte im Prinzip alles passieren!

Doch bevor ich mich in meinen Gedanken verlieren konnte, zwang ich mich zu beherzigen, was mir das Human-Sedativum Dr. Hansen-Jansen mit auf den Weg gegeben hatte: Parasympathikus statt Panik. Beim Autofahren konnte ich für die Meditation zwar die Augen nicht schließen, aber mich auf meinen Atem konzentrieren. Ruhig atmete ich also ein und aus. Je öfter ich diese kleine Übung durchführte, desto mehr entspannte ich mich. Auch jetzt ließ der Schreck langsam nach.

»Hallo?«, unterbrach Sarah den Moment der Stille und scherzte: »Keine Antwort vom Reiseleiter?«

»Weißester Strand der Welt?«, fragte ich zurück und zog die Braue so hoch, wie es Sarah immer tat. Sie musste kichern und sah mich erwartungsvoll an. Dann sagte ich mit einem Grinsen: »Der Reiseleiter meint: Lass uns in See stechen!«

Und so kam es, dass wir uns einige Stunden später auf dem Campingplatz in Airlie Beach um die Buchung unseres Segelabenteuers kümmerten. Bereits am nächsten Tag gingen wir an Bord.

Die ehemalige Rennyacht *Explorer* schipperte mit ihren imposanten fünfundzwanzig Metern noch recht ruhig durch das glasklare blaue Wasser, auf dem die Sonnenstrahlen tanzten. Obwohl die Tage der Regatten für das Boot längst Vergangenheit waren, konnte man sich lebhaft vorstellen, wie hier an Deck die Handgriffe sitzen mussten, um hart am Wind zu segeln. Ein Hauch der Zeiten, in denen das Boot Weltrekorde gebrochen hatte, war noch immer spürbar. Dafür sorgten natürlich auch die Geschichten unseres Kapitäns Dan, mit denen er bei der Einführung nicht geizte. Wir wurden in einem kurzen Programm für die Tour geschult. Dans Crew bestand aus zwei Neuseeländern, Tyler und Ruby, hinzu kamen die Gäste. Mit uns waren wir insgesamt fünfzehn Touristen aus aller Welt, die die nächsten zwei Tage zusammen auf engstem Raum mit einem gemeinsamen Ziel verbringen wollten: den weißesten Strand der Welt zu entdecken.

Als wir uns ein Stück vom Festland entfernt hatten und alle gemütlich an Deck in der Sonne lagen, forderte die Crew uns auf mitzumachen. Ruby rief: »O. k., guys, let's set sail!«

Im ersten Moment waren alle überrascht und trauten sich nicht so recht. Wahrscheinlich hatten wir auch nur Respekt vor dem fünfunddreißig Meter hohen riesigen Segel, welches wir nun eigenhändig setzen sollten. Hinzu kam, dass es in der Sonne gerade sehr gemütlich war.

»O. k., GUYS!«, hallte es noch einmal mit Nachdruck durch die Lüfte. Alle Männer sollten mit anpacken, auch ich.

»Na los, du kleiner Faulenzer!«, forderte mich Sarah zusätzlich auf. Sie war natürlich mit von der Partie. Mit voller Kraft packten wir zu viert an, und schon bald entfaltete das Segel seine gesamte imposante Größe. Sarah und ich schauten stolz auf unseren »kleinen Beitrag«. Sie griff nach meiner Hand und drückte diese sanft.

»Skipper steht dir besser als Schisser!«, sagte sie und küsste mich auf die Wange.

Etwas später warf die *Explorer* Anker etwas östlich des Whitsunday Archipels. Mit dem nun geplanten Schnorchelgang kehrte leider auch der Gedanke an die fiese kleine Qualle zurück. Und nicht nur Irukandji trieb ihr Unwesen in diesen Gewässern, wie wir vom Kapitän erfuhren.

»Alright, everyone«, instruierte er seine Passagiere, »very soon you will discover a fantastic underwater world. But as always in nature, you have to be prepared. Some potential threats linger down there.«

Mit diesen Worten zeigte er nach unten auf das Wasser. Alle sahen den Kapitän gespannt an. Ich spürte, wie sich mein Rücken langsam verspannte.

»Always wear wetsuits«, erklärte er. »The jellyfish is pretty harmful around here. And if you encounter a bigger fish, like a manta ray, please stay calm. They are unlikely to attack. The same applies to reef sharks!«

Haie? Hatte ich richtig gehört? Ängstlich blickte ich in die Runde. Keiner schien Notiz zu nehmen. Die anderen Passagiere zeigten sich gänzlich unbeeindruckt und waren bereits dabei, in aller Ruhe Neoprenanzüge in den passenden Größen aus einer großen Box an Deck herauszusuchen.

»Haie und Quallen, hast du das gehört?«, fragte ich Sarah.

»Ja klar. Gegen die Quallen sollst du ja den Neo anziehen«, gab sie beiläufig zurück, während sie in der Box wühlte.

»Ja, aber selbst dann bleiben doch Gesicht, Hände und so frei«, redete ich auf sie ein, während sie sich in den Anzug zwängte. »Und gegen einen Hai hilft auch kein Ganzkörperkondom.«

Sarah verdrehte die Augen. »Komm mal wieder runter«, sagte sie. »Wer ist denn von uns der Naturforscher? Du bist doch derjenige, der dem Kasuar unbedingt in freier Wildbahn begegnen wollte! Da ist ein Riffhai weitaus harmloser. Und dass du auf den triffst oder dass dich diese Nano-Qualle genau im Gesicht berührt, halte ich eher für unwahrscheinlich.«

Ich schaute über die Reling. Das funkelnde türkisblaue Wasser lag endlos vor uns. Wahrscheinlich behielt meine Frau, wie so oft, recht.

»Überleg's dir halt«, rief sie mir zu, während sie zum Ende des Bootes ging, wo die Crew Leitern ins Wasser gelassen hatte. »Aber ich erinnere mich noch genau, wie begeistert du auf Bali vom Tauchen warst.«

Das stimmte zweifellos. Balis Unterwasserwelt war ein Traum gewesen. Und nun waren wir hier, am Ausläufer des Great Barrier Reefs, welches als eines der sieben Weltnaturwunder galt. Das größte und vielleicht schönste Riff der Erde sah man angeblich sogar mit bloßem Auge aus dem Weltraum leuchten. Dieses Paradies war nun zum Greifen nah, und während die anderen Touristen es kaum abwarten konnten, endlich einzutauchen, klammerte ich mich an der Reling fest. Ich versuchte die Atemübung des Doktors. Leider vergeblich. Haie hatten mir schon in Südafrika eine

Heidenangst eingejagt, und auch jetzt klebte das ungute Gefühl an mir wie ein Seeigel.

In diesem Augenblick fühlte ich mich an die Diskussion mit meinen Eltern erinnert. Unser Streit lag erst einige Wochen in der Vergangenheit, doch mir kam es vor, als wäre es schon eine Ewigkeit her. Denn auch emotional war ich vom verschlafenen Nest meiner Kindheit Tausende Kilometer entfernt. War es nicht letztlich so gekommen, wie ich meinem Vater prophezeit hatte: Das eine gab es nicht ohne das andere. Wer was sehen wollte von der Welt, musste auch Risiken in Kauf nehmen? Australien hatte doch schon jetzt entscheidend dazu beigetragen, meine ureigenen Ängste besser in den Griff zu kriegen. Und für unsere Beziehung war mein neues Selbst eine echte Wohltat gewesen. Wenn der Schisser in mir mich nicht losließ, sollte er doch einfach mitkommen.

»Zur Not halt mit vollen Hosen«, gab ich mir innerlich einen Ruck. »Im wahrsten Sinne des Wortes: scheiß drauf!«

Ich ließ die Reling los, suchte mir einen Neoprenanzug und begab mich zu den anderen ins Wasser.

Am Abend saßen alle an Deck und genossen den wahrhaft schönen Sonnenuntergang. In Hunderten Rottönen spiegelte sich die Sonne auf dem Meer. Unser Boot hatte in einer Bucht vor einer der Whitsunday Inseln angelegt und lag ruhig im Wasser. Die eine oder andere Welle wiegte uns sanft, und alle konnten die zufriedene Müdigkeit eines langen, aber erfüllten Tages spüren. Natürlich war keiner von einem Hai gefressen worden, und auch mein Gesicht war von den Verätzungen der Nesselqualle verschont geblieben. Alle hatten nur ein Thema: die fantastische Unterwasserwelt und deren einmalige Einwohner.

»Die Clownfische haben mich voll an den Cartoon *Findet*

Nemo erinnert«, sagte Sarah, die es sich in meinem Arm gemütlich gemacht hatte. »Irre, dass diese kleinen süßen Dinger einem einfach so vor der Nase rumgeschwommen sind.«

»Mich hat der riesige grün-blaue Napoleonfisch am meisten beeindruckt«, antwortete ich. »Wie der da durch diese bunten Korallen geschwommen ist, und vor allem, wie nah der an uns rangekommen ist.«

»Das hätte man bei dem Mantarochen nicht unbedingt gewollt«, scherzte sie.

»Stimmt«, sagte ich und dachte daran, wie elegant und sanft der riesige Rochen an uns vorbeigeglitten war. Angst hatte ich keine empfunden, eher Ehrfurcht.

»Fand ich übrigens spitze, dass du noch mitgekommen bist!«, sagte Sarah ganz beiläufig.

»Du hattest recht«, antwortete ich und zog sie ein bisschen näher an mich heran. »Besser als Bali.«

Später am Abend ging ich schon früher in unsere kleine Kajüte voraus, während sich Sarah an Deck noch angeregt unterhielt. Beim Auspacken meines Rucksackes fiel mir mein treuer Reisebegleiter in die Hände. Ich kuschelte mich in die gemütliche holzvertäfelte Koje und nahm einen Stift sowie das LOGBUCH DES TODES zur Hand. Der Einband war schon ganz zerschlissen, daher öffnete ich das Buch mit aller Vorsicht. Beim Durchblättern musste ich einige Male laut lachen. Es war schon irre, was für eine Wandlung Sarah und ich im Verlauf der Reisen vollzogen hatten. Vor allem ich. Nie hätte ich mir damals auch nur ansatzweise vorstellen können, dass ich mich überhaupt mal darauf einlassen würde. Und oft war es ja auch immer noch ein Kampf. Wie heute beim Schnorcheln zum Beispiel. Aber ich musste mir schon eingestehen, dass Sarah ein kleines Wunder vollbracht hatte, mich als Schisser für das Reisen zu gewinnen. All die bunten Zeichnungen erzählten davon, und die Erlebnisse hatten mein Leben auf verschiedenste Arten bereichert. Aber vor allem unsere Beziehung. Ich zückte den Stift und fügte eine finale Illustration auf der letzten Seite hinzu.

Nach diesem letzten Eintrag schloss ich das LOGBUCH DES TODES, löschte das Licht und schlief entspannt ein.

Der Traum

Sarah und ich sind in einem Gebirge unterwegs. Sie geht voraus, ich bleibe dicht hinter ihr. Die Bergkette erinnert mich an das Hochland von Sri Lanka und auch ein bisschen an die Juli'schen Alpen. Der Himmel strahlt blau über den Gipfeln, und die Luft ist klar. Ich atme tief ein und spüre die frische Bergluft tief in meiner Lunge. Auf einer Anhöhe bleiben wir stehen. Im Tal kann man eine Bahn sehen, die bereit zur Abfahrt ist. Wir schauen uns an und wissen, wenn wir sie bekommen wollen, müssen wir uns beeilen. Also beginnen wir den schnellen Abstieg ins Tal. Mit den schweren Rucksäcken ist es nicht ganz einfach. Ich gehe vor und helfe Sarah damit beim Absteigen. Das letzte Stück zum Bahnhof müssen wir laufen. Wir beeilen uns und schaffen es tatsächlich. Während ich Sarah noch die Tür aufhalte, ertönt bereits das Signal zur Abfahrt. Dann steige auch ich ein. Wir sitzen gemeinsam im Abteil und schauen nach draußen, wo das Gebirge an uns vorbeizieht. Sarah sieht mich an und lächelt.

Ich wurde aus dem Traum gerissen, als sich meine Frau zu mir ins Bett kuschelte. In der engen Koje war wenig Platz, und sie kroch ganz dicht an mich heran. So lagen wir eng umschlungen da und spürten die sanften Wogen des Wassers, die uns in den Schlaf schaukelten.

»Ich bin so glücklich«, flüsterte sie, gab mir zärtlich einen Kuss und schlummerte mit einem Lächeln auf den Lippen ein.

Morgens in aller Frühe weckten uns die ersten Sonnenstrahlen und Geräusche an Deck des Bootes. Als ich aus der Kabine kletterte, hörte ich Sarah hinter mir sagen: »Schleppst du das alte Notizbuch immer noch mit dir rum?« Mit diesen Worten hielt sie das LOGBUCH DES TODES in die Luft. »Das ist ja schon ganz zerfleddert.«

»Nach dieser Reise wird's eingemottet«, gab ich zurück. »Aber es ist schon eine schöne Erinnerung.«

Sarah blätterte darin und kicherte. »Ja. Aber dieser Titel? Den mochte ich noch nie! Passt so gar nicht zu dir.«

»Stimmt«, sagte ich und verstaute das LOGBUCH DES TODES endgültig in meinem Rucksack.

Als wir an Deck kamen, erwartete uns ein herrlicher, sonniger Tag. Inmitten des funkelnden Meeres zog ein gewaltiger grüner Farbtupfer unsere Blicke auf sich. In diesem Moment steuerte der ehemalige Weltumsegler *Explorer* geradewegs auf die Hauptinsel des Archipels zu: Whitsunday. Während die Crew uns mit einem Frühstück versorgte, stieg die Vorfreude. Jetzt stand der Höhepunkt unmittelbar bevor: Whitehaven Beach, der weiße Hafen. Sieben Kilometer Sandstrand, angeblich der reinste der Welt.

Wenig später gingen wir an Land, und schon bald entfaltete sich vor uns ein Strand wie aus einem Südseetraum. Der feine Sand quietschte unter unseren Füßen. Heiß war er nicht, seine einzigartige Zusammensetzung ließ ihn nicht nur in weißem Glanz erstrahlen, sondern sorgte auch dafür, dass er sich nicht aufheizte. Der helle Strand ging malerisch in das türkisblaue Wasser über, welches wiederum mal heller und mal dunkler untermalt war, was an den Sandbänken und Tiefwasserkanälen lag. Vom Aussichtspunkt Hill Inlet Lookout am Ende des Strandes blickten wir über dieses natürliche, malerische Mosaik.

»Wow«, sagte Sarah, »das ist wirklich atemberaubend.«

»Ja. Irgendwie surreal«, antwortete ich.

»Fast zu schön«, sagte meine Frau im Scherz.

Aber sie hatte recht. Wenn man genau hinsah, wirkten die verschwommenen, weichen Übergänge der Pastelltöne der blauweißen Bucht fast wie ein kitschiges Nass-in-Nass-Aquarell. Wir verbrachten den Tag an Australiens berühmtestem Strand und brachen am frühen Nachmittag wieder nach Airlie Beach auf. Eins der Highlights unserer Australienreise war damit leider abgehakt. Als wir uns alle am Hafen verabschiedeten, gab uns die Neuseeländerin Ruby noch einen Tipp mit auf den Weg.

»If you drive south«, riet sie uns, »don't miss Fraser Island! It's the biggest sand island in the world. The aborigines call it K'gari, which means paradise.«

Warum lagen Paradies und Paranoia in meinem Leben bloß so nah beieinander?, dachte ich, als meine mit Schweiß bedeckten Handinnenflächen verkrampft das Steuerrad des Jeeps umklammerten. Wieder drehten die Räder durch.

»Es hilft nichts«, sagte Sarah. »Wir stecken fest!«

Fraser Island war zweifelsohne mit Sand gesegnet. Was im ersten Moment gar nicht aufgefallen war, da einen die Insel mit reichhaltiger Flora begrüßte, sobald man mit der Fähre übersetzte. Denn dies war der einzige Platz auf der Erde, an dem Regenwälder, Mangrovensümpfe und Süßwasserseen auf einer reinen Sandkonstruktion bestehen konnten. Eine bestimmte Pilzart ermöglichte diese ungewöhnliche Symbiose. Der Pilz hatte aber auch genügend Sand übrig gelassen.

»Verdammt!«, schrie ich laut und drückte wieder das Gaspedal durch. Man konnte hören, wie die Reifen durchdrehten. Selbst mit Allradantrieb hatten wir uns festgefahren.

»Lass es besser«, sagte Sarah. »Die Räder drehen sich nur noch tiefer in den Sand.«

Ich kletterte aus dem Wagen, um zum Spaten zu greifen.

»So eine Schei…!«, fluchte ich vor mich hin, während ich versuchte, wieder eine feste Unterlage unter die Reifen zu schaufeln. Der Schweiß lief mir dabei aus jeder erdenklichen Pore. Innerlich kochte ich vor Wut.

Von Anfang an war ich dagegen gewesen, hierherzukommen. War Whitehaven nicht schon »paradiesisch« genug gewesen, musste Sarah unser Glück immer noch ein Stück weiter herausfordern? Bei der Frage im Büro des Autovermieters, ob Vorkenntnisse beim Befahren von komplizierteren Allrad-Geländestrecken bestünden, hatte Sarah nur naiv gelächelt und dann ohne zu zögern das Formular ausgefüllt. Und wer stand jetzt im Schweiße seines Angesichts in der brütend heißen Sonne und zog den Karren aus dem Dreck?

Als ich die Hinterräder etwas stabilisiert hatte, konnte ich zum Glück einen anderen Wagen anhalten, um Hilfe beim Anschieben zu bekommen. Jeeps waren hier nahe des 75 Mile Beach erfreulicherweise einige unterwegs, galt dieser lang gezogene Strandabschnitt von mehr als hundert Kilometern an der Ostseite doch als »Highway« der Insel. Sarah half beim Anschieben und schaute mich verlegen von der Seite an. Dass wir stecken bleiben würden, hätte wohl auch sie nicht für möglich gehalten.

»Thanks, guys!«, bedankte ich mich bei unseren Helfern, als wir den Geländewagen aus dem tiefen Sand befreit hatten.

»No worries!«, antwortete einer von ihnen lachend, »this happens all the time!«

Ich rang mir ein Lächeln ab. Dennoch hoffte ich natürlich, dass dieses Malheur ein Einzelfall blieb. Wir kletterten zurück in den Geländewagen, und plötzlich sagte meine Frau kleinlaut: »Danke, du bist der Beste!«

»Kein Problem«, knirschte ich zurück, merkte aber gleichzeitig, dass sich Anpacken besser angefühlt hatte als Angst haben.

Nachdem wir aus dem tiefen Sand der Zufahrt auf den Hauptstrand fuhren, fassten die Reifen, und ich konnte Gas geben. Mit fast 80 km/h sausten wir am Strand entlang. Neben uns zog die Landschaft aus dicht bewachsenem Wald vorbei, abgelöst von farbigen Sandsteindünen, die geheimnisvoll in der Sonne schimmerten. Aus dem Inneren der Insel flossen Ausläufer der Süßwasserseen direkt ins Meer, das sich zu unserer Rechten endlos erstreckte. Jedes Mal, wenn wir durch so einen kleinen Strom rasten, spritzte das Wasser an den Seiten des Jeeps hoch, und Sarah juchzte laut. Dem Gefühl von Freiheit, das sich unweigerlich einstellte, hielt auch meine restliche schlechte Laune nicht lange stand.

Wir folgten immer noch dem Tipp der Neuseeländerin Ruby, die uns von einer Badestelle erzählt hatte, die wir unbedingt besuchen sollten. Versteckt sollte diese hinter dem Felsenzug Indian Head liegen, der sich am Ende des Strandes an der Nordostspitze befand. Wir hatten den Jeep zurückgelassen und waren auf den »Indianer«-Felsen geklettert, der eine tolle Aussicht über die Bucht bot. Für uns war das eine letzte Begegnung mit James Cook, der auch diesen Landstrich benannt hatte, nachdem er beim Vorbeisegeln die Ureinwohner am Felsen gesichtet hatte. Langsam begriff ich, warum die Aborigines die Insel K'gari, das Paradies, nannten. Von hier oben konnte man über den endlosen Strand sehen, der in die tropischen Wälder dieser Sandinsel überging. Vor uns umspülten die Wogen des Meeres den hohen Felsen, auf dem wir standen. Steil ging es in die Tiefe, und man konnte im glasklaren Wasser Meeresschildkröten und Haie erkennen. Vielleicht waren es auch Delphine, sagte ich mir, denn diesen Moment wollte ich frei von Furcht genießen.

Als wir wenig später den schmalen Holzsteg entlang der Klippen zum Ozean hinabstiegen, sahen wir das Wasser in den »Champagne Pools« glitzern. Die Natur hatte aus Vulkangestein natürliche Schwimmbäder geformt. Die berstenden Wellen versorgten diese im Meer »eingezäunten« Teiche mit frischem Wasser, das dadurch ständig blubberte wie Champagner. Wir stürmten nach unten, um ein Bad zu nehmen. Es war fantastisch. Das Wasser blubberte und glitzerte. Sarah sah zu mir herüber. Auch sie strahlte.

»Wow!«, rief sie den tosenden Wellen entgegen. »Ist das nicht einmalig hier?«

»Es ist perfekt«, schrie ich zurück.

»Hat sich doch gelohnt hierzukommen, trotz Panne, oder?«, fragte sie.

»Das Leben könnte nicht besser sein. Hier. Und vor allem: mit dir«, rief ich zurück.

Sarah schwamm zu mir rüber, und wir küssten uns. Auch wenn der halsbrecherischen Tour zu den Pools wieder ein Drama vorausgegangen war, genoss ich jetzt dieses Naturspektakel in vollen Zügen. Ohne Sarah hätte ich das nie erlebt. Vielleicht musste man mich zu meinem Glück einfach zwingen. Dafür hatte ich die perfekte Frau ja gefunden. Ich schaute sie verliebt an.

»Was guckst du denn so?«, fragte Sarah lächelnd.

»Nur so«, sagte ich.

»Führst du was im Schilde?«, fragte sie mich.

»Das ist wohl eher dein Job in unserer Beziehung«, antwortete ich lachend. »Aber es hat sich gelohnt. Es ist wirklich herrlich hier.«

Sarah nickte und paddelte rücklings der Kante des natürlichen Pools entgegen. Über uns strahlte die australische Sonne, und die schäumenden Wellen brachen tosend in das perfekte Bassin.

Das Wasser perlte wirklich wie Champagner.

Epilog

Es geht wieder los!«, rief Sarah in freudiger Erregung, während sie ins Wohnzimmer stürmte, wo ich gemütlich auf der Couch lag.

Ich zuckte kurz zusammen. Wie immer war mein erster Gedanke: Worauf würde ich mich bloß jetzt schon wieder einlassen? Doch neben dem Schreck schwang noch ein anderes, ungewohntes Gefühl mit: Neugierde.

Das Leben konnte schon komisch sein. Erst hatten uns die Reisen fast getrennt, um uns am Ende dann doch näher zusammenzubringen. Und jetzt schien die Faszination der Fremde sogar mich in ihren Bann zu ziehen. Das Ganze hatte mich mehr geprägt als die Summe meiner Panikattacken. Letztendlich hatte ich begriffen, dass die Welt einfach zu spannend war, um sie unentdeckt zu lassen.

Meine Ängste ließen sich natürlich nicht so einfach in die Ferien schicken, sie würden mich auch in Zukunft begleiten. Aber das nahm ich in Kauf, ich wusste ja nun, worauf ich mich einließ. Ab jetzt ging es halt »als Schisser um die Welt«.

Bei dem Gedanken musste ich über mich selber lachen. Mit diesem Lächeln auf den Lippen schaute ich zu Sarah hinüber und antwortete: »Klasse! Ich freu mich drauf!«

Und diesmal meinte ich es genau so, wie ich es sagte.

Danksagung

Dank gilt vor allem meiner wunderbaren Frau, die mein Leben nicht nur durch ihre Reiselust ungemein bereichert hat. Sowie meinen Eltern, für eine unvergessliche, unbeschwerte Jugend in Vorstadt und Dänemark.

Und Dank gilt natürlich den vielen tollen Menschen, Tieren, Orten und Erzählungen, die uns auf unseren Reisen begegnet sind und mich zu den Charakteren und Ideen in diesem Buch inspiriert haben.

Danke für diese wahrlich fantastische Geschichte.